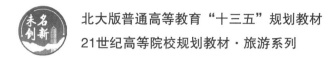

北大版普通高等教育"十三五"规划教材
21世纪高等院校规划教材·旅游系列

世界遗产

孙克勤　孙　博　主编

图书在版编目(CIP)数据

世界遗产/孙克勤，孙博主编. —北京：北京大学出版社，2020.6
21世纪高等院校规划教材. 旅游系列
ISBN 978-7-301-30332-0

Ⅰ.①世… Ⅱ.①孙…②孙… Ⅲ.①文化遗产-世界 Ⅳ.①K103

中国版本图书馆CIP数据核字（2019）第034763号

书　　　名	世界遗产 SHIJIE YICHAN
著作责任者	孙克勤　孙　博　主编
策划编辑	周　丹
责任编辑	周　丹
标准书号	ISBN 978-7-301-30332-0
出版发行	北京大学出版社
地　　　址	北京市海淀区成府路205号　100871
网　　　址	http://www.pup.cn　新浪微博：@北京大学出版社
电子邮箱	编辑部 zyjy@pup.cn　总编室 zpup@pup.cn
电　　　话	邮购部 010-62752015　发行部 010-62750672　编辑部 010-62756923
印刷者	天津中印联印务有限公司
经销者	新华书店 787毫米×1092毫米　16开本　19.25印张　421千字 2020年6月第1版　2024年1月第3次印刷
定　　　价	49.00元

未经许可，不得以任何方式复制或抄袭本书之部分或全部内容。
版权所有，侵权必究
举报电话：010-62752024　电子邮箱：fd@pup.cn
图书如有印装质量问题，请与出版部联系，电话：010-62756370

前　言

2019年6月30日至7月10日，第43届联合国教科文组织世界遗产委员会会议在阿塞拜疆首都巴库召开，截至此时，全球被联合国教科文组织世界遗产委员会批准的世界遗产有1121项，其中文化遗产869项、自然遗产213项、文化和自然双重遗产（混合遗产）39项，分布在167个国家或地区。

至今已经有193个国家或地区签署了《保护世界文化和自然遗产公约》，成为缔约国。联合国教科文组织世界遗产委员会会议每年召开一次，截至2019年已召开了43届。

世界遗产是指具有突出普遍价值的文化和自然遗产，是大自然和人类留下的最珍贵的遗产，是全人类的共同财富。世界遗产分为文化遗产、自然遗产、文化和自然双重遗产（混合遗产），其中部分世界遗产同时属于文化景观遗产。

世界遗产是人类历史、文化与文明的象征，开展世界遗产教学是为了对公众加强遗产保护教育，增进公众对世界遗产知识的认识，开发教育资源。联合国教科文组织对世界遗产教育非常重视，世界遗产委员会在宣言中敦促各国政府积极制订行动计划，采取行之有效的措施来规范和指导有关世界遗产保护的青少年教育，鼓励各国教育机构把世界遗产保护列入教学日程，设置专门课程以普及遗产保护的知识。世界遗产是全人类的共同财富，世界遗产委员会通过充分开发其教育功能，提高社会公众的基本素质，探究人类智慧和文明，为人类与自然的可持续发展奠定坚实的基础。在我国，对公众进行世界遗产教育，正逐渐成为今天学校教育的一项重要内容。

保护好独一无二的世界遗产，是人类共同的责任。世界遗产的保护反映了人类的文明与进步，申报世界遗产的最终目的是为了更好地保护世界遗产资源的真实性和完整性。自《保护世界文化和自然遗产公约》诞生和世界遗产委员会成立以来，各国、各地区成功地保护了一大批著名的世界遗产，为人类文明史保留下众多的弥足珍贵的财富，促进了世界遗产地的文化和科学研究与交流，推动了全球旅游业的发展。世界遗产不仅可以带动地区的旅游、经济、社会的发展和环境的改善，更成为科研和教育的基地，是探究人类智慧、文明轨迹和自然奥秘的知识源泉。世界遗产的主要价值体现在科学、教育、文化、美学、旅游等方面。利用世界遗产进行科学考察和传播历史文化知识是其价值的真正体现。

本书采撷的信息截至2019年第43届联合国教科文组织世界遗产委员会会议。在世界遗产教学中，我们力求理论与实践相结合，我们曾赴100多个国家进行遗产旅游、科学考察或出席国际会议，将在国内外考察获得的第一手资料，包括自己收集的资料、撰写的文章和拍摄的图片用于本书之中，本书所展示的世界遗产地全部照片均由我们实地拍摄。在撰写本书的过程中，我们还查阅了国内外相关文献，特别是联合国教科文组织世界遗产中心（网址：http://whc.unesco.org）发布的有关世界遗产方面的信息和文件；此外，还参考了国内相关书刊、报纸和网站上的资料。在这里，我们向相关作者一并表示感谢。

由于世界遗产内容丰富，涉及自然科学和社会科学诸多分支，限于我们的能力和水平，错误之处在所难免，敬请专家和读者予以指正。

编　者

2020年2月于北京

目 录

第一章 绪论 1
  第一节 世界遗产概述 1
  第二节 世界遗产和世界遗产学的定义 4
  第三节 世界遗产组织的设立 5
  第四节 世界遗产标志和世界遗产委员会历次会议 7
  第五节 世界遗产的申报、遴选和评定 8
  第六节 世界遗产的现状与发展 11

第二章 我国的世界遗产 15
  第一节 我国的文化遗产 16
  第二节 我国的自然遗产 68
  第三节 我国的文化和自然双重遗产 82
  第四节 我国的文化景观遗产 86

第三章 文化遗产 93
  第一节 文化遗产的定义和分类 93
  第二节 文化遗产分述 94

第四章 自然遗产 196
  第一节 自然遗产的定义和分类 196
  第二节 自然遗产分述 197

第五章 文化和自然双重遗产 213
  第一节 亚洲 213
  第二节 欧洲 216

　　第三节　非洲 219
　　第四节　美洲 219
　　第五节　大洋洲 221

第六章　文化景观遗产 223
　　第一节　文化景观的定义 223
　　第二节　文化景观遗产分述 224

第七章　濒危遗产 231
　　第一节　产生濒危遗产的危险因素 232
　　第二节　濒危世界遗产的保护与恢复 232
　　第三节　目前的濒危世界遗产 233

附录Ⅰ　世界遗产名录 245
附录Ⅱ　文化景观遗产名录 290
附录Ⅲ　濒危世界遗产名录 296
参考文献 299

第一章 绪 论

人类创造了辉煌的物质文明和精神文明，但随着世界范围内现代化进程的加速，文化遗产和自然遗产受到了严重的威胁。因此，开展有效的国际合作，保护人类和大自然留下的珍贵遗产，是人类共同的责任。

第一节 世界遗产概述

一、世界遗产的产生、发展及现状

20世纪初，人们在埃及阿斯旺建起大坝时，努比亚遗址就一直面临着被淹没的危险。20世纪50年代，为了控制尼罗河洪水及为国家提供水力发电，埃及政府决定建造新的阿斯旺大坝。按照这个计划，位于努比亚遗址的阿布·辛拜勒神庙面临着被淹没的危险。阿布·辛拜勒神庙是古埃及文明的宝贵财富，如不采取相关保护措施，努比亚遗址及位于该遗址的阿布·辛拜勒神庙将永远长埋于尼罗河水下。1959年，应埃及和苏丹两国政府的要求，联合国教科文组织发起了一个国际保护行动，争取到50个国家的支持，筹集了8000万美元，最终将阿布·辛拜勒神庙和菲莱神庙完整切割，迁至安全地带并重新组合。这表明国际合作共同保护杰出的世界遗产的重要性。这次成功的国际合作最终促使了一项重要公约的诞生。

1972年11月，联合国教科文组织在巴黎通过了《保护世界文化和自然遗产公约》（*Convention Concerning the Protection of the World Cultural and Natural Heritage*，以下简称《公约》），对文化遗产和自然遗产的标准进行了明确规定，同时还确定了实施《公约》的指导方针。这项《公约》是联合国教科文组织在全球范围内制定和实施的一项具有广泛影响和深远意义的国际准则和文件。《公约》的主要任务之一是确定世界范围内的文化遗产与自然遗产，以便国际社会将其作为人类共同遗产加以保护。至今已经有193个国家或地区签署本《公约》，成为缔约国。联合国教科文组织世界遗产委员会会议（以下简称世界遗产大会）每年召开一次，至2019年已召开了43届。

2019年6月30日至7月10日，第43届世界遗产大会在阿塞拜疆首都巴库召开，截至会议结束，全球被联合国教科文组织世界遗产委员会（以下简称世界遗产委员会）批准的世界遗产共有1121项，其中文化遗产869项，自然遗产213项，文化和自然双重遗产（也称为混合遗产，以下统称为文化和自然双重遗产）39项，分布在167个国家或地区。

二、世界遗产的意义

世界遗产是文化与自然的产物，是人类历史、文化与文明的象征，代表着具有重要价值的人文景观和自然景观，为人类共同的宝贵财富。世界遗产具有科学价值、美学价值、历史文化价值和旅游价值。

1. 文化遗产的意义

文化遗产反映出文化多样化的重要性，包括艺术创新、科学发现和技术发明，体现在风格各异的历史名城、建筑群、文物、名胜古迹、考古遗址等上，这是人类智慧的结晶。文化遗产的主要价值体现在科学、文化、教育、美学、旅游等方面，利用文化遗产进行科学考察和传播历史文化知识是其价值的具体体现。例如：

周口店北京人遗址是目前世界上发现的古人类化石最丰富的遗址之一。它的发现，为人类进化理论提供了有力的证据。周口店北京人遗址的发现与研究，解决了自19世纪发现爪哇人以来，围绕科学界近半个世纪的"直立人"究竟是猿还是人的争论不休的问题。

拉萨布达拉宫是集行政、宗教、政治事务于一体的综合性建筑。它是藏族古建筑艺术的精华，是我国古代建筑中的杰作，具有极高的历史、艺术和科学价值。

曲阜孔庙、孔林和孔府以丰厚的文化积淀、悠久的历史、宏大的规模、丰富的文物珍藏而著称，它既是中国古代推崇儒家思想的象征和标志，也是研究中国历史、文化、艺术的重要实物。孔林对于研究中国历代政治、经济、文化的发展以及丧葬风俗的演变有着不可替代的作用。

巴西的首都巴西利亚，作为一座年轻的世界遗产城市，以充满现代理念的城市格局、构思新颖别致的建筑和寓意丰富的艺术雕塑，体现了人类的创新精神和丰富的想象力，堪称现代城市建设的典范，是现代城市规划的楷模。

意大利的庞贝、赫库兰尼姆和托雷安农齐亚塔考古区是世界上最负盛名的考古遗址发掘地之一，它再现了古罗马时期的文化、经济和生活状况。

耶路撒冷作为犹太教、基督教和伊斯兰教三大宗教的圣城，具有极高的象征意义。这里的建筑物集东西方建筑艺术之精华，具有跨越几个历史时代的建筑风格，极具神秘的宗教色彩。

2. 自然遗产的意义

自然遗产反映出动植物种群的多样性，对于动植物的生存发展，特别是对于保护濒危动植物种群的栖息地，具有重要意义和价值。自然遗产对于研究生命起源、地球科学、生态系统、生物多样性以及人类与自然和谐和可持续发展具有重要的意义。例如：

云南三江并流保护区以其独特的地质构造、生物多样性、神奇的自然景观、丰富的自然资源而载入世界自然遗产史册，其重要的意义在于它集地球演化、生态、生物多样性等为一体，具有极高的科学研究价值。

九寨沟风景名胜区的自然资源极为丰富，其中我国国家一级保护动物有大熊猫、金丝猴、豹等，具有极高的科学研究价值。

武陵源风景名胜区具有完整的生态系统和众多的野生珍稀动植物物种资源，对研究野生动物与生态系统的关系具有重要的科学价值。

泰山不但具有地质学、生物学和生态学方面的研究价值，而且在历史、文化和美学方面也具有重要的研究价值。

挪威的挪威西峡湾——盖朗厄尔峡湾和纳柔依峡湾是冰河时期地壳运动留下的遗迹，不仅是独特的自然奇观，也是重要的海上航道。这里的景观堪称世界奇观，是地球上最伟大的地理奇迹之一。

◎ 挪威西峡湾（挪威）

加拿大的艾伯塔省恐龙公园是迄今为止世界上发现的中生代白垩纪晚期恐龙化石的最大产地。这座恐龙公园仍保持着远古时代的自然状态，已成为探索7500万年前世界的知识窗口，也是了解史前生物恐龙的奥秘之地。

加拿大的格罗莫讷国家公园是一个大陆漂移演变的罕见的例证，不仅有奇特而绚丽的自然风光，而且拥有许许多多特殊的地质现象，这些地质现象为大陆漂移学说和板块构造学说提供了宝贵的证据。

俄罗斯的贝加尔湖是世界上最古老和最深的湖泊，也是世界著名的淡水生态系统，还是世界上拥有种类最

◎ 贝加尔湖淡水海豹（俄罗斯）

多的淡水动物群的地区之一，对于进化科学的研究具有不可估量的价值。

南非的弗里德堡陨石坑是迄今为止地球上发现的最古老的陨石坑。它丰富了地球科学的研究内容，为探索地球和其他星球的演化提供了证据。

第二节　世界遗产和世界遗产学的定义

世界遗产是指具有突出普遍价值的文化与自然遗产，是大自然和人类留下的最珍贵的遗产，需要作为整个人类遗产的一部分加以保护。世界遗产分为文化遗产、自然遗产、文化和自然双重遗产，其中部分世界遗产同时属于文化景观遗产。

世界遗产学是研究世界遗产的产生、特征、管理、保护和可持续发展的学科。世界遗产学的研究对象涉及文化遗产、自然遗产、文化和自然双重遗产，此外，其中的文化景观遗产和濒危遗产也作为专门的研究对象被研究。

一、文化遗产

文化遗产是指具有突出的历史学、考古学、美学、科学、人类学、艺术价值的文物、建筑物、遗址等。

《公约》对文化遗产的要求如下：

（1）文物：从历史、艺术或科学的角度看，具有突出的普遍价值的建筑物、碑雕和碑画，具有考古性质的成分或结构、铭文、窟洞以及组合特色的联合体。

（2）建筑群：从历史、艺术或科学的角度看，在建筑式样、分布均匀或与环境景色结合方面具有突出的普遍价值的单立或连接的建筑群。

（3）遗址：从历史、审美、人种学或人类学的角度看，具有突出的普遍价值的人类工程或自然与人联合工程以及考古遗址等。

二、自然遗产

自然遗产是指具有科学、保护或美学价值的地质、物质、生物结构、濒危动植物栖息地和自然资源保护区等。

《公约》对自然遗产的要求如下：

（1）从审美或科学的角度看，具有突出的普遍价值的由物质和生物结构或这类结构群组成的自然面貌。

（2）从科学或保护的角度看，具有突出的普遍价值的地质和自然地理结构以及明确划为受威胁的动物和植物生境区。

（3）从科学、保护或自然美的角度看，具有突出的普遍价值的天然名胜或明确划分的自然区域。

三、文化和自然双重遗产

文化和自然双重遗产是指同时符合文化遗产和自然遗产的要求的世界遗产。

四、文化景观遗产

"文化景观"这一概念是1992年12月在美国圣菲召开的第16届世界遗产大会上提出并纳入《世界遗产名录》中的。

文化景观代表"自然与人类的共同作品"。文化景观的选择应基于它们自身的突出普遍的价值，其明确划定的地理—文化区域的代表性及其体现此类区域的基本而具有独特文化因素的能力。

第三节 世界遗产组织的设立

联合国教科文组织的全称为：联合国教育、科学及文化组织（United Nations Educational, Scientific and Cultural Organization, UNESCO）。1945年11月在英国伦敦通过了《联合国教育、科学及文化组织组织法》。联合国教科文组织于1946年11月在巴黎召开第一次大会，并于11月4日正式成立，总部设在巴黎。联合国教科文组织的宗旨是：通过教育、科学及文化促进各国间的合作，对世界和平与安全做出贡献，以增进对正义、法治及《联合国宪章》所确认的世界人民不分种族、性别、语言、宗教均享有的人权与自由的普遍尊重。

一、世界遗产委员会

世界遗产委员会是联合国教科文组织的下设机构，负责《公约》的实施。为了落实《公约》的各项规定，1976年11月，世界遗产委员会在内罗毕举行的第1届《公约》缔约国大会上正式成立。

世界遗产委员会是政府间组织，由21个成员国组成。世界遗产委员会内由7名成员构成世界遗产委员会主席团，主席团每年举行两次会议，筹备委员会的工作。世界遗产委员会每年在不同的国家举行一次世界遗产大会，主要决定哪些遗产可以列入《世界遗产名录》，对已列入名录的世界遗产的保护工作进行监督和指导。

世界遗产委员会承担以下四项主要任务：

（1）在挑选录入《世界遗产名录》的文化和自然遗产地时，负责对世界遗产的定义进行解释。在完成这项任务时，该委员会将得到世界自然保护联盟和国际古迹遗址理事会的帮助。这两个组织将仔细审查各缔约国对世界遗产的提名，并针对每一项提名写出评估报告。国际文物保护与修复研究中心也对世界遗产委员会提出建议，例如文化遗产方面的培训和文物保护技术的建议。

（2）审查世界遗产保护状况报告。当遗产得不到恰当的处理和保护时，该委员会让缔约国采取特别性保护措施。

（3）经过与有关缔约国协商，该委员会做出决定把濒危遗产列入《濒危世界遗产名录》。

（4）管理世界遗产基金。对为保护遗产而申请援助的国家或地区给予技术和财力援助。

世界遗产委员会还设立了一项保护具有突出的普遍价值的世界文化和自然遗产的基金——世界遗产基金。其资金来源包括：缔约国义务捐款和自愿捐款；其他国家、联合国教科文组织、联合国系统其他组织、其他政府间组织、公共或私立机构或个人的捐款、赠款或遗赠；基金款项所得利息；募捐的资金和为本基金组织的活动的所得收入；基金条例所认可的所有其他资金。对基金的捐款不得带有政治条件。在不影响任何自愿补充捐款的情况下，缔约国每两年定期向世界遗产基金纳款等。

联合国教科文组织还专门设置了世界遗产中心，又称为"公约执行秘书处"。该中心协助缔约国具体执行《公约》，向世界遗产委员会提出建议，执行世界遗产委员会的决定。

世界遗产委员会为了提高保护、评审、监测、技术援助等工作的水平，还特别约请了三个国际上权威的专业机构，即世界自然保护联盟、国际古迹遗址理事会、国际文物保护与修复研究中心，作为其专业咨询机构。凡有关遗产的考察、评审、监测、技术培训、财政与技术援助等均由这几个机构派出专家予以帮助。

二、世界自然保护联盟

世界自然保护联盟，原来称为国际自然及自然资源保护联盟，主要负责自然遗产方面的工作。该组织成立于1948年，总部设在瑞士格兰德，主要任务是促进和鼓励人类对自然资源的保护与永续利用。

三、国际古迹遗址理事会

国际古迹遗址理事会，主要负责文化遗产方面的工作。该组织成立于1965年，总部设在法国巴黎，是国际上唯一从事文化遗产保护理论、方法、科学技巧的运用和推广的非政府国际机构。

四、国际文物保护与修复研究中心

国际文物保护与修复研究中心，主要负责文化遗产方面的技术培训、研究、宣传和为专家服务的工作。该组织成立于1956年，总部设在意大利罗马，是国际上文化遗产领域从事培训、专家服务、文献资料研究的专门机构。

第四节　世界遗产标志和世界遗产委员会历次会议

一、世界遗产标志

世界遗产标志象征着世界文化遗产与自然遗产及其相互关系。标志中心的正方形代表人类创造；外部的圆圈代表大自然，两者密切相连，表明了人类与自然的和谐关系。整个标志呈圆形，既象征全世界，也象征对世界遗产的保护。

世界遗产标志是由米歇尔·奥里弗设计的，于1978年在第2届世界遗产大会上被采纳。

◎ 世界遗产标志

二、世界遗产委员会历次会议

世界遗产委员会会议每年召开一次，截至2019年已召开了43届。历次会议如表1-1所示。

表1-1　世界遗产委员会历次会议

届次	地点	日期
第1届	法国巴黎	1977年6月27日—7月1日
第2届	美国华盛顿	1978年9月5日—9月8日
第3届	埃及卢克索	1979年10月22日—10月26日
第4届	法国巴黎	1980年9月1日—9月5日
第5届	澳大利亚悉尼	1981年10月26日—10月30日
第6届	法国巴黎	1982年12月13日—12月17日
第7届	意大利佛罗伦萨	1983年12月5日—12月9日
第8届	阿根廷布宜诺斯艾利斯	1984年10月29日—11月2日
第9届	法国巴黎	1985年12月2日—12月6日
第10届	法国巴黎	1986年11月24日—11月28日
第11届	法国巴黎	1987年12月7日—12月11日
第12届	巴西巴西利亚	1988年12月5日—12月9日
第13届	法国巴黎	1989年12月11日—12月15日
第14届	加拿大班夫	1990年12月7日—12月12日
第15届	突尼斯迦太基	1991年12月9日—12月13日
第16届	美国圣菲	1992年12月7日—12月14日

续表

届次	地点	日期
第17届	哥伦比亚卡塔纳赫	1993年12月6日—12月11日
第18届	泰国普吉	1994年12月12日—12月17日
第19届	德国柏林	1995年12月4日—12月9日
第20届	墨西哥梅里达	1996年12月2日—12月7日
第21届	意大利那不勒斯	1997年12月1日—12月6日
第22届	日本京都	1998年11月30日—12月5日
第23届	摩洛哥马拉喀什	1999年11月29日—12月4日
第24届	澳大利亚凯恩斯	2000年11月27日—12月2日
第25届	芬兰赫尔辛基	2001年12月11日—12月16日
第26届	匈牙利布达佩斯	2002年6月24日—6月29日
第27届	法国巴黎	2003年6月30日—7月5日
第28届	中国苏州	2004年6月28日—7月7日
第29届	南非德班	2005年7月10日—7月17日
第30届	立陶宛维尔纽斯	2006年7月9日—7月16日
第31届	新西兰基督城	2007年6月23日—7月2日
第32届	加拿大魁北克城	2008年7月2日—7月10日
第33届	西班牙塞维利亚	2009年6月22日—6月30日
第34届	巴西巴西利亚	2010年7月25日—8月3日
第35届	法国巴黎	2011年6月19日—6月29日
第36届	俄罗斯圣彼得堡	2012年6月24日—7月6日
第37届	柬埔寨金边	2013年6月17日—6月27日
第38届	卡塔尔多哈	2014年6月15日—6月25日
第39届	德国波恩	2015年6月28日—7月8日
第40届	土耳其伊斯坦布尔	2016年7月10日—7月17日
第41届	波兰克拉科夫	2017年7月2日—7月12日
第42届	巴林麦纳麦	2018年6月24日—7月4日
第43届	阿塞拜疆巴库	2019年6月30日—7月10日

第五节　世界遗产的申报、遴选和评定

一、世界遗产的申报

一个国家一旦签署了《公约》，成为缔约国，并保证对本国文化遗产与自然遗产进行保护，就可以开始为把本国遗产列入《世界遗产名录》而进行提名，由该国政府将提名呈交给联合国教科文组织。

首先，一个国家必须决定可以提名哪些遗产地，这个筛选的过程往往被称为识别。《公约》要求各缔约国先把它们各自具有突出的普遍价值的遗产地列出清单。其次，把经

筛选有可能成为世界遗产者作为暂定名单呈报联合国教科文组织世界遗产中心。当一个缔约国决定把某地提名为世界遗产时，该国必须填写特制的提名表格。特别要提及的是，各国必须按照世界遗产委员会制定的标准，说明为什么某地独具重要性而要求列入《世界遗产名录》，而且还要说明该处目前的保护和管理状况。如能提供该处与其他同类遗产的比较分析情况将会更好。最后，文化遗产申报文件提交国际古迹遗址理事会评审，自然遗产申报文件提交世界自然保护联盟评审，文化和自然双重遗产申报文件同时向以上两个组织提交。国际古迹遗址理事会和世界自然保护联盟派遣专家分别对申报国所申报遗产地进行现场考察和评估，并提交评价报告，向世界遗产委员会进行推荐，世界遗产委员会再做出是否入选的决定。

在世界遗产委员会制定的《实施〈世界遗产公约〉操作指南》中，《世界遗产名录》申报内容和格式为：

(1) 遗产的辨认；
(2) 遗产描述；
(3) 列入理由；
(4) 保护状况和影响因素；
(5) 保护和管理；
(6) 监测；
(7) 文件；
(8) 负责机构的联系信息；
(9) 缔约国代表签名。

其中每一项都包括许多细则。

二、世界遗产的遴选

由世界遗产委员会制定的《实施〈世界遗产公约〉操作指南》对世界遗产规定了10项标准。凡提名列入《世界遗产名录》的世界遗产项目，必须符合下列一项或几项标准方可获得批准。

(i) 作为人类天才的创造力的杰作。

(ii) 在一定时期内或世界某一文化区域内人类价值观的重要交流，对建筑、技术、古迹艺术、城镇规划或景观设计的发展产生重要影响。

(iii) 能为延续至今或业已消逝的文明或文化传统提供独特的或至少是特殊的见证。

(iv) 是一种类型的建筑、建筑或技术整体，或景观的杰出范例，展示了人类历史上一个或几个重要阶段。

（v）是传统人类居住地、土地使用或海洋开发的杰出范例，代表一种或几种文化、或人类与环境的相互作用，特别是当它在不可逆转变化的影响下已变得易于损坏时。

（vi）与具有突出的普遍意义的事件、现行传统、思想、信仰、文学艺术作品有直接或实质的联系（只有在某些特殊情况下或该项标准与其他标准一起使用时才成立）。

（vii）包括最显著的自然现象，或特殊的自然美景和具有美学价值的地区。

（viii）是地球演化史中重要阶段的突出范例，包括生命记录、地形发展过程中所进行的重要地质过程或具有重要的地貌或自然地理特征。

（ix）代表进化过程中所进行的重要生态和生物过程，以及陆地、淡水、沿海和海洋生态系统及植物和动物群落的发展的突出范例。

（x）在生物多样性保护方面具有最重要意义的生物栖息地，从科学和保护方面的观点来看，包括那些含有突出普遍价值的濒危物种的栖息地。

1. 文化遗产的遴选标准

由世界遗产委员会制定的《实施〈世界遗产公约〉操作指南》对文化遗产规定了i至vi的6项遴选标准。

2. 自然遗产的遴选标准

由世界遗产委员会制定的《实施〈世界遗产公约〉操作指南》对自然遗产规定了vii至x的4项遴选标准。根据2005年世界遗产委员会发布的新版本，《实施〈世界遗产公约〉操作指南》对自然遗产的4条遴选标准序号有所调整（如表1-2所示）。

表1-2 世界遗产遴选标准变化对比表

操作指南	文化标准（Cultural Criteria）						自然标准（Natural Criteria）			
2002年操作指南	i	ii	iii	iv	v	vi	i	ii	iii	iv
2005年操作指南	i	ii	iii	iv	v	vi	vii	viii	ix	x

资料来源：据联合国教科文组织世界遗产中心网站信息整理。

三、世界遗产的评定

世界遗产的评定标准主要依据《公约》第一、二条规定以及《实施〈世界遗产公约〉操作指南》对文化遗产与自然遗产规定的相应遴选标准。遗产项目要列入《世界遗产名录》，必须经过严格的考核和审批程序。

每年举行一次的世界遗产大会，将对申请列入名单的遗产项目进行审批，主要依据是世界遗产委员会此前委托有关专家对各国提名的遗产地进行实地考察而提出的评价报告。"凯恩斯决定"是2000年在澳大利亚凯恩斯召开的第24届世界遗产大会上形成的，其核心内容是：限制已有较多世界遗产的国家申报，一国一年只能申报不超过一项；没有世界遗产项目的缔约国每年可申报两到三项。时隔四年之后，包括我国在内的许多国家的专家都认为，这一决定并不能有效地形成世界遗产战略所期望的代表性和平衡性，它不利于更多的世界遗产的保护。2004年，在我国苏州召开的第28届世界遗产大会通过"苏州决定"，将"凯恩斯决定"中规定的《公约》缔约国每年只能申报不超过一项世界遗产修改为：从2006年起，一个缔约国每年可最多申报两项世界遗产，其中至少有一项是自然遗产。"苏州决定"还规定，自2006年起，世界遗产委员会每年受理的新申报项目从此前的30个增加到45个，包括往届会议推迟审议的项目、扩展项目、跨国联合申报项目和紧急申报项目。"苏州决定"指出，这一修订仍然是一个"试验性和过渡性"的措施。

第六节　世界遗产的现状与发展

1. 保护公约

自《公约》诞生和世界遗产组织成立以来，世界各国和各地区成功地保护了一大批世界著名的文化遗产和自然遗产，为人类文明史保留下众多的弥足珍贵的财富，促进了世界遗产地的科学研究与文化交流，同时推动了全球旅游业的迅速发展。

世界遗产委员会制定的《实施〈世界遗产公约〉操作指南》成为执行和实施《公约》不可缺少的重要文件。

2. 世界遗产分布

迄今为止，1121项世界遗产分布于世界各大洲的167个国家或地区。世界遗产在全球各地区的具体分布情况如表1-3所示。

表1-3　世界遗产在全球的数量分布

地区	文化遗产	自然遗产	文化和自然双重遗产	合计
非洲	53	38	5	96
阿拉伯国家	78	5	3	86
亚洲和太平洋地区	189	67	12	268
欧洲和北美洲	453	65	11	529
拉丁美洲和加勒比海地区	96	38	8	142
合计	869	213	39	1121

资料来源：据联合国教科文组织世界遗产中心网站信息整理。

世界遗产数量排名前10位的国家如表1-4所示。

表1-4 世界遗产数量居前10位的国家

地区	排名	遗产数量	遗产类型
中国	1	55项	文化遗产（37项）、自然遗产（14项）、文化和自然双重遗产（4项）
意大利	1	55项	文化遗产（50项）、自然遗产（5项）
西班牙	3	48项	文化遗产（42项）、自然遗产（4项）、文化和自然双重遗产（2项）
德国	4	46项	文化遗产（43项）、自然遗产（3项）
法国	5	45项	文化遗产（39项）、自然遗产（5项）、文化和自然双重遗产（1项）
印度	6	38项	文化遗产（30项）、自然遗产（7项）、文化和自然双重遗产（1项）
墨西哥	7	35项	文化遗产（27项）、自然遗产（6项）、文化和自然双重遗产（2项）
英国	8	32项	文化遗产（27项）、自然遗产（4项）、文化和自然双重遗产（1项）
俄罗斯	9	29项	文化遗产（18项）、自然遗产（11项）
美国	10	24项	文化遗产（11项）、自然遗产（12项）、文化和自然双重遗产（1项）
伊朗	10	24项	文化遗产（22项）、自然遗产（2项）

资料来源：据联合国教科文组织世界遗产中心网站信息整理。

3. 遗产战略

1994年，世界遗产委员会发布了"全球战略"，旨在建立起一个具有代表性的、平衡的、可信的《世界遗产名录》。它的目标是保证这个名录反映具有突出的普遍价值的世界文化和自然遗产的多样性。

2002年，世界遗产委员会在匈牙利布达佩斯召开的第26届世界遗产大会上通过了《关于世界遗产的布达佩斯宣言》，提出增强《世界遗产名录》的可信性，保证对世界遗产的有效保护，推进各缔约国有效的能力建设，以及通过宣传增强大众对世界遗产的认识、参与和支持，即所谓的"4C"战略目标：可信性（Credibility）、保护（Conservation）、能力建设（Capacity-building）和交流（Communication）。

2005年2月，《实施〈世界遗产公约〉操作指南》明确提出构建具有代表性、平衡性、可信性的《世界遗产名录》的全球战略。

2006年10月，世界遗产委员会发表了《联合国教科文组织世界遗产中心自然遗产战略》，对自然遗产的任务、战略方向和工作方法进行了论述。此外，该战略还突出反映了自然遗产事业所取得的成就。

2007年，第31届世界遗产大会增加社会参与（Communities）作为战略目标之一，最终形成"5C"战略目标。

4. 申遗趋势

世界遗产的平衡性发展已成为国际关注的焦点，世界遗产委员会大力提倡、鼓励遗产种类的多样化。平衡性包括地区平衡、国家遗产增长数量的平衡、遗产种类的平衡。

在世界文化遗产中，工业遗产、农业遗产、廊道遗产、文化线路、文化景观、海洋遗产、跨国项目等成为世界遗产领域提倡并重点支持的项目。此外，现代遗产等逐渐进入世界遗产的视野之中，成为新的趋势。跨区域捆绑型世界遗产申报方式是突破瓶颈的创新手段。

5. 遗产保护

近年来，由于数字遗产概念的提出，三维数字化技术在文物保存、考古绘图、虚拟修复和数字展示等方面得以应用，信息技术、数字化保护技术、虚拟现实技术、空间技术、地理信息系统等在遗产资源保护和管理中发挥着重要的作用。2011—2021年，联合国教科文组织国际自然与文化遗产空间技术中心发起"自然与文化遗产空间观测与认知"科学计划，以建立全球自然与文化遗产空间影像数据库、高时相高精度动态分析典型自然与文化遗产演变、全球变化与自然灾害对世界遗产的影响研究等为主要内容，从空间角度为亚洲及全球自然与文化遗产监测和保护提供科学的方法与决策支持。

6. 遗产教育

联合国教科文组织一直十分重视世界遗产教育问题，在《公约》"教育计划"中明确提出："本公约缔约国应通过一切适当手段，特别是教育和宣传计划，努力增强本国人民对本公约第一条和第二条中确定的文化和自然遗产的赞赏和尊重。"

1994年，联合国教科文组织世界遗产中心与联系学校项目网络发起了"年轻人参与世界遗产保护和发展"的区域性世界遗产保护项目。1995年，首届国际世界遗产青年论坛在挪威卑尔根召开，促进了世界遗产教育的发展。自1995年以来，世界遗产青年论坛分别在世界各地举行，为全球世界遗产教育提供了机遇。1997年，首届亚太地区世界遗产青年论坛在北京举行。此外，联合国教科文组织完成并出版了一本通用的有关世界遗产教育的教材——《年轻人手中的世界遗产》。

世界遗产教育正在逐渐成为高校教育的一项重要内容。近10年来，我国许多大学开设了"世界遗产"相关课程，出版了相关教材，为世界遗产教学与实践提供了理论基础。近年来，许多大学也在开始招收与文化遗产和自然遗产保护相关研究方向的硕士生和博士生，一些大学还相继设立了遗产保护的专门研究机构。

思考与练习

1. 试述世界遗产的发展趋势和主要进展。
2. 《保护世界文化和自然遗产公约》的意义和目的是什么？
3. 世界遗产的定义是什么？文化遗产和自然遗产的含义、内容和特点是什么？
4. 什么是文化景观遗产？

5. 简述世界遗产组织的设立。

6. 试述世界遗产的产生、发展和现状。

7. 简述世界遗产的分布特征。

8. 简述前十位的世界遗产大国及其各自的特征。

9. 试述遗产战略和申遗趋势。

10. 简述世界遗产的意义。

11. 列举实例阐明世界遗产对于促进旅游业发展的推动意义。

第二章　我国的世界遗产

我国是一个历史悠久、文化灿烂的国家，拥有众多的名胜古迹、雄伟的古代建筑、壮观的名山奇峰、纵横交错的河流，文化遗产与自然遗产资源丰富。

我国于1985年加入《公约》成为缔约国后，1987年拥有了第一批世界遗产，其中文化遗产5项，即周口店北京人遗址、长城、北京故宫、莫高窟、秦始皇陵；文化和自然双重遗产1项，即泰山。截至2019年7月第43届世界遗产大会，我国已有55项遗产被列入《世界遗产名录》，其中文化遗产37项（含文化景观遗产5项），自然遗产14项，文化和自然双重遗产4项。

我国是拥有世界遗产类别最齐全的国家之一，包括文化遗产、自然遗产、文化和自然双重遗产，部分文化遗产同时是文化景观遗产。我国的世界遗产涉及内容颇为广泛，古人类遗址（周口店北京人遗址）、皇宫（北京和沈阳明清故宫）、皇家园林（北京颐和园——皇家园林、承德避暑山庄及周围寺庙）、古城遗址（元上都遗址）、皇家陵寝（秦始皇陵、明清皇家陵寝）、皇家祭坛（北京天坛：皇家祭坛）、古墓葬（高句丽王城、王陵和贵族墓葬）、防御工程（长城）、古典园林（苏州古典园林）、古城（平遥古城、丽江古城、澳门历史中心）、古村落（皖南古村落——西递和宏村、福建土楼、开平碉楼和村落）、考古遗址（殷墟、土司遗址、良渚古城遗址）、古建筑群（武当山古建筑群，拉萨布达拉宫，登封"天地之中"历史建筑群，曲阜孔庙、孔林和孔府）、古建筑和水利工程（青城山和都江堰灌溉系统）、洞窟和石刻（莫高窟、大足石刻、龙门石窟、云冈石窟）、文化线路（大运河，丝绸之路：长安—天山廊道路网）、文化景观（庐山国家公园、五台山、杭州西湖文化景观、红河哈尼梯田文化景观、左江花山岩画艺术文化景观）、地质景观（云南三江并流保护区、中国南方喀斯特、中国丹霞、澄江化石遗址）、风景名胜区和自然保护区（九寨沟风景名胜区、武陵源风景名胜区、黄龙风景名胜区、三清山国家公园、新疆天山、湖北神农架、青海可可西里、梵净山）、生物保护区〔四川大熊猫栖息地——卧龙山、四姑娘山和夹金山脉，中国黄海-渤海湾沿岸候鸟保护地（第一期）〕、文化和自然景观（泰山、黄山、峨眉山和乐山大佛、武夷山）、国际社区（鼓浪屿历史国际社区）。

北京是世界上拥有世界遗产项目最多的城市。北京的长城、故宫、颐和园、天坛、周口店北京人遗址、明清皇家陵寝（十三陵）、大运河（通惠河北京旧城段、通惠河通州段等）均已被列入《世界遗产名录》。

我国苏州九处园林作为"苏州古典园林"以文化遗产列入《世界遗产名录》。1997年以拙政园、留园、网师园、环秀山庄为典型的"苏州古典园林"，列入了《世界遗产名录》。2000年又将沧浪亭、狮子林、艺圃、耦园、退思园作为"苏州古典园林"扩展项目列入《世界遗产名录》。"苏州古典园林"以其意境深远、构筑精致、艺术高雅、文化内涵丰富而成为具有历史、文化、艺术和科学价值的珍贵的世界文化遗产。

四川省的自然遗产最为丰富，包括九寨沟风景名胜区、黄龙风景名胜区、四川大熊猫栖息地；除自然遗产以外，还包括文化遗产——青城山和都江堰灌溉系统，文化和自然双重遗产——峨眉山和乐山大佛。

我国文化和自然双重遗产有4项，即泰山、黄山、峨眉山和乐山大佛、武夷山，在数量上与澳大利亚的文化和自然双重遗产持平，是世界上拥有文化和自然双重遗产最多的国家之一。

第一节 我国的文化遗产

北京和沈阳明清故宫

Imperial Palaces of the Ming and Qing Dynasties in Beijing and Shenyang

国家：中国

洲名：亚洲

时间：1987年列入《世界遗产名录》，2004年扩展

标准：i，ii，iii，iv

属性：文化遗产

世界遗产委员会的评价

1987年收录：

北京紫禁城是近5个世纪（1416—1911）最高权力的中心，它拥有景观园林和许多建筑群（近1万个具有家具和艺术品的房间），成为明清时代中国文明无价的历史见证。

2004年扩展：

沈阳清代故宫由建于1625—1626年和1783年期间的114座建筑物组成。在清代统治者将它的权力扩张到国家的中心和迁都北京之前，这里拥有一座重要的藏书馆，见证了统治中国最后王朝的建立。后来这座宫殿成了北京故宫的陪都宫殿。这一非凡的建筑物为清代的历史及中国北方满族和其他宗族的文化传统提供了重要的历史见证。

第二章 ◎ 我国的世界遗产

◎ 太和殿和中和殿

北京故宫，又名紫禁城，始建于1406年（明朝永乐四年），建成于1420年（永乐十八年），历经15年时间建成，是我国保存最完整、规模最大的古代皇宫建筑群。故宫一直是中国统治阶级的政治和文化中心，自故宫建成后，先后有24位皇帝在此执政，其中明朝14位，清朝10位。

故宫位于北京城的中央，占地面积72万平方米，四周以城墙环绕，城墙四角各有一座结构精巧的角楼，城墙外有外金水河护城。故宫辟有四门，南有午门，为故宫正门，北有神武门，东有东华门，西有西华门。故宫坐北朝南，以南北为中轴线，严格按照中轴对称，前朝后寝的布局规制。历史上，故宫因火灾和其他原因曾多次重建，但基本格局没有改变。整个皇宫分外朝和内廷两大部分。外朝是国家权力活动场所，以太和殿、中和殿、保和殿三大殿为中心，文华殿和武英殿为两翼，是皇帝举行重大典礼的地方，也是封建皇权的象征。内廷有乾清宫、交泰殿、坤宁宫、御花园及东西六宫等建筑，是皇帝日常处理政务和与后妃居住的场所。

北京故宫建筑集明、清两代建筑艺术之大成，是我国最大的古建筑群，是中国古代建筑艺术的精华，在1925年成立为故宫博物院。故宫博物院内存有大量的历史文物和珍宝，是我国收藏最好的和最丰富的文物博物院。故宫博物院是在明、清两代皇宫——紫禁城的基础上建立的一座集古代建筑、宫殿收藏和历代文化艺术为一体的大型综合性博物馆，开辟有珍宝馆、钟表馆、绘画馆、陶瓷馆、青铜器馆、石鼓馆、戏曲馆、玉器馆、雕塑馆等。今天的故宫博物院院藏文物包括：青铜器、玉器、金银器、陶瓷器、牙竹木雕、丝织刺绣、文房四宝、绘画书法、家具等，代表了中国历史文化艺术的最高水准，是中国最丰富的文化和艺术宝库。

沈阳故宫，位于沈阳市旧城中心，四周围以高大宫墙，南面正中为大清门，总占地面积6万多平方米，共有各类建筑100余座。沈阳故宫始建于1625年，是清朝入关前清太祖努

世界遗产

○ 角楼和护城河

○ 太和门前铜狮

尔哈赤、清太宗皇太极创建的皇宫,又称盛京皇宫,清朝入主中原后改为陪都宫殿和皇帝东巡行宫。

中华人民共和国成立后,沈阳故宫改为沈阳故宫博物院。整座皇宫楼阁林立,殿宇巍然,雕梁画栋,富丽堂皇。沈阳故宫按照建筑布局和建造先后,可以分为三个部分:东路为努尔哈赤时期建造的大政殿与十王亭;中路为皇太极时期续建的大中阙,包括大清门、崇政殿、凤凰楼以及清宁宫、关雎宫、衍庆宫、启福宫等;西路则是乾隆年间增建的文溯阁和嘉荫堂。

沈阳故宫以鲜明的满族特色著称于世,融合了汉族、满族、蒙古族三族文化的建筑艺术。沈阳故宫于2004年在第28届世界遗产大会上被世界遗产委员会作为北京明清故宫的扩展项目列入《世界遗产名录》。北京、沈阳两座故宫构成了中国仅存的两大完整的明清皇宫建筑群。

秦始皇陵

Mausoleum of the First Qin Emperor

国家:中国

洲名:亚洲

时间:1987年列入《世界遗产名录》

标准:i, iii, iv, vi

属性:文化遗产

世界遗产委员会的评价

毫无疑问,如果不是1974年被发现,这座考古遗址中的数以千计的陶俑将依旧沉睡于地下。秦始皇,这个第一个统一中国的皇帝,殁于公元前210年,葬于陵墓的中心,陵墓周围为著名的陶俑所环绕,复杂的设计反映了都城咸阳的城市布局。那些小的陶俑形态各异,具有战马、战车和武器,既是现实主义的杰作,同时也保留了极高的历史价值。

秦始皇陵是我国历史上第一位皇帝秦始皇的陵墓，位于今陕西省西安市临潼区骊山脚下。秦始皇即位后就开始修建自己的陵墓，动用了72万人，工程之浩大、气魄之宏伟、陪葬物之丰富居历代帝王陵之首。秦始皇陵是最大的皇帝陵，也是中国历史上第一个皇帝陵园。

秦始皇陵的土陵冢筑有内外两重夯土城垣，象征都城的皇城和宫城。内城略呈方形，除北面开两门外，其余三面各开一门。外城为长方形，四面各开一门。陵墓地宫中心是安放秦始皇棺椁的地方，陵墓四周有陪葬坑近200个。历年来这里已有数万件重要历史文物出土。

秦始皇兵马俑坑是秦始皇陵的陪葬坑。秦始皇兵马俑陪葬坑坐西向东，分别为一号坑、二号坑和三号坑，三坑呈品字形排列。兵马俑是仿秦宿卫军制作，与真人同大小，组成步、弩、车、骑四个兵种。兵马俑形态各异，表情逼真，体现了秦代高超的雕塑技艺水平。

◎ 秦始皇兵马俑

周口店北京人遗址
Peking Man Site at Zhoukoudian

国家：中国

洲名：亚洲

时间：1987年列入《世界遗产名录》

标准：iii，vi

属性：文化遗产

世界遗产委员会的评价

周口店北京人遗址位于北京西南42千米处，这里的研究工作仍然在进行中。到目前为止，这一研究工作使得生活在中更新世的北京猿人遗迹被发现，同时还有各种各样的生活物品，以及可以追溯到公元前18000—前11000年的智人亚种遗迹。这处遗址不仅是史前亚洲大陆人类社会的一个罕见的证据，而且也阐明了人类进化的进程。

周口店北京人遗址位于北京市房山区周口店龙骨山，位于北京西南约42千米处。"北京人"洞穴的堆积层厚达40多米，大致形成于70万到20万年前，"北京人"大约在距今70万到20万年间在此居住，长达50万年。地质年代属于中更新世。

世界遗产

　　1918年2月的一天，瑞典地质学家安特生被告知有一些化石采自周口店，他当时担任中国农商部矿政顾问。1921年，安特生和奥地利古生物学家师丹斯基及美国古生物学家葛利普在周口店采集到一些动物化石，其中包括两枚古人类牙齿的化石，一枚为上臼齿。1926年10月22日，安特生报道了采自周口店的两枚早期人类牙齿化石，当时这一消息震惊了科学界。加拿大人类学家步达生仔细研究了发现于1921年的上臼齿化石，将这一标本置于人科，建立一新属和一新种，即现在的北京直立人亚种。

　　1929年12月2日，我国古生物学家裴文中领导的考古小组发现了北京人头盖骨化石，1931年起，确认石器和用火遗迹等的存在，这成为震惊世界的重大考古发现。后来在周口店遗址还发现约2万年前的山顶洞人化石和文化遗物，经测定山顶洞洞内堆积物年代为距今4万年至1万年。至1936年，考古学家们陆续发现头盖骨、头骨残片、面骨等来自不同年龄和性别的古人类个体。1937年，由于日本帝国主义全面发动侵华战争，北京人遗址的发掘工作被迫中断。随之而来的连年战乱，使得自1927年以来发现的全部北京人和山顶洞人的化石标本，除个别已发表的牙齿化石保存在瑞典外，其余都遗失了，且至今下落不明，这一事件成为20世纪考古史上的世界之谜。中华人民共和国成立后，又先后发现右顶骨1具、额骨1片、右下第一前臼齿1枚等。

◎ 古人类遗址

　　1973年，考古学家在这一地区还发现了约10万年前的"新洞人"化石。经科学家测定，新洞堆积物的年代大约距今20万至10万年左右，属晚更新世初期。

　　2003年7月7日，中国科学院和北京市政府联合举行新闻发布会宣布，中国科学家在北京周口店田园洞内新发现古人类化石。经初步鉴定，该人类化石为晚期智人，距今约4.2万至3.9万年。因此，田园洞正式被确立为第27个化石地点。专家认为，田园洞内古人类化石的发现，为研究晚更新世晚期周口店乃至华北地区的古环境提供了重要的新资料，对东亚地区现代人演化研究具有重要意义。此次发现是北京地区山顶洞人时期仅存的人类化石实证，也弥补了山顶洞人化石丢失的缺憾。此次发现可向世人证明，作为世界文化遗产的周口店北京人遗址仍蕴藏着丰富的科学资源和继续发掘的巨大潜力。

　　周口店北京人遗址自1927年发掘以来，共发现27个具有科研价值的化石地点，出土200余件人类化石、十几万件石器和大量用火遗迹，以及上百种动物化石，是世界上同时期古人类遗址中材料最丰富、最系统和最具有学术价值的遗址之一。

北京人及其文化的发现与研究，解决了19世纪爪哇人发现以来围绕科学界近半个世纪的"直立人"究竟是猿还是人的争论问题。周口店北京人遗址是目前世界上发现的古人类化石最丰富的遗址之一，它的发现，为人类进化理论提供了有力的证据。周口店北京人遗址的资料可以为全球同期史前人类的演化、行为、生态和环境对比研究提供更为精确的科学数据。

长城

The Great Wall

国家：中国

洲名：亚洲

时间：1987年列入《世界遗产名录》

标准：i，ii，iii，iv，vi

属性：文化遗产

世界遗产委员会的评价

公元前220年，秦始皇的统治时期，中国将较早时期的一些分散的防御工事修筑连接成一个完整的用以抵抗来自北方侵略的防御系统。建筑工事持续至明代（1368—1644），从那时起长城就成为世界上最大的军事建筑物。它的历史和战略价值与它的建筑意义相媲美。

万里长城是我国古代的伟大建筑，始建于2000多年前的春秋战国时期，现存的长城，修建于明代，东起山海关，西到嘉峪关，全长两万多千米。公元前221年，秦始皇统一中国后，将统一前北方互相争斗的诸侯小国各自建造的长城衔接起来，形成穿山越岭的北方边界的屏障，用来抵御来自北方的侵略。

从战国时期以来，有20多个诸侯国和封建王朝修筑过长城。最早是楚国，为防御北方游牧民族或敌国，开始修建长城，随后，齐、燕、魏、赵、秦等诸侯国基于相同的目的也开始修筑自己的长城。秦统一六国后，秦始皇派著名大将蒙恬北伐匈奴，把各国长城连起来，绵延万余里，被称为万里长城。秦始皇为了修筑长城动用了30万人，创造了人类建筑史上的奇迹。长城的修建客观上起到了防止匈奴南侵和保护中原经济文化发展的积极作用。

◎ 长城

长城的主体工程是绵延万里的高大城墙，大都建在山岭最高处，构筑险峻、气势雄伟，是世界上修建时间最长和工程最大的军事性防御工程。长城是中华民族古老文化的丰碑和智慧的结晶，是人类文明史上最伟大的建筑工程之一。

在长城景观中，北京八达岭长城、慕田峪长城、司马台长城、河北山海关、甘肃嘉峪关都是著名的长城游览胜地。嘉峪关初建于明朝洪武五年（1372），由内城、外城、罗城、瓮城、城壕和南北两翼长城组成，是明代万里长城的西端起点，也是长城沿线保存最为完好、规模最为壮观的古代军事城堡，有"天下第一雄关"之美誉，被海外探险家誉为"东方最完美的城堡"。

莫高窟
Mogao Caves

国家：中国

洲名：亚洲

时间：1987年列入《世界遗产名录》

标准：ⅰ，ⅱ，ⅲ，ⅳ，ⅴ，ⅵ

属性：文化遗产

世界遗产委员会的评价

莫高窟地处"丝绸之路"的一个战略要地。它不仅是贸易的中转站，同时也是宗教、文化和知识影响的交汇处。莫高窟的492个小石窟和洞穴庙宇，以其雕像和壁画闻名于世，展示了延续千年的佛教艺术。

◎ 莫高窟

莫高窟，又称"千佛洞"，位于甘肃省敦煌市东南25千米处的鸣沙山东麓断崖上，上下五层，高低错落，鳞次栉比，石窟群南北长1600米。通常认为石窟创建于366年（前秦建元二年）。莫高窟现存壁画45000多平方米，彩塑2000多个，唐宋木结构窟檐5座。藏经洞是莫高窟第17洞，洞内藏有从晋代至宋代的文书和文物多达5万余件。莫高窟是一处由建筑、绘画、雕塑组成的博大精深的综合艺术殿堂，是世界上现存规模最宏大、保存最完好的佛教艺术宝库。这里也是闻名世界的"丝绸之路"的交通枢纽。

莫高窟壁画主要描绘当时的一些社会生活场景，反映了我国古代狩猎、耕作、纺织、交通、作战以及音乐舞蹈等生产活动和社会活动的各个方面。壁画中各类人物形象，反映了大量的各时代各族人民的衣冠服饰风格。敦煌艺术的大量壁画和彩塑为研究我国美术史提供了丰富的实物资料。

莫高窟分南北两个部分，目前作为景点开放的是其中的南区，北区尚未开放。对北区的全面考古发掘始于1998年，考古人员发掘出莫高窟北区崖面保存的洞窟248个。此外，考古人员在莫高窟北区还发现了许多重要的文物。

<h2 style="text-align:center">武当山古建筑群</h2>

Ancient Building Complex in the Wudang Mountains

国家：中国

洲名：亚洲

时间：1994年列入《世界遗产名录》

标准：i，ii，vi

属性：文化遗产

世界遗产委员会的评价

构筑这组世俗和宗教建筑物核心的宫殿和庙宇体现了中国元代、明代、清代建筑和艺术成就。古建筑群坐落在沟壑纵横、风景如画的湖北省武当山麓，在明代期间（14—17世纪）逐渐形成规模，其中的道教建筑可以追溯到公元7世纪。这些建筑代表了千年来的中国艺术和建筑的最高水平。

武当山，坐落于湖北省西北部十堰市境内，古时称"玄岳""太岳"，是我国著名的道教圣地。主峰天柱峰，海拔1612米，四周有72峰耸立，24涧环流，奇峰叠翠，景色秀丽。

唐、宋、元、明、清各代在武当山均有建筑。武当山古建筑始建于唐代贞观年间，唐太宗李世民在此建五龙祠。武当山古建筑在宋朝也有所建设，元代进一步扩大修建规模。明代是武当山发展的鼎盛时期，明成祖朱棣封武当山为"大岳"，1552年（明朝嘉靖三十一年）更封之为"治世玄岳"，地位在"五岳"诸山之上。这一时期在武当山兴建了大批建筑。明成祖朱棣崇奉道教，

◎ 武当山

在北京紫禁城、太庙、社稷坛、天坛等基本完工后，命人率军民工匠30万人进驻武当山，大兴土木，以12年之功，建成包括9宫、9观、36庵堂、72岩庙在内的庞大建筑群。

经过数百年的历史沧桑，许多宫观已成瓦砾，现存的武当山古建筑群主要包括太和宫、南岩宫、紫霄宫、遇真宫4座宫殿，玉虚宫、五龙宫2座宫殿遗址，元和观和复真观2观。另外，武当山还有54处古建筑或建筑遗址保存下来。

武当山古建筑群现存建筑规模之大、规制之高、构造之严谨、装饰之精美，在中国道教建筑中是绝无仅有的，在世界上也属罕见，是古代建筑史上的一个伟大创举。

曲阜孔庙、孔林和孔府
Temple and Cemetery of Confucius and the Kong Family Mansion in Qufu

国家：中国

洲名：亚洲

时间：1994年列入《世界遗产名录》

标准：i, iv, vi

属性：文化遗产

世界遗产委员会的评价

公元前6世纪到公元前5世纪时伟大的哲学家、政治家和教育家孔子的庙宇、墓地和府邸位于今山东省的曲阜。孔庙是公元前478年为纪念孔子而兴建的，几个世纪以来几经摧毁和重建，时至今日，已经有100多座建筑物。孔林里不仅有孔子的坟墓，还有10万多孔氏后人埋葬于此。当初小小的孔宅如今已经扩建成一个庞大显赫的府邸，整个宅院包括了152座建筑物。曲阜的古建筑群之所以具有独特的艺术和历史特色，得益于2000多年来中国历代帝王对孔子的大力推崇。

孔子，名丘，字仲尼，生于鲁国（现山东省曲阜市）。他是我国古代最著名的哲学家、政治家、教育家，为儒家文化的创始者。

孔庙位于山东省曲阜市，是祭祀孔子的庙宇。孔庙始建于公元前478年，孔子去世第二年，鲁哀公将其故宅改建为庙。此后历代帝王不断加封孔子，扩建庙宇，到清代，雍正皇帝下令大修，扩建成现代规模。庙内共有九进院落，以南北为中轴，分左、中、右三路，有殿、堂、坛、阁460多间，门坊50多座，"御碑亭"十多座。主要建筑有金元碑亭、明代奎文阁、杏坛、德侔天地坊、大成殿、寝殿等。孔庙保存汉代以来历代碑刻上千块，有封建皇帝追谥、加封、祭祀孔子和修建孔庙的记录，也有帝王将相、文人学士谒庙的诗文题记。孔庙是中国现存规模仅次于故宫的古建筑群，堪称中国古代大型祠庙建筑的典范。大成殿是孔庙的主体建筑，是祭祀孔子的正殿。大成殿修建在2.1米高的石台基

第二章 ◎ 我国的世界遗产

◎ 孔庙大成殿

上，重檐九脊，黄瓦覆顶，周绕回廊，雕梁画栋。殿前檐柱用十龙柱10根，高浮雕蟠龙及行云缠柱，正面有"大成殿"牌匾，大成殿内悬挂"万世师表"等十余方牌匾。杏坛位于大成殿前甬道正中，相传为孔子讲学之处，1024年（北宋天圣二年）孔子45代孙孔道辅监修孔庙时，在正殿旧址"除地为坛，环植以杏，名曰杏坛"，于是"杏坛"成为教育圣地的代名词。金代于杏坛上建亭，1569年（明朝隆庆三年）改建为重檐方亭。杏坛上有一块蓝色竖匾，上有清代乾隆皇帝手书"杏坛"二字。亭内藻井上绘有金色盘龙，形态生动，绚丽多姿，亭四周有石栏围护，四方有甬道可通，遍植杏树。亭前石香炉，雕刻精美，是金代文物。

孔林是延续年代最久、保存最完整的家族墓地。孔林又称圣林，在曲阜城北门外，是孔子和他的后代子孙们的家族墓地。林内古木参天，碑碣林立，内有坟冢十余万座。孔子的坟墓封土高6米。整个孔林沿用上千年，延续时间之久，墓葬之多，保存之完好，举世罕见。

孔府是孔子嫡长孙居住的府第。孔府分前后九进院落，中、东、西三路布局，有房舍480余间。官衙和住宅建在一起，是一座典型的封建贵族庄园，衙署大堂用于接受皇帝颁发的圣旨，或处理家族内事务。孔府后院有一座花园，幽雅清新，布局别具匠心，堪称园林佳作。孔府是衙宅合一、园宅结合的范例，府内藏有大量的历史档案、传世文物，这里的历代服饰和用具等都极其珍贵。

25

世界遗产

承德避暑山庄及周围寺庙
Mountain Resort and its Outlying Temples, Chengde

国家：中国

洲名：亚洲

时间：1994年列入《世界遗产名录》

标准：ii, iv

属性：文化遗产

世界遗产委员会的评价

承德避暑山庄是清王朝的夏季行宫，位于河北省内，建于公元1703—1792年。它是由众多宫殿及处理政务、举行仪式的建筑物构成的一个庞大建筑群。建筑风格各异的庙宇和皇家园林同周围的湖泊、牧场和森林巧妙地融为一体。避暑山庄不仅具有极高的美学价值，而且还保留着中国封建社会末期罕见的历史遗迹。

承德避暑山庄，坐落于河北省承德市中心区以北、武烈河西岸一带狭长的谷地上。在历史上，承德避暑山庄是清朝皇帝的夏季行宫，是我国皇家行宫中规模最宏大的一座宫苑。这里地处要势，风景优美，气候宜人，既可俯视关内，也可控蒙古各部，因此被清朝皇帝选中作为北巡围猎的行宫。它始建于1703年（康熙四十二年），是我国现存最大的皇家园林。

避暑山庄主要分为宫殿区和苑景区两部分：宫殿区位于山庄南部，宫室建筑林立，布局严整，包括正宫、松鹤斋、万壑松风和东宫四组建筑。正宫是清代皇帝在山庄时，处理政务、休息和举行重大典礼的地方。

苑景区又分为湖泊区、平原区和山峦区。宫殿区以北为湖泊区，湖泊区集南方园林之秀和北方园林之雄，区内湖泊总称"塞湖"。

◎ 避暑山庄正殿

◎ 避暑山庄塞湖

避暑山庄周围有一个庞大的寺庙群，分为八处管理，故被称为"外八庙"，有溥仁寺、溥善寺（已毁）、普乐寺、安远庙、普宁寺、须弥福寿之庙、普陀宗乘之庙和殊像寺。外八庙以汉式宫殿建筑为基调，吸收了蒙古族、藏族、维吾尔族等民族建筑艺术特征，创造了我国多样统一的寺庙建筑风格。

避暑山庄集我国古代造园艺术和建筑艺术之大成，是具有创造力的杰作。作为清朝的第二个政治中心，避暑山庄曾发生过一系列重要事件，这里的文物古迹成为我国多民族统一的最后王朝的历史见证。

拉萨布达拉宫
Historic Ensemble of the Potala Palace, Lhasa

国家：中国

洲名：亚洲

时间：1994年列入《世界遗产名录》，2000年和2001年扩展

标准：i, iv, vi

属性：文化遗产

世界遗产委员会的评价

布达拉宫自公元7世纪起就成为达赖喇嘛的冬宫，是西藏佛教和历代行政统治的中心。布达拉宫是由白宫和红宫及其附属建筑物组成，建在拉萨河谷中心海拔3700米高的红山之上。大昭寺是一组极具特色的建筑群，也建于公元7世纪。罗布林卡，达赖喇嘛的夏宫，建于公元18世纪，是西藏的艺术杰作。这三处建筑群以其华丽的装饰、和谐的构筑及它们在历史和宗教上的影响，显得格外美丽而新颖。

布达拉宫位于西藏自治区拉萨市中心海拔3700米的红山上，主楼13层，高度为115.7米，建筑面积约13万平方米。布达拉宫是宫堡式建筑群，始建于公元7世纪的吐蕃王朝松赞干布时期。从17世纪中叶到1959年前，布达拉宫一直作为历代达赖喇嘛生活起居和从事政教活动的场所，是西藏地方政教合一的统治中心。在这漫长的岁月中，布达拉宫收藏和保留了极为丰富的各类历史文物、宗教法器、雕塑、佛塔、典籍等数以万计的珍品。布达拉宫内部墙面绘有精美壁画，是名副其实的艺术之宫。布达拉宫是我国古代建筑中的杰作，是藏

◎ 布达拉宫

民传统的优秀建筑艺术,具有很高的历史、艺术和科学价值。

大昭寺位于拉萨市区八角街,建于公元7世纪,是西藏最古老的宗教寺院,距今已有1300多年的历史。主殿高四层,上覆金顶,辉煌壮观。大昭寺是西藏重大佛事活动的中心。大昭寺作为布达拉宫的扩展项目于2000年被列入《世界遗产名录》。

罗布林卡位于拉萨市西郊拉萨河畔,始建于公元18世纪中叶,是历代达赖喇嘛处理政务和进行宗教活动的夏宫。罗布林卡作为布达拉宫扩展项目于2001年被列入《世界遗产名录》。

丽江古城
Old Town of Lijiang

国家:中国

洲名:亚洲

时间:1997年列入《世界遗产名录》

标准:ii,iv,v

属性:文化遗产

世界遗产委员会的评价

丽江古城,把经济和战略重地与崎岖的地势完美地融合在一起,保留了完美和真实的古城风貌。古城的建筑在许多世纪多元文化的相互融合之中显得格外引人注目。丽江还拥有古老的供水系统,这一系统纵横交错、精巧独特,至今仍在有效地发挥着作用。

丽江古城位于云南省丽江纳西族自治县大研镇,地处云贵高原,是纳西族、白族、傈僳族、彝族、普米族、苗族、藏族、壮族、回族等民族的聚居地,因金沙江流经其境,"金生丽水",故名"丽江"。丽江市的老城区大研古镇,相传因形似一方大砚而得名。这里自远古时期,已有人类生息繁衍。

丽江古城是滇、川、藏的交通要道,古时候频繁的商旅活动使得当地人丁兴旺,很快成为远近闻名的集市和重镇。丽江古城始建于宋末元初,明代地理学家

◎丽江古城

徐霞客在《滇游日记》中描述当时丽江城"民房群落，瓦屋栉比"。明末古城的居民达千余户，可见当时的城镇营建已颇具规模。

丽江古城街上铺五花石，房屋青砖灰瓦，木架结构，庭院花香鸟鸣。主街傍河，小巷临渠，门前即桥，河畔垂柳拂水，清澈的泉水穿街流巷。"家家流水，户户垂杨"的诗情画意，是丽江古城的真实写照。丽江民居极富民族特色，平面布局有三坊一照壁、四合五天井、前后院、一进两院等多种形式。作为古城主要居民的纳西族人民拥有悠久丰富的传统文化，闻名遐迩的东巴文化、纳西古乐、白沙壁画等便是其重要的内涵。

在晚唐时期，纳西族就创造了神奇的东巴文化。东巴文化主要包括东巴文字、东巴经、东巴绘画、东巴音乐、东巴舞蹈、东巴法器和各种祭祀仪式等。"东巴文字"是丽江一带迄今流传着的图画象形文字，这种纳西族先民用来记录东巴教经文的独特文字，是世界上唯一活着的图画象形文，如今分别收藏在中国以及欧美一些国家图书馆、博物馆中的数以万计的东巴经古籍中，记录着纳西族千百年辉煌的历史文化。广泛流传在纳西族民间的纳西古乐，典雅、清纯、空灵，被称为中国古典音乐的"活化石"。

丽江古城是一座历史文化名城，它集中体现了地方历史文化和民族风俗风情，其博大精深的文化内涵，为研究城市建筑史、民族发展史等提供了宝贵的资料。

平遥古城
Ancient City of Ping Yao

国家：中国

洲名：亚洲

时间：1997年列入《世界遗产名录》

标准：ii，iii，iv

属性：文化遗产

世界遗产委员会的评价

平遥古城建于14世纪，是一座保存极为完好的汉族城市。城市格局反映了5个多世纪以来，中国封建王朝在建筑风格和城镇规划方面的变迁。平遥是19世纪至20世纪初期当时整个中国金融业的中心，这里同银行业相关的一些雄伟的建筑物见证了这一切。

平遥古城位于山西省中部，是我国目前唯一保存下来的明、清时代县城原型，现存的古城城墙、街道、民居、店铺、寺庙等建筑，向人们展示了明、清时期文化、社会、经济、建筑等发展的历史风貌。城中有始建于西周的古城墙、最早的金融票号"日升昌"旧址、体现古代县城风格的街市格局、展现浓厚地方风格的上千座民居。

平遥民居基本保持原有格局，布局严谨，轴线明确，左右对称。现在城内的大部分寺庙建筑、县衙署、街巷等，形式与格局大体未变，都保留了历史形态，街道两旁的店铺多为17—19世纪的建筑。这些古香古色的建筑原汁原味地勾勒出明、清时期市井繁华的风貌。

古城平面略呈方形，东、西、北墙方直，南墙随中都河之势蜿蜒而筑。平遥古城的城墙保存完好，周长6.4千米。环周有72座敌楼，3000多个垛口，象征着孔子的三千弟子，七十二贤人。在这里，起着军事防御作用的城墙，与孔子联系在了一起，体现的正是古人所说的"文武之道，一张一弛""文以辅国，武以卫国"。平遥素有"龟城"之称，系取意于永久和吉祥。古城共有六座城门，南北各一座，东西各二座，东西城门外均筑有附属的瓮城，瓮城顶建重檐木构城楼，城墙四隅筑有角楼。

◎ 平遥古城城楼

镇国寺、双林寺与古城墙并称为平遥三宝。镇国寺位于平遥城东北12千米处，该寺的万佛殿建于五代，殿内的五代彩塑和元、明时期的壁画，具有很高的艺术和美学价值。双林寺位于平遥古城西南6千米处的桥头村，建于571年（北齐武平二年），历代多有修葺，现在保存下来的多为明、清时期的古建筑。双林寺以彩塑艺术精湛而著称，殿内保存有宋、元、明、清历代大小彩塑两千余尊，大者数米，小者仅几十厘米，形式多样，造型精美，令人叹为观止。

平遥古城是按照汉民族传统规划思想和建筑风格建设起来的城市，古城内众多的文化遗存，代表了中国古代城市在不同历史时期的建筑形式、施工方法和用材标准，也集中体现了明、清时期汉民族的历史文化特色。平遥双林寺中佛教、道教、儒教等庙宇建筑都围绕中轴线有机布置，这种三教同奉的现象，就是兼容并包的三晋文化的一个体现。平遥民居是迄今为止保存最完整的汉民族古代民居，具有较高的艺术价值和美学价值。

苏州古典园林
Classical Gardens of Suzhou

国家：中国

洲名：亚洲

时间：1997年列入《世界遗产名录》，2000年扩展

标准：i，ii，iii，iv，v

属性：文化遗产

世界遗产委员会的评价

没有哪些园林能比历史名城苏州的九大园林更能体现出中国古典园林设计"咫尺之内再造乾坤"的理念。苏州古典园林通常被公认是这一流派的杰作。这些建于11—19世纪的园林，以其精雕细琢的设计，折射出中国文化中源于自然而又超越自然的深邃意境。

苏州位于江苏省东南部，由吴王阖闾始建于公元前514年，是一座具有2500多年历史的文化古城，是著名的园林城市。苏州园林历史悠久，可追溯至公元前6世纪春秋时吴国的离宫别苑，私家园林始于东晋，盛于宋、元、明、清。"苏州古典园林"以其意境深远、构筑精致、艺术高雅、文化内涵丰富而成为具有历史、文化、艺术和科学价值的珍贵的世界文化遗产。1997年以拙政园、留园、网师园、环秀山庄为典型的"苏州古典园林"被列入《世界遗产名录》。2000年，世界遗产委员会又将沧浪亭、狮子林、艺圃、耦园和退思园作为"苏州古典园林"扩展项目列入《世界遗产名录》。苏州园林中闻名遐迩的有拙政园、留园、网师园、环秀山庄、沧浪亭、狮子林、艺圃、耦园、退思园等。

拙政园：位于苏州市娄门内，始建于1509年（明朝正德四年），是苏州最大的一处园林，也是苏州园林的代表作，享有"江南名园精华"的盛誉。拙政园以水为主，山径水廊、起伏曲折，亭台楼阁临水而筑。全园分东、中、西三个部分，中园是其主体和精华所在。远香堂是中园的主体建筑，其他一切景点均围绕远香堂而建。

留园：坐落在苏州市阊门外，始建于1593年（明朝万历二十一年），廊壁有历代书法家的石刻300余方。园内的冠云峰高约9米，玲珑剔透，有"江南园林峰石之冠"的美誉。

网师园：位于苏州市东南阔家头巷，始建于南宋。园中有屋宇、亭廊、泉石、花草，体现了苏州庭园布置的精粹。网师园的亭台楼榭无不面水，处处有水可倚，布局紧凑，以精巧见长。

环秀山庄：位于苏州市中景德路，原为五代吴越钱氏金谷园故址，几经易手，多次扩建，清道光始称环秀山庄，又名颐园。环秀山庄面积不大，环秀山庄园景以山为主，池水辅之，池水环绕，绿树掩映，步移景易，有"别开生面，独步江南"之美誉。

世界遗产

◎ 拙政园

◎ 网师园

沧浪亭：位于苏州市城南三元坊内，是苏州最古老的一处园林，园内以山石为主景，迎面一座土山，山顶有一沧浪石亭。山下凿有水池，山水之间以一条曲折的复廊相连，清幽古朴。

狮子林：位于苏州市园林路，始建于元代。园内石峰林立，形态似狮子，故名"狮子林"。狮子林以园内的假山著称，洞穴岩壑，曲折盘旋。

艺圃：位于苏州市阊门内，始建于明代。园内景致宜人、风格质朴，较好地保存了建园初期的格局，具有很高的历史与艺术价值。全园以约占园内面积五分之一的池水为中心。池中有以土堆成的假山，并以湖石叠成绝壁、意趣盎然，是园中的主要景观。

◎ 狮子林

耦园：位于苏州市内仓街小新巷，始建于清代初年。东花园主体建筑是一组重檐楼厅建筑，其东南角有小院三处，总称为"城曲草堂"。西花园面积较小，以书斋"织帘老屋"为中心，分隔为前后两个小院，前院有湖石假山逶迤，后院有湖石花坛，园内假山、花木、湖石等，意趣盎然。耦园内最著名的景观为东花园的"黄石假山"，修筑于"城曲草堂"楼厅之前。园内池水随假山向南延伸，水上架有曲桥，池南端有阁跨水而筑，称"山水阁"，隔山与"城曲草堂"相对，形成了以山为主体的优美景区。

退思园：位于苏州市吴江区同里镇。全园简朴淡雅，水面过半，景色宜人。退思园集清代园林建筑之长，园内的每一处建筑既可独自成景，又与另一景观相对应，具有步移景异之妙，堪称江南古典园林中的经典之作。

"苏州古典园林"是文化意蕴深厚的"文人写意山水园"。古代的造园者都有很高的文化修养，能诗善画，造园时多以画为本，以诗为题，通过凿池堆山、栽花种树，创造出具有诗情画意的景观，被称为是"无声的诗，立体的画"。这些充满着书卷气的诗文题刻与园内的建筑、山水、花木自然和谐地糅合在一起，使园林的一山一水、一草一木均折射出深邃的文化内涵。

◎ 耦园

◎ 退思园

北京颐和园——皇家园林
Summer Palace, an Imperial Garden in Beijing

国家：中国

洲名：亚洲

时间：1998年列入《世界遗产名录》

标准：i，ii，iii

属性：文化遗产

世界遗产委员会的评价

北京颐和园，始建于1750年，1860年在战火中严重损毁，1886年在原址上重建，是中国景观园林设计中的杰作。自然山峦、开阔的湖面与人工景观如亭台、长廊、殿堂、庙宇和桥一起构成了一个具有突出美学价值的和谐整体。

颐和园，位于北京西北郊，原名"清漪园"，于1886—1895年重建，改名为"颐和园"。颐和园占地面积达2.93平方千米，主要由万寿山和昆明湖组成，水面面积约占四分之三。颐和园内有亭、台、楼、阁、廊、榭等不同形式的园林建筑3000余个。

全园大体可分为三个区域：以仁寿殿为中心的行政活动区；以乐寿堂、玉澜堂和宜芸馆为主体的生活居住区；以万寿山和昆明湖等组成的风景游览区，其中有佛香阁。

世界遗产

佛香阁：颐和园的主体建筑，建在万寿山前山的石台基上；阁高约40米，有8个面、3层楼、4重屋檐；阁内有8根巨大铁梨木擎天柱，结构复杂，为古典建筑精品。

万寿山：高58.59米。据说是乾隆皇帝为了庆祝其母的六十寿辰而将先前的瓮山改名为万寿山的。

◎ 颐和园

昆明湖：碧水荡漾，景色宜人，六座不同形式的拱桥掩映其中；十七孔桥横卧湖上，长150米，宽8米，造型十分优美。

颐和园的长廊长约728米，长廊枋梁上绘有彩画8000多幅，为"世界第一廊"。颐和园体现出的铸造雕刻技术也是世界一流水平，如昆明湖东岸的巨大镇水铜牛，形态逼真，背上还铸有铭文；湖北岸的巨大石舫，雕梁画栋，精彩无比。

颐和园整个园林规模宏大，构思巧妙，集中了中国古典建筑的精华，是中国园林建筑艺术的杰作，也是世界上最著名的皇家园林之一。

北京天坛：皇家祭坛
Temple of Heaven: an Imperial Sacrificial Altar in Beijing

国家：中国

洲名：亚洲

时间：1998年列入《世界遗产名录》

标准：ⅰ，ⅱ，ⅲ

属性：文化遗产

第二章 ◎ 我国的世界遗产

世界遗产委员会的评价

天坛，建于15世纪上半叶，坐落在园林当中，四周古松环抱，是一组无与伦比的祭祀建筑群。无论在整体布局还是单一建筑上，天坛都反映出以中国宇宙观为核心的天地之间的关系，还体现出帝王在这一关系中所起的独特作用。

天坛，位于北京城区的东南部，建于1420年（明朝永乐十八年），是明朝和清朝皇帝祭天大典的祭坛，占地2.73平方千米，是世界上最大的祭天建筑群。明代初年，祭天地都在这里举行，名为天地坛。1530年（嘉靖九年）改行"天地分祀"，在北京城的北、东、西郊建造地坛、日坛、月坛，分祀地、日、月。1534年（嘉靖十三年），"天地坛"也改称"天坛"。天坛设计之精，建筑之巧，风格之奇，在世界古建筑中实属罕见。

天坛坛域北呈圆形，南为方形，寓意"天圆地方"，四周环筑坛墙两道，把全坛分为内坛和外坛两部分。主要建筑集中于内坛，分为南北两部分，南部为圜丘坛，中心建筑是圜丘；北部是祈谷坛，中心建筑是祈年殿。南北两坛由一条长360米高出地面的砖砌甬道——丹陛桥相连，组成长1200米的天坛建筑轴线。

天坛内有祈年殿、圜丘坛、皇穹宇等建筑。天坛内还有回音壁、三音石、七星石等名胜古迹。

祈年殿：天坛的主体建筑，每年皇帝都在这里举行祭天仪式，祈祷风调雨顺、五谷丰登。祈年殿呈圆形，直径约32米，高约38米，是一座有鎏金宝顶的三重檐的圆形

◎ 祈年殿

大殿。祈年殿是一座宏伟而又极具民族风格的独特建筑，鎏金宝顶三层出檐的圆形攒尖式屋顶，覆盖着象征"天"的蓝色琉璃瓦，层层向上收缩，檐下的木结构用和玺彩绘，坐落在汉白玉石基座上，远远望去，色彩对比强烈而和谐，上下形状统一而富于变化。它的外部是三层高阁，内部则是层层相叠而环接的穹顶式，仿佛像砖砌的券殿，但又没有一砖一石，全部采用木结构，由28根楠木大柱支撑着整个殿顶的重量。内外楹柱各12根，中间四根楹柱叫通天柱或龙井柱，高约19.2米，大头直径约1.2米，殿顶中央是龙凤藻井。

圜丘坛：皇帝祭天活动的场所，故又称"祭天台""拜天台""祭台"。圜丘坛始建于1530年（嘉靖九年），1749年（清朝乾隆十四年）扩建。圜丘坛为一座三层圆形石坛，分上、中、下三层，上层直径23.65米，下层直径54.92米，坛高5.71米，各层栏板望柱及台阶数目均用九或九的倍数，象征"天"数。坛面除中心石是圆形外，外围各圈均为扇面形，数目也是九或九的倍数。顶层中心的圆形大理石板称作天心石，站在其上呼喊或敲击，声波会被近旁的栏板反射，形成回音。

皇穹宇：位于圜丘坛北侧，坐北朝南，圆形围墙，南面设三座琉璃门，主要建筑有皇穹宇和东西配殿，是供奉圜丘坛祭祀神位的场所。祭天时使用的祭祀神牌都存放在这里。它始建于1530年（嘉靖九年），初名泰神殿，1538年（嘉靖十七年）改称皇穹宇。1752年（乾隆十七年）重修后为鎏金宝顶单檐攒尖顶建筑，用蓝色琉璃瓦铺设屋顶，象征青天。回音壁就是皇穹宇的圆形围墙，墙壁是用磨砖对缝砌成的，墙头覆着蓝色琉璃瓦。在皇穹宇殿前到大门中间的石板路上，由北向南的三块石板叫作三音石。

天坛的规划设计、建筑技艺和环境的营造均着力创造一种人和"天"对话的理想氛围，强烈地表现出古人对"天"的崇敬。天坛作为古代祭坛建筑，有着极高的历史价值、科学价值和艺术价值。天坛内还保存着大量的祭祀用品、祭祀服饰等珍贵文物，是研究中国古代祭祀文化的宝贵历史资料。

大足石刻
Dazu Rock Carvings

国家：中国

洲名：亚洲

时间：1999年列入《世界遗产名录》

标准：i、ii、iii

属性：文化遗产

世界遗产委员会的评价

大足地区的险峻山崖上保存着绝无仅有的系列石刻，其时代可追溯至公元9—13世纪。这些石刻以其艺术品质卓越、题材丰富多变而著称，从世俗到宗教，鲜明地反映了中国这一时期的日常生活。它们为这一时期佛教、道教和儒教的和谐共存提供了有力的证据。

大足石刻位于我国今重庆市的大足区内，最初开凿于初唐永徽年间，历经晚唐、五代，兴盛于两宋，延续于明、清时期，其中以佛教造像为主，儒、道教造像并列，是中国石窟造像艺术的代表，集中国石刻艺术精华之大成，与云冈石窟、龙门石窟和敦煌莫高窟齐名，具有很高的历史、艺术、宗教、科学研究价值。

◎ 华严三圣像

大足石刻保存了以佛教为主的宗教石刻一百多处，被列为各级文物保护单位的有七十多处，共有一千多个龛窟，造像六万余尊，其中以北山、宝顶山、南山、石篆山、石门山五处的石刻最为著名和集中。大足石刻讲究石雕技法，工艺精湛，因此其造像均精雕细刻、美轮美奂。大足石刻的造像内容也十分丰富，既有佛教、道教和儒家"三教并列"的造像，也有历史人物大型雕刻。其中，佛教造像比重最大，占造像总数的60%以上。佛教造像主要集中在宝顶山和北山等处，道教造像主要集中在南山、半边庙等处。

大足石刻以其规模宏大、雕刻精美、题材多样、内涵丰富、保存完整而著称于世。它集我国佛教、道教、儒家"三教"造像艺术的精华，对我国石刻艺术的创新与发展做出了重要贡献，具有前代石窟不可替代的历史、艺术和科学价值。

青城山和都江堰灌溉系统

Mount Qingcheng and the Dujiangyan Irrigation System

国家：中国

洲名：亚洲

时间：2000年列入《世界遗产名录》

标准：ii，iv，vi

属性：文化遗产

世界遗产委员会的评价

都江堰灌溉系统始建于公元前3世纪。这一系统至今仍控制着岷江的水系，并将

其输送到成都平原肥沃的农田。青城山是道教的发源地之一，因一系列的古代庙宇著称。

◎ 青城山

青城山位于四川省都江堰市西南，为邛崃山脉的分支，是我国的道教名山和国家重点风景名胜区，分青城前山和青城后山。前山景色优美，文物古迹众多；后山自然景物原始而华美，如世外桃源，绮丽而又神秘。青城山是道教的发源地之一，以一系列的古代庙宇而著称，素有"洞天福地""人间仙境""青城天下幽"之誉。青城山有全国最集中的道教宫观建筑群，始于晋，盛于唐。全山的道教宫观以天师洞为核心，包括建福宫、上清宫、祖师殿、圆明宫、老君阁、玉清宫、朝阳洞等十余座。青城山的各宫观中都保存了从东汉、隋、唐、五代、宋、元、明、清至近代的许多文物古迹、造像、摩崖石刻等。

都江堰是我国一项著名的古代水利工程，位于四川省岷江。在都江堰建成以前，岷江江水常泛滥成灾。公元前256年，秦国蜀郡太守李冰和他的儿子，吸取前人的治水经验，率领当地人们兴建水利工程。都江堰建成后，成都平原沃野千里，成为"天府之国"。

都江堰水利工程依自然之势修建而成，包括分水堤、进水口和泄洪道三大主要部分，而民间则形象地称这三处设施为鱼嘴、宝瓶口和飞沙堰。鱼嘴是在岷江江心修筑的分水堤，形似大鱼卧伏江中，把岷江分为内江和外江，内江用于灌溉，外江用于排洪。宝瓶口是内江的进水口，形似瓶颈而得名。飞沙堰是在分水堤中段修建的泄洪道，洪水期不仅泄洪水，还可利用水漫过飞沙堰流入外江水流的漩涡作用，有效地减少了泥沙在宝瓶口前后的淤积。

◎ 都江堰风光

都江堰水利工程科学地解决了江水的自动分流、自动排沙、自动排水和引水的难题，起到了行水灌田和防洪抗灾的作用，是世界水利工程史上的一大奇观。

明清皇家陵寝

Imperial Tombs of the Ming and Qing Dynasties

国家：中国

洲名：亚洲

时间：2000年列入《世界遗产名录》，2003年和2004年扩展

标准：i，ii，iii，iv，vi

属性：文化遗产

世界遗产委员会的评价

辽宁省的清朝盛京三陵是继2000年和2003年的明朝陵寝之后列入《世界遗产名录》的。清朝盛京三陵均建于17世纪，分别为永陵、福陵和昭陵。这些陵寝是为清朝的开国皇帝及其祖先建造的，陵寝遵照中国传统的占卜和风水理论而建。它们饰以大量以龙为主题的石雕、雕刻和瓦片，展示了清朝墓葬建筑的发展。盛京三陵及其众多建筑集历代的传统和满族文明的新特征为一体。

明显陵

明显陵位于湖北省钟祥市市郊，是嘉靖皇帝朱厚熜的父亲恭睿献皇帝和母亲章圣皇太后的合葬墓。明显陵始建于1519年（正德十四年），1559年（嘉靖三十八年）建成。

明显陵围陵面积1.83平方千米，其中陵寝部分占地0.52平方千米。整个陵园双城封建，外罗城长3600余米，红墙黄瓦、金碧辉煌，蜿蜒起伏于山岚叠嶂之中，雄伟壮观，是我国历代帝王陵墓中遗存最为完整的城墙。陵园由内外罗城、前后宝城、方城、明楼、棱恩殿、棱恩门、神厨、神库、陵户、军户、神宫监、功德碑楼、新红门、旧红门、内外明塘、九曲御河、龙形神道等30余处规模宏大的建筑群组成。其布局构思巧夺天工，殿宇楼台龙飞凤舞，工艺浮雕精美绝伦，一陵双冢举世罕见，是我国古代建筑艺术中的瑰宝。明显陵原始建筑和环境风貌保存完好，建筑规模宏大，陵寝结构独特，文化内涵丰厚，堪称中国帝陵的杰作。

◎ 明显陵

世界遗产

明孝陵

明孝陵位于江苏省南京市东郊紫金山南麓独龙阜玩珠峰下，明朝开国皇帝朱元璋和皇后马氏合葬于此。明孝陵从1381年（洪武十四年）正式动工，至1405年（永乐三年）建成，历时二十五年。明孝陵是我国现存古代最大的皇家陵寝之一，至今已有600多年历史。明孝陵依山而建，坐北朝南，主体建筑可以分为前后两个部分。前面为神道，自下马坊至棂星门；后面为陵寝，在棂星门东北方。陵区内的主体建筑为方城、明楼、宝城、宝顶、下马坊、大金门、神功圣德碑、神道、石像路石刻等，都是明代建筑遗存，保持了陵墓原有建筑的真实性和空间布局的完整性。

◎ 明孝陵明楼

明十三陵

明十三陵位于北京市昌平区内的天寿山麓，是明朝13位皇帝的陵墓群。十三陵是世界上埋葬皇帝最多的墓葬群。陵区三面环山，蟒山、虎峪雄踞两侧，体系完整、规模宏大、气势磅礴，体现了"天造地设"和"天人合一"的完美境界。明十三陵有成祖朱棣的长陵、仁宗朱高炽的献陵、宣宗朱瞻基的景陵、英宗朱祁镇的裕陵、宪宗朱见深的茂陵、孝宗朱祐樘的泰陵、武宗朱厚照的康陵、世宗朱厚熜的永陵、穆宗朱载垕的昭陵、神宗朱翊钧的定陵、光宗朱常洛的庆陵、熹宗朱由校的德陵和思宗朱由检的思陵。十三陵以地面建筑宏伟的长陵和已发掘的地下宫殿定陵最为著名。

◎ 明十三陵——长陵祾恩殿

◎ 明十三陵——永陵

◎ 明十三陵——昭陵

◎ 明十三陵——定陵明楼

定陵出土的文物达3000多件，出土了一大批珍贵的文物和工艺品，如金冠、凤冠、丝织品、服装、木俑、金器、玉器、瓷器、首饰等，是研究明代工艺的珍品。定陵皇家陵寝建筑和出土的文物不仅反映了我国明代礼制习俗和丧葬文化，也为研究当时的政治、经济和文化提供了宝贵的资料。定陵皇家陵寝集陵墓、宫殿、园囿于一体，凝聚了我国古代人民在建筑艺术领域上的精华，具有极其重要的历史价值、艺术价值和科学价值，是中华民族和全人类的宝贵文化遗产。十三陵作为明清皇家陵寝扩展项目于2003年被列入《世界遗产名录》。

清东陵

清东陵位于河北省唐山市遵化市西北昌瑞山南麓，葬有清代顺治、康熙、乾隆、咸丰和同治五位皇帝，以及孝庄、慈安、慈禧等皇后与妃嫔。清东陵从1661年（顺治十八年）首建顺治皇帝的孝陵开始，到1908年（光绪三十四年）最后建成慈禧皇太后的菩陀峪定东陵为止，营建活动延续了248年。这些陵寝包括皇帝陵5座、皇后陵4座、妃园寝5座、公主园寝1座。最早的建筑物距今已近400年，清东陵的建筑不仅反映了从清初到清末陵寝规制演变的全部过程，同时也从一个侧面记录了清王朝盛衰兴亡的历史。

孝陵：顺治皇帝的孝陵是清东陵的第一座陵寝，坐落在昌瑞山主峰南麓，居中而建。孝陵地宫里共葬3人，即顺治皇帝、孝康章皇后和孝献端敬皇后，均为火化入葬。孝陵始建于1661年（顺治十八年），1664年（康熙三年）竣工。孝陵规模宏大，体系完备，为清代皇陵之冠。

景陵：康熙皇帝的景陵位于清东陵主陵——顺治皇帝孝陵东侧约1千米处，北靠昌瑞山，南望象山。景陵始建于1676年（康熙十五年），完工于1681年（康熙二十年）。康熙皇帝和他的4位皇后和1位皇贵妃，即孝诚仁皇后、孝昭仁皇后、孝懿仁皇后、孝恭仁皇后和敬敏皇贵妃落葬于此。

◎ 清东陵——孝陵

◎ 清东陵——裕陵地宫

裕陵：乾隆皇帝的裕陵位于昌瑞山南麓的胜水峪。裕陵地宫内葬乾隆皇帝，孝贤皇后、孝仪皇后两位皇后，慧贤、哲悯、淑嘉三位皇贵妃，共计6人。裕陵建于1743年（乾隆八年）至1752年（乾隆十七年）。整个陵寝由石像生、神道碑亭、神厨库、配殿、隆恩殿、玉带桥、陵寝门、二柱门、石五供、方城、明楼、地宫等建筑组成。

定陵：咸丰皇帝的定陵位于清东陵的平安峪，在清东陵的最西端。定陵寝的地宫内安葬着咸丰皇帝和孝德显皇后。

惠陵：同治皇帝的惠陵位于陵区最东南的双山峪，始建于1875年（光绪元年），1878年竣工。同治皇帝在位13年，亲政不足2年，终年19岁，是清朝最短命的一位皇帝。

清西陵

清西陵坐落在河北省保定市易县县城的永宁山下，始建于1730年（雍正八年），完工于1915年。陵区内有泰陵（雍正）、昌陵（嘉庆）、慕陵（道光）、崇陵（光绪）4座皇帝陵，3座皇后陵，3座妃园寝，2座王爷园寝，1座公主园寝，1座阿哥园寝。14座陵寝中，葬有4位皇帝，9位皇后，57位妃嫔，2位王爷，2位公主，6位阿哥，共计80人。清西陵是中国现存最完整、距今最近、保存最原始、集清代皇家建筑之大成的帝王陵墓群。

◎ 清西陵

◎ 清西陵石象

泰陵：雍正皇帝的泰陵，位于永宁山主峰之下，始建于1730年（雍正八年），居于陵区的中心位置，是西陵中建筑最早、规模最大的一座。泰陵埋葬着雍正皇帝及孝敬宪皇后、敦肃皇贵妃。主体建筑自最南端的火焰牌楼开始，过一座五孔石拱桥，是2.5千米长的泰陵神道，沿神道往北至宝顶，依次排列着石牌坊、大红门、具服殿、圣德神功碑亭、七孔桥、望柱、石像生、龙凤门、三路三孔桥、小碑亭、神厨库、东西朝房、东西班房、隆恩门、焚帛炉、东西配殿、隆恩殿、三座门、二柱门、方城、明楼、宝顶等建筑。

◎ 清西陵——泰陵

昌陵：嘉庆皇帝的昌陵位于泰陵西侧，内葬嘉庆皇帝和孝淑睿皇后，建于1799—1803年间。

慕陵：道光皇帝的慕陵位于清西陵界内昌陵以西的龙泉峪，始建于1832年（道光十二年），1836年（道光十六年）竣工，葬有道光皇帝、孝穆成皇后、孝慎成皇后和孝全成皇后。

崇陵：崇陵是光绪皇帝的陵墓，也是我国最后一座封建帝王陵墓。1909年（宣统元年）破土兴建，1915年竣工。崇陵内葬光绪皇帝和孝定景皇后。

盛京三陵

位于辽宁省的盛京三陵（永陵、福陵和昭陵），也称"关外三陵"，是开创清朝皇室基业的祖先陵墓。盛京三陵作为明清皇家陵寝扩展项目于2004年被列入《世界遗产名录》。

永陵：永陵坐落在抚顺市新宾满族自治县启运山脚下的苏子河畔，始建于公元1598年，是大清皇帝爱新觉罗氏族的祖陵。这里是清太祖努尔哈赤的父亲、祖父、曾祖、远祖、伯父、叔叔等皇室亲族的陵墓。永陵由下马碑、前宫院、方城、宝城等部分组成。启

◎ 盛京三陵——永陵

运殿是永陵的主体建筑。永陵是东北著名的清代"关外三陵"之首，有"关外第一陵"之称，也是现存比较完整的古代帝王陵建筑。

福陵：福陵是清太祖努尔哈赤与皇后叶赫那拉氏的陵墓，是清朝命名的第一座皇陵。陵区坐落在沈阳市东郊，俗称东陵。福陵始建于1629年，1636年大清建国，定陵号为"福陵"，竣工于1651年。福陵现存古建筑32座（组），古建筑以神道为中轴线对称分布，平面规整，层次分明，是一处融满汉民族特色于一体的皇陵建筑群。

昭陵：昭陵是清太宗皇太极和孝端文皇后博尔济吉特氏的陵墓。昭陵始建于1643年，同年葬太宗皇太极于陵内，1644年定陵号称昭陵，1650年孝端文皇后入葬。昭陵竣工于1651年。昭陵内殿宇密布，门、坊、碑、亭林立，彰显出皇家陵园的雄伟和壮丽。昭陵是盛京三陵中规模最大、结构最完整的皇家陵园，因坐落在沈阳市北端，故又称北陵。作为清朝兴起之初营造技术水平的代表建筑，昭陵基本沿袭了明代的皇陵规制，建筑形式又融入了满族兴起时期的地方特色和民族特色，是一座独具风格的清代皇家陵寝建筑群。

◎ 盛京三陵——福陵

◎ 盛京三陵——昭陵

明清皇家陵寝选址和规划设计充分运用了中国传统的风水理论，着力体现"天人合一"的宇宙观，将人的精神融于大自然之中，营造一种崇高、伟大、永恒不朽的意象。这些礼制和陵墓体现了封建社会的最高丧葬制度，以及千百年来封建社会的宇宙观、生死观、道德观和社会风习，凝聚了我国古代人民在建筑艺术领域的精华，具有极其重要的历史价值、艺术价值和科学价值。

龙门石窟
Longmen Grottoes

国家：中国

洲名：亚洲

时间：2000年列入《世界遗产名录》

标准：ⅰ，ⅱ，ⅲ

属性：文化遗产

世界遗产委员会的评价

龙门的石窟和佛龛展现了中国北魏晚期至唐代（493—907）期间最具规模和最令人难忘的收藏品。这些艺术品，完全是以佛教题材塑造的，代表了中国石刻艺术的高峰。

龙门石窟位于河南省洛阳市城南约6000米处伊阙峡谷间。这里两山对峙，伊水于山间北流，远望犹如一座天然门阙，故称"伊阙"。龙门石窟始凿于北魏孝文帝迁都洛阳前后，后历经东魏、西魏、北齐、北周、隋、唐等朝代连续大规模的营造，从而在这里形成了南北长达千米的石窟遗存，有佛龛2345个、碑刻题记2800余块、佛塔60余座、造像10万余尊。

龙门石窟融会了中国古代建筑、雕塑、壁画之精华，其中佛像雕刻美轮美奂，巧夺天工，充分体现了我国古代劳动人民的聪明智慧和精湛的技艺。龙门石窟同甘肃的敦煌莫高窟、山西大同的云冈石窟并称为中国古代佛教石窟艺术的三大宝库，具有相当高的历史价值和艺术价值。

◎ 龙门石窟

皖南古村落——西递和宏村
Ancient Villages in Southern Anhui—Xidi and Hongcun

国家：中国

洲名：亚洲

时间：2000年列入《世界遗产名录》

标准：iii, iv, v

属性：文化遗产

世界遗产委员会的评价

西递和宏村这两个传统的村落在很大程度上仍然保持着传统的乡村面貌，这些在20世纪已经基本消失或被改造。它们的街道规划、建筑物、装饰和供水系统完备的民居都是独一无二的遗存范例。

"五岳归来不看山，黄山归来不看岳"。大自然的鬼斧神工，造就了黄山的奇秀美景，而黄山的佳山丽水，又孕育出徽州灿烂夺目的徽派文化。地处黄山西南麓的黟县是徽商和徽文化的发祥地之一，因群山阻隔，历代免遭战乱，徽商遗留下来的大量明、清时期的古民居、祠堂、牌坊、庙宇、园林、桥梁、亭台楼阁等古建筑被保存下来。皖南黟县的古村落堪称我国古村落的典范，有被称为中国明清民居博物馆的西递村，有设计奇特的"牛"形古村落——宏村，还有南屏、关麓、屏山、卢村、塔川等闻名遐迩的古村落。唐代大诗人李白曾写下"黟县小桃源，烟霞百里间，地多灵草木，人尚古衣冠"这脍炙人口的诗句。除此以外，歙县、绩溪、泾县等地也分布着一些颇具特色的古村落。

西递村

◎ 胡文光牌坊

西递，原名西川，又称西溪，位于黟县东南部，距黟县县城8千米。西递村是一处以胡姓聚居的古村落，始建于北宋，距今已有900多年的历史。该村东西长700米，南北宽300米。西递村四面环山，三条溪流流经此村，素有"桃花源里人家"之称。走进西递村，首先映入眼帘的便是在村口傲然屹立，雕琢精湛的胡文光牌坊。胡文光牌坊建于1578年（万历六年），已有400多年的历史，为三间四柱五楼的青石牌坊，峥嵘巍峨，结构精巧，是胡氏家族地位显赫的象征。

早年，西递村有十三道这样的牌坊雄列村口，可见当年气势何等恢宏。不幸的是，有十二座牌坊在"文化大革命"中被毁。西递村中的街巷沿溪而设，均用青石铺地。街巷两旁的古建筑淡雅朴素，巷道、溪流、建筑布局相宜。西递村现存明、清古民居120多幢，祠堂3幢，包括西园、东园、桃李园、敬爱堂、瑞玉庭、履福堂、青云轩、大夫第、追慕堂等，建筑错落有致，石雕、砖雕、木雕点缀其间，堪称徽派古民居建筑艺术之典范。西递村古民居布局之工，结构之巧，装饰之美，营造之精，文化内涵之深，为国内古民居建筑群所罕见，是徽派民居中的一颗明珠。

西园原为河南开封知府胡文照的故居。院落大门是砖砌的八字门楼，古朴典雅、气度非凡。院落内住宅为三个三进单元的相连建筑，由带有砖雕漏窗内墙隔成前、中、后三院。二进院落住宅大门两侧墙上各嵌有一个石雕漏窗，左边为"松石图"，右边为"竹梅图"，构思生动，雕刻精湛。东园原为胡文照的祖居，包括正厅、前厅和凉厅三进厅堂。桃李园为徽商胡元熙故居，占地面积294平方米，为三间三进二楼结构，前厅风雅别致，中厅内有"楼上井"，后厅左右两侧的板壁上各装有六块木雕屏门，为漆雕的欧阳修《醉翁亭记》全文，出自书法家黄元治手笔。敬爱堂始建于1600年（万历二十八年），后毁于火灾，明末重建，清初落成，建筑面积1800余平方米。敬爱堂后厅高悬一斗大的"孝"字，细看此字，字中有画，画中有字，上部像一个仰面拱手跪地作揖的孝子，而后面则像一个猴子

◎ 敬爱堂

的嘴脸。寓意人要敬老爱幼，否则会退化为猴子。瑞玉庭的原主人是一位徽商，其室内装饰和布局体现了主人的身份和追求。履福堂为三间三楼结构的古民居，原为著名书画家和鉴赏家胡积堂的祖居。履福堂是西递村中一座典型的书香宅第，厅堂陈挂着许多楹联。青云轩是一书厅（又叫便厅）的单元建筑，书厅居中，二楼结构，两侧为平房，书厅的满月形门和院落花圃交相辉映，可谓"花好月圆"，厅堂正中的地面上置一小圆洞，上放石盖，寒冬掀盖，洞气送暖，酷暑掀盖，凉风送爽，原来地下有洞道相通，用恒温的地气来调节室内的温度，其设计可谓独具匠心。大夫第大门上首嵌砌砖雕"大夫第"三字，大厅宽敞明亮，上方为一天井，天井四周格扇饰以木雕。追慕堂是胡氏支祠，供奉有胡家先祖牌位。

西递村村落空间变化错落有致，建筑色调朴素淡雅，体现了当地人营造居住环境方面的杰出才能和成就，具有很高的历史、文化、艺术和科学价值。

宏村

宏村始建于南宋绍兴年间，距今已有800多年的历史。宏村位于黟县县城东北11千米处，原为汪姓聚居之地。整个村子呈"牛"形结构布局，从高处看，宛若一头斜卧山前溪边的青牛，巍峨苍翠的雷岗为牛首，参天古木是牛角，错落有致的民居为牛躯。九曲十弯

的水圳（清泉）是"牛肠"，半月形池塘（月沼）为"牛胃"，南湖是"牛肚"。村西溪水上架起4座木桥，作为"牛脚"。汩汩清泉从各户门前流过，使得村民"家家门巷有清渠"，在流入村中被称为"牛胃"的月沼后，再经过过滤，复又绕屋穿户，流向村外被称作是"牛肚"的南湖。再次过滤流入河床。这种别出心裁的村落水系设计，不仅为村民生产、生活用水和消防用水提供了方便，而且调节了气温和环境。古宏村人规划、建造的"牛"形村落和人工水系，是当今"建筑史上一大奇观"。湖光山色与层楼叠院和谐共处，自然景观与人文内涵交相辉映，是宏村区别于其他民居建筑布局的特色，成为当今世界历史文化遗产的一大奇迹。

全村现保存完好的明、清古民居有140余幢，包括承志堂、敬修堂、东贤堂、三立堂、叙仁堂等，这些建筑古朴典雅，意趣横生，体现了传统徽派建筑风格的极致。村中数百幢古民居鳞次栉比，其间的承志堂是黟县保护最完整的古民居，其正厅横梁、斗拱、花门、窗棂上的木刻，工艺精湛、层次繁复、人物众多，堪称徽派"三雕"艺术中的木雕精品。南湖书院的亭台楼阁与湖光山色交相辉映，有"中国画里的乡村"之美誉，反映了悠久历史所留下的广博而深邃的文化底蕴。

◎ 承志堂

承志堂：承志堂是清末大盐商汪定贵住宅。整栋建筑为木结构，内部砖、石、木雕装饰富丽堂皇，总占地面积约2100平方米，建筑面积3000余平方米，是一幢保存完整的大型民居建筑。

月沼：建于明朝永乐年间，当时宏村的汪思齐发现村中有一泓天然泉水，冬夏泉涌不息，于是请专门的先生和族内的能人一起制定了扩大宏村基址及村落全面规划"牛"形水系蓝图，引西溪水绕村屋，其"牛肠"水圳九曲十弯，把水引入村中心天然井泉处，建月沼池塘，蓄水供防火、饮用等。后代中汪升平等人投资继续挖掘成半月形池塘，完成了前人未完成的月沼。如今，月沼已成为宏村一道靓丽风景，吸引无数的游人前往观赏。

南湖：南湖位于宏村南，建于1607年（万历三十五年），宏村村落经永乐年间到万历年间，楼舍连栋，高低错落，人口繁衍，仅靠月沼蓄水已不够用。村民们又在万历年间将村南百亩良田，凿深数丈，周围四旁砌石立岸，仿西湖平湖秋月式样，建成南湖。整个湖面倒影浮光，水天一色，远峰近宅，映入湖中，显得幽深、雅静。

第二章◎我国的世界遗产

◎ 月沼

◎ 南湖

　　南湖书院位于南湖北畔，明末，宏村人在此建六所私塾，人称"依湖六院"。1814年（清朝嘉庆十九年），宏村人将依湖六院合并重建，取名以文家塾，也叫南湖书院，是所具有传统徽派建筑风格的古书院，由志道堂、文昌阁、启蒙阁、会文阁、望湖楼、祇园六部分组成。志道堂是先生讲学的场所；文昌阁奉设孔子文位，供学生瞻仰膜拜；启蒙阁乃启蒙读书之处；会文阁供学子阅览四书五经；望湖楼为教学闲暇观景休息之地；祇园则为内苑。书院前临一湖碧水，后依连栋楼舍，粉墙黛瓦、碧水蓝天、交相辉映，显得格外古朴而别致。南湖书院为宏村培养出许多杰出人物。

皖南古村落是我国民间传统文化的集中体现，作为乡土建筑的精华，具有很高的文物价值，生动地展现着民族文化的丰富多样，鲜明地折射出中国悠久的历史和民族文化的传统，成为了解中国历史和文化的一个重要窗口。

云冈石窟
Yungang Grottoes

国家：中国

洲名：亚洲

时间：2001年列入《世界遗产名录》

标准：i，ii，iii，iv

属性：文化遗产

世界遗产委员会的评价

云冈石窟，位于山西省大同市，有洞窟252个，造像51000余尊，代表了公元5世纪至6世纪时中国杰出的佛教石窟艺术。其中的昙曜五窟，布局和设计严谨统一，是中国佛教艺术巅峰时期的经典杰作。

云冈石窟位于我国山西省大同市城西16千米处的武周山南麓，集中了大批的佛像雕刻群。石窟始凿于北魏文成帝时期，由当时的佛教高僧昙曜奉旨开凿。大部分完成于北魏迁都洛阳之前，造像工程则一直延续到520—525年间。石窟依山而凿，东西绵延约1千米。现存主要洞窟45个，大小窟龛252个，石雕造像五万余个，最大者达17米，最小者仅几厘米。云冈石窟与敦煌莫高窟、龙门石窟并称为中国古代佛教石窟艺术的三大宝库，也是世界闻名的石雕艺术宝库之一。云冈石窟的造像气势宏伟，内容丰富多彩，是东方石雕艺术的精魂，被誉为中国古代雕刻艺术的宝库。

高句丽王城、王陵和贵族墓葬
Capital Cities and Tombs of the Ancient Koguryo Kingdom

国家：中国

洲名：亚洲

时间：2004年列入《世界遗产名录》

标准：i，ii，iii，iv，v

属性：文化遗产

世界遗产委员会的评价

该遗址包括3座城市和40座陵墓的考古遗址，有五女山城、国内城和丸都山城，14座王陵和26座贵族墓葬。公元前227年至公元668年，高句丽王朝统治着中国北方和朝鲜半岛北半部，所有这些遗址都属于以该王朝命名的高句丽文化。五女山城是唯一被部分发掘的遗址。国内城在今集安城内，它在高句丽都城迁都至平壤之后仍起着"支撑都城"的作用。丸都山城是高句丽王朝的都城之一，有许多遗迹，包括1座大宫殿和37座陵墓。有些陵墓的顶部设计精巧，不用支柱即可支撑宽敞的屋顶，同样能支撑其上的石头或土墩的重载。

高句丽政权曾是中国东北地区影响较大的少数民族政权之一。辽宁省桓仁满族自治县和吉林省集安市是高句丽政权早中期的政治、文化、经济中心，也是高句丽文化遗产分布最集中的地区，其中的王城、王陵和贵族墓葬弥足珍贵。

在王城中，五女山城是中国古代东北地区少数民族高句丽创建的第一个都城。它的规模宏大，体系完备，保存也较为完整。城内分布多处高句丽早期的重要建筑遗址及生活、军事遗迹，文化内涵十分丰富。五女山城保留了中国北方民族构筑山城的传统，但在选址布局、城墙筑法、石料加工等方面，具有很大的突破和创新。国内城、丸都山城是高句丽早中期的都城，其特点是平原城与山城相互依附共为都城。国内城是为数不多的地表保存有石筑城墙的平原城类型都城遗址。丸都山城的布局依山形走势而巧妙构思、合理规划，实现了自然景观与人类创造的完美结合。

陵墓群中以太王陵、将军坟为代表，这群大型高句丽王陵以及大量的王室贵族墓葬是高句丽建筑的经典之作。它不仅可以从不同侧面反映高句丽的历史发展进程，也是高句丽留给人类的弥足珍贵的文化和艺术宝库。

◎ 丸都山城遗址

◎ 将军坟

澳门历史中心
Historic Centre of Macao

国家：中国

洲名：亚洲

时间：2005年列入《世界遗产名录》

世界遗产

标准：ii，iii，iv，vi

属性：文化遗产

世界遗产委员会的评价

澳门，是一处在国际贸易发展中具有战略意义的富饶的港口城市，从16世纪中叶到1999年回归中国以前一直处在葡萄牙统治之下。澳门历史中心拥有众多的葡萄牙和中式建筑物，包括历史街区、住宅、宗教和公众建筑，这为东西方美学、文化、建筑和工艺的融合提供了独特的证据。这里还有一处要塞和一座中国最古老的灯塔。这里见证了中西方国际贸易活动最早和持续时间最长的往来之一。

澳门濒临南海，东望香港，紧邻珠海，由澳门半岛和氹仔、路环岛组成。澳门以前是一个小渔村，相传在16世纪中叶，第一批葡萄牙人抵达澳门时，询问居民当地的名称，居民误以为指庙宇，答称"妈阁"，葡萄牙人以其音直译为"Macau"，这便是澳门葡文名称。从16世纪中叶至1999年，澳门一直在葡萄牙统治之下，1999年12月20日，中国政府对澳门恢复行使主权，实行"一国两制"。

澳门素有"东方蒙地卡罗""不夜城""购物天堂"之称，是一座国际性的旅游城市，名胜古迹众多，博彩行业兴旺，中西文化荟萃。漫步在历史城区，比比皆是的历史建筑，悠扬的钟声，香火鼎盛的庙宇，前卫的艺术展览，让游人流连忘返。跨海友谊大桥、澳氹大桥和西湾大桥三座大桥更是澳门的杰出建筑。这座城市文化气息十分浓厚，各种艺术和民间节庆活动长年不断，特别是环城"格兰披治"赛车、赛马和赛狗，刺激、惊险，动感十足。

澳门有着中华文化一脉相承的传统，又历经400多年的中西方文化的交融，这座城市形成了今日澳门"华洋共处、中西合璧"的社会和城市结构。无论是在中国历史还是世界历史上，作为中西方文明桥梁的澳门，在政治、军事、文化和宗教诸多领域都发挥过不可替代的积极作用，为不同民族的相互认识、交流与尊重做出了不可磨灭的贡献。

"澳门历史中心"是以旧城区为核心的历史街区，包括妈祖阁（妈阁庙）前地、亚婆井前地、岗顶前地、议事亭前地、大堂前地、板樟堂前地、耶稣会纪念广场、白鸽巢前地等多个广场，还有妈祖阁（妈阁庙）、港务局大楼、郑家大屋、圣老楞佐教堂、圣若瑟修院及圣堂、岗顶剧院、何东图书馆、圣奥斯定教堂、民政总署大楼、三街会馆（关帝庙）、仁慈堂大楼、大堂（主教座堂）、卢家大屋、玫

◎ 大三巴牌坊

瑰堂、大三巴牌坊、哪吒庙、旧城墙遗址、大炮台、圣安多尼教堂、东方基金会会址、基督教坟场、东望洋炮台等20多处历史建筑。这片区域是昔日繁华的城区，至今基本上保持原貌，开创许多"中国之最"，如最早一批天主教堂建筑、最古老的教堂遗址、最古老的西式炮台群、最古老的修道院、最古老的基督教坟场、第一座西式剧院、第一座现代化灯塔、第一所西式大学、西式医院等。

殷墟

Yin Xu

国家：中国

洲名：亚洲

时间：2006年列入《世界遗产名录》

标准：ii, iii, iv, vi

属性：文化遗产

世界遗产委员会的评价

殷墟考古遗址靠近安阳市，于北京以南约500千米处，是商代晚期（前1300—前1046）的一座古都城。它见证了早期中国文化、工艺和科学的黄金时代和中国青铜时代的繁盛时期。这一遗址中发掘出许多作为后来中国建筑物的原型的王陵和宫殿，遗址包括宫殿宗庙遗址，80多座房屋地基，以及商代王室家族成员唯一保留完整的陵墓——妇好墓。在遗址中发现的大量华丽的埋葬品见证了商代手工业的先进技艺水平。殷墟甲骨文为世界最古老的文字系统、古代信仰和社会体系提供了宝贵证据。

殷墟位于我国河南省安阳市，是我国第一个有文献记载并为考古发掘所证实的商代都城遗址，是中国历史上有文献可考最早的古代都城遗址。在这里先后出土了数量惊人的甲骨文、青铜器、玉器、陶器、骨器等精美文物，全面、系统地展现出几千年前中国商代都城的风貌，为人类文明史上重要历史阶段的存在提供了坚实的证据。

宫殿宗庙遗址：宫殿宗庙是商王处理政务和居住的场所，也是殷墟最重要的组成部分。1973年以前发掘的53座建筑基址，被考古学者划分为甲、乙、丙三组。考古学者在宫殿宗庙遗址又陆续发现了著名的小屯南地甲骨

◎ 宗庙祭祀坑遗迹

窖穴、妇好墓、花园庄东地H1甲骨窖穴、54号基址、花园庄M54号墓等。

至今在这里发现了80余座宫殿、宗庙、祭坛等夯土基址，出土大量的甲骨文、青铜器、玉器等文物，是我国最早的文字甲骨文的发现地。目前殷墟发现有大约15万片甲骨，4500多个单字。1976年在小屯村北面百米处，发现了商王武丁的配偶妇好墓，这是迄今为止发现的唯一一座保存完整的商王室成员墓葬。该墓南北长5.6米，东西宽4米，深7.5米。墓室有殉人16人，并出土了1928件精美的随葬品，其中青铜器468件、玉器755件、骨器564件，其他随葬品141件；并出土海贝6800枚。

王陵遗址：王陵遗址位于洹河北岸，是殷商王朝的陵地和祭祀场所，也是我国目前已知最早的完整的王陵墓葬群。在这里相继发现了13座王陵，2000多座祭祀坑，出土了数量众多、制作精美的青铜器、玉器、石器、陶器等，其中出土的司母戊大鼎最负盛名，大鼎高达133厘米，器口长79.2厘米，重量达875千克，它是至今世界上发现最大的青铜器，代表了中国古代青铜文化的最高水平。

◎ 王陵区

自1928年殷墟发掘以来，曾多次发现过商代车马坑。但由于受当时发掘技术的限制，都未能将坑中的木质车架清出。1953年，考古学者在殷墟首次成功清理出商代车子的残迹，查明了车子的大体结构及部分构件的尺寸。

开平碉楼和村落
Kaiping Diaolou and Villages

国家：中国

洲名：亚洲

时间：2007年列入《世界遗产名录》

标准：ii，iii，iv

属性：文化遗产

世界遗产委员会的评价

开平碉楼和村落以开平有多层防御性塔楼建筑的碉楼村落为特色，展现了中西方建筑和装饰形式的复杂与奢华的融合。它们反映了19世纪晚期和20世纪早期开平侨民在南亚、澳大利亚和北美一些国家发展中的重要作用。《世界遗产名录》此次收录的有4组碉楼群，20座最具特征的碉楼。这些建筑物分为三种形式：由若干户人家建造用于临时避难的公共塔楼、由富有人家个人建造的用于防御的居民塔楼、瞭望塔楼。这些建筑物还可分为石楼、夯土楼、砖楼、混凝土楼，是中西方建筑风格完美结合的代表。碉楼与周边景观保持着和谐关系，见证了明代以来以应对当地盗匪活动为目的的地方建筑传统的最后繁荣。

开平碉楼主要分布于广东省开平市内的村落，是中国乡土建筑的一个特殊类型，是一种集防卫、居住和中西建筑艺术于一体的多层塔楼式建筑。开平碉楼为表现中国华侨历史、社会形态与文化传统的一种独具特色的群体建筑形式。这一类建筑群规模宏大、品类繁多、造型别致，是中西合璧的民居。

开平碉楼的兴起，与开平的地理环境和过去的社会治安密切相关。开平地势低洼，河网密布，而过去水利失修，每当遇到台风暴雨，就会发生洪涝灾害，另外开平原为新会、台山、恩平、新兴四县的边远交界之处，有"四不管"之称，社会秩序较为混乱。因此，清初即有乡民建筑碉楼，作为防涝和防匪之用。

清朝末年和中华人民共和国成立前，美国、加拿大等国实施排华政策，开平华侨不断将自己的积蓄寄回开平，从而为开平碉楼与村落的建设提供了充实的资金支持。19世纪末到20世纪40年代为开平碉楼与村落发展的兴盛时期。

三门里村和碉楼：赤坎镇三门里村位于开平市区东面，是关氏家族的第十四世祖关芦庵于明朝正统年间，从赤坎镇关族的始居地大梧村分族迁来兴建而成，有民居186间。三门里村落最有历史价值的建筑是迎龙楼。迎龙楼是开平现存最早的碉楼，建于明朝嘉靖年间，距今约有450年。该楼楼高三层，砖木结构，代表了开平碉楼的早期形态。

自力村和碉楼：自力村位于开平市塘口镇，在开平市区东面，是由安和里（俗称犁头

◎ 自力村碉楼

咀）、合安里（俗称新村）和永安里（俗称黄泥岭）三个方姓自然村组成。该村民居格局与周围自然环境协调一致，村落布局零星。自力村有15座风格各异、造型精美、内涵丰富的碉楼，保存完好，布局和谐，错落有致，与村中水塘、荷塘、稻田、草地相映成趣，美不胜收，是开平碉楼兴盛时期的杰出代表。自力村碉楼多建于20世纪二三十年代，是当地侨胞为保护家乡亲人的生命财产安全而兴建的。建筑风格方面，有柱廊式、平台式、城堡式和混合式。碉楼的楼身高大，多为四五层，其中标准层为二和三层。墙体的结构，有钢筋混凝土的，也有混凝土包青砖的，门、窗皆为较厚铁板所造。

该村现存15座碉楼分别为：龙胜楼、养闲别墅、球安居庐、云幻楼、居安楼、耀光别墅、竹林楼、振安楼、铭石楼、安庐、逸农楼、叶生居庐、官生居庐、澜生居庐和湛庐。最精美的碉楼是铭石楼。

马降龙村和碉楼：马降龙村隶属于开平市百合镇，是由永安、南安、河东、庆临和龙江5个自然村组成，为黄、关两姓家族于清朝末年和20世纪初兴建。该村有13座造型别致、保存完好的碉楼掩映在茂密的翠竹丛中，与周围民居、自然环境融为一体，犹如"世外桃源"。马降龙碉楼群建于20世纪二三十年代，多为2—7层建筑物，本土传统的人居环境融合了西方先进的建筑工艺和文化内涵，有中国硬山顶式、英国和德国古堡式以及欧美别墅式等模式；墙体结构有泥木结构、砖木结构、混凝土钢筋结构；门窗钢板厚实，十分坚固。

锦江里村和碉楼：清朝光绪年间，由黄氏家族建成此村。锦江里村村后并列着的瑞石楼、升峰楼和锦江楼是三座建于20世纪初的古堡式碉楼。瑞石楼是中西建筑风格结合的典型，也是开平现存最高、最美的碉楼，9层25米高，有开平第一楼之称。瑞石楼全部是钢筋混凝土结构，整体建筑呈现出中世纪意大利城堡风格，外部总体造型是西式风格，有罗马穹隆顶、拜占庭穹隆顶等充满异国风格的建筑造型，而内部的布置和用具则是岭南传统的样式，门窗上都是雕龙附凤，有"富贵吉祥""延年益寿"等中国传统的祝福字眼，充分体现楼的主人对西方文化所表现出的从容、自信、大胆接纳，以及洋为中用、兼容并蓄的心态。在开平，瑞石楼可以称得上是最华丽气派的碉楼。

福建土楼
Fujian Tulou

国家：中国

洲名：亚洲

时间：2008年列入《世界遗产名录》

标准：ⅲ，ⅳ，ⅴ

属性：文化遗产

世界遗产委员会的评价

福建土楼建于15—20世纪，包含46座建筑物，位于台湾海峡靠近内陆方向的福建省西南部，分布在120千米范围内。土楼分布在稻田、茶园和烟田中，是泥土做的房子。土楼高达多层，从内部来看，建筑样式呈圆形或方形，每座土楼可住800人。土楼的建造是用来防御的，以开放式庭院为中心，只有在第一层有通向外面的唯一一个门和几个窗口。这种房屋起到以村庄为单元的作用，整个家族住在一起，也被称为"家庭小王国"或"喧闹的小城市"。土楼的特征是有高大坚固的泥墙，顶上是瓦片铺就的屋顶和宽大的悬垂屋檐。大部分结构精致的建筑可追溯到17世纪和18世纪。这些建筑由下到上分为不同的家庭，每个家庭各占据每层两个或三个房间。与其简朴的外观形成对比，土楼的内部则被建造得非常舒适，通常装饰华丽。土楼作为建筑传统和功能相结合的罕见范例被收录，代表了公共生活和防御性组织的一种特殊类型，并且，从它们与环境的和谐关系来看，土楼也是人类居住区的一个杰出范例。

成为世界文化遗产的46座福建土楼由六个土楼群和四个楼组成，包括今龙岩市永定区的初溪土楼群（10座）、洪坑土楼群（7座）、高北土楼群（4座）、衍香楼、振成楼，今漳州市南靖县的田螺坑土楼群（5座）、河坑土楼群（13座）、怀远楼、和贵楼，今漳州市华安县的大地土楼群（3座）。土楼主要分布在福建西部和南部崇山峻岭中，以其独特的建筑风格和悠久的历史文化著称于世。土楼依形状分，可分为圆楼、方楼和五凤楼，另外还有变形的凹字形、半圆形和八卦形，其中，以圆楼与方楼最常见，也常常两种形状并存。

福建土楼产生于宋、元时期，经过明代早、中期的发展，明末、清代及之后逐渐成熟，并一直延续至今。福建土楼依山就势，布局合理，满足聚族而居的人们生活和防御的要求，巧妙地利用山间狭小的平地和当地的生土、木材、鹅卵石等建筑材料，是一种自成体系，具有节约、坚固、防御性强的特点，又极富美感的建筑类型。土楼建筑的另一特色是结构极为规范，房间的规格大小一致。大多数土楼均只有一个大门供出入，楼内均有天井，犹如一座坚固的城堡，易于防盗和防匪。由于墙壁较高、较厚，土楼既可防潮保暖，又可隔热纳凉。

福建土楼是世界上独一无二的山区大型夯土民居建筑，堪称"天、地、人"三方结合的缩影和建筑艺术的杰作。数十户、几百人同住一楼，反映客家人聚族而居、和睦相处的家族传统。因此，一部土楼史，便是一部乡村家族史。

承启楼：承启楼从明崇祯年间破土奠基，至1709年（清朝康熙四十八年）竣工，位于今龙岩市永定区高头乡高北村。承启楼坐北朝南，由四个同心圆的环形建筑组成，外环四层，每层72间；二环两层，每层40间；三环单层，32间；中心为四架三间两堂式祠堂，全楼共400多个房间。承启楼外墙为夯土墙，底厚1.5米，顶厚1米，屋檐伸出近4米。

世界遗产

◎ 承启楼

◎ 振成楼

振成楼：振成楼建于1912年，坐落在今龙岩市永定区湖坑镇洪坑村中南部，俗称八卦楼，以富丽堂皇、内部空间设计精致多变而著称。该楼坐北朝南，悬山顶抬梁式构架，分内外两圈，形成楼中有楼，楼外有楼的格局。外环为土木结构，高4层，内通廊式。隔墙中开设拱门，关门时自成院落、互不干扰，开门时则全楼相通、连成整体。振成楼局部建筑大胆采用了西方建筑风格，达到了极高的审美境界，堪称中西合璧的民居建筑的杰作。

振福楼：振福楼建于1913年，位于今龙岩市永定区湖坑镇西片村，共有3个厅堂，96个房间。振福楼是一座富丽堂皇的圆楼，它按八卦布局设计，楼内用了许多石料和砖料，雕刻精细，也是一座外土内洋、中西合璧的土楼，被称为振成楼的"姐妹楼"。

登封"天地之中"历史建筑群

Historic Monuments of Dengfeng in "The Centre of Heaven and Earth"

国家：中国

洲名：亚洲

时间：2010年列入《世界遗产名录》

标准：iii，vi

属性：文化遗产

世界遗产委员会的评价

嵩山是中国的中岳。在这海拔1500米的嵩山的山脚下，距河南省登封市不远处，有8座占地共40平方千米的建筑群和遗址，其中包括三座汉代古阙，中国最古老的道教建筑遗址——寺庙、周公测景台与登封观星台。这些建筑物历经9个朝代修建而成，它们不仅以不同的方式展示了天地之中的概念，还体现了嵩山作为宗教信仰中心的力量。登封历史建筑群包括中国古代建筑中用于祭祀、科学、技术和教育的最佳例子。

登封"天地之中"历史建筑群包括周公测景台、登封观星台、嵩岳寺塔、汉三阙（包括太室阙、少室阙和启母阙）、中岳庙、嵩阳书院、会善寺和少林寺建筑群（包括常住院、塔林和初祖庵）。

周公测景台：周公测景台位于河南省登封市告成镇周公祠前，通高3.91米，由石圭和石表两部分组成。据1755年（乾隆二十年）碑文记载，为东周所建，今已不存。现存测景台为唐代天文学家一行在改革历法、进行天文测景时所建。周公测景台是我国现存时代最早和保护较好的天文台，它是我国古代测量日影，验证时令季节计年的一种天文仪器。

登封观星台：登封观星台位于登封布告成镇周公祠内。观星台由台身与石圭、表槽组成。台身上小下大，形似覆斗，台面呈方形，用水磨砖砌造。台高9.46米，连台顶小屋通高12.62米，台下边宽16米多，上边约为下边的一半。在台身北面，设有两个对称的出入口，筑有砖石踏道和梯栏，盘旋簇拥台体，使整个建筑布局显得庄严巍峨。台顶各边有明显收缩，并砌有矮墙（女儿墙），台顶两端小屋中间，由台底到台顶，有凹槽的"高表"。在凹槽正北是36块青石平铺的石圭（俗称量天尺），石圭通长31.19米。观星台建于元代至元年间，距今已有700多年的历史。

嵩岳寺塔：嵩岳寺塔位于登封市城西北5公里处嵩山南麓嵩岳寺内，建于北魏年间，是中国现存年代最早的砖塔，也是世界上最早的筒体建筑，距今约有1500年的历史。嵩岳寺塔塔高37.6米，底层直径10.16米，内径5米多，壁体厚2.5米，由基台、塔身、15层叠涩砖檐和宝刹组成。嵩岳寺塔为砖筑密檐式塔，整个塔室上下贯通，呈圆筒状。

◎ 嵩岳寺塔

汉三阙：汉三阙包括太室阙、少室阙

和启母阙，并称"中岳汉三阙"。太室阙位于登封市嵩山南麓中岳庙前500米处，是中岳庙前的神道阙，建于118年（东汉元初五年）。阙身用长方形石块垒砌而成，以雕刻方法刻出了人物、车马出行、马技、剑舞以及动物等画像50余幅。少室阙位于登封市嵩山南麓的少室山下，是汉代少室山庙的神道阙，约建于118—123年间。少室阙较为完整，东西两阙的结构基本相同，两阙一南一北，相互对峙，东阙高3.37米，西阙通高3.75米，两阙相距7.6米。阙身由正阙和副阙两部分组成，保存较完整的画像有60余幅，内容主要包括车马出行、驯象、月宫、动物图案等。启母阙位于登封市嵩山南麓，是启母庙前的神道阙，建于123年。阙身用长方形石块垒砌而成，四周雕刻有宴饮、车马出行、百戏、驯象、猎兔、虎逐鹿等画像60余幅。

◎ 太室阙

◎ 启母阙

◎ 中岳庙

中岳庙：中岳庙位于太室山南麓，是历代帝王和大臣封禅祭祀中岳嵩山的场所。中岳庙是中国五岳之中现存规模最大、最完整的一组道教古建筑群，现存殿宇、楼阁、宫亭、台廊、碑楼等建筑400余间。中岳庙沿中轴线从南向北，由低而高，依次为名山第一、遥参亭、天中阁、配天作镇坊、崇圣门、化三门、峻极门、迎神门、中岳大殿、寝殿和御书楼。中轴线两侧有6座宫院，构成了中岳庙规模宏大的古建筑群。

嵩阳书院：嵩阳书院位于嵩山南麓，始建于484年（北魏太和八年），初名嵩阳寺。宋仁宗于1035年（景祐二年）赐额更名为嵩阳书院。书院现在保持了清代建筑布局，现存清代建筑25座。中轴建筑共分五进院落，由南向北依次为大门、先圣殿、讲堂、道统祠和藏书楼，中轴线两侧配房相连，共有古建筑100余间。

会善寺：会善寺位于登封市嵩山南麓积翠峰下。会善寺始建于北魏孝文帝时期，唐代增建殿宇、戒坛、塔，规模宏大，高僧辈出。寺内现存元、明、清时期建筑数座。

◎ 嵩阳书院

◎ 会善寺

少林寺：少林寺建筑群主要包括常住院（即人们通称的少林寺）、塔林和初祖庵三部分。少林寺主体为常住院，中轴线建筑共7进院，由南向北依次是山门、天王殿、大雄宝殿、法堂、方丈院、立雪亭、千佛殿。常住院寺内现存明、清建筑30余座。塔林位于少林寺西约300米处山脚下。塔林为历代和尚的墓地，是国内最大的塔林，有砖、石和砖石混合结构的各类墓塔。塔林保存着古塔241座和现代塔2座，有单层单檐塔、单层密檐塔、印度窣堵坡塔和各式喇嘛塔等。塔林式样繁多，造型各异，有正方形、长方形、六角形、八角形、圆形等。初祖庵位于登封市少林寺西北约2千米处。初祖庵为纪念禅宗祖师达摩而修建，庵院主体建筑有山门、大殿和千佛阁。山门是悬山式建筑，门中部两柱之间有两扇实榻大门。大殿始建于1125年（北宋宣和七年），历代每有修葺，大殿全部用八角石柱承重。千佛阁为明代初祖庵住持所建，内供达摩，并供观音菩萨像。

◎ 少林寺

◎ 塔林

登封"天地之中"历史建筑群历经多个朝代，是中国时代跨度最长、建筑种类最多、文化内涵最丰富的古代建筑群。

<h2 style="text-align:center">元上都遗址</h2>
Site of Xanadu

国家：中国

洲名：亚洲

时间：2012年列入《世界遗产名录》

标准：ii，iii，iv，vi

属性：文化遗产

世界遗产委员会的评价

位于长城以北的元上都遗址公园是由蒙古的中国宰相刘秉忠于1256年设计的，遗址包括了忽必烈传奇都城的遗迹。该遗址面积超过250平方千米，展示了一次蒙古游牧民族文化与汉文化进行融合的独一无二的尝试。忽必烈在这个基础上建立了统治中国超过一个世纪的元朝，并在整个亚洲范围内拓宽其疆域。在此发生的宗教争论导致了藏传佛教在东北亚的传播，以至于到今天，这种宗教文化的传统依然被许多地方所沿袭。该遗址的设计基于中国背山面水的风水传统。该遗址以都城的遗迹为特色，包括寺庙、宫殿、古墓、游牧民族的营地和铁幡竿渠及其他水利工程。

◎ 元上都遗址

元上都遗址，位于内蒙古自治区锡林郭勒盟正蓝旗草原上，闪电河北岸，1964年，被列为内蒙古自治区重点文物保护单位，1988年，被定为全国重点文物保护单位。元上都始建于1256年，曾为元朝第一个都城。1256年，忽必烈命刘秉忠"于岭北滦水之阳，筑城堡，营宫室"。刘秉忠历时三年建成该座具有游牧文化特色的草原都城，融入了中国传统建筑元素。后来，元朝实行两都制，大都为首都，上都为夏都，每年皇帝及随行大臣、官员等有半年时间在这里避暑理政。元朝的主要机构在上都均有分衙或下属官署，上都仍是全国重要的政治中心。

元上都分为核心区和缓冲区，其中核心区是规模宏大的城市遗址以及墓葬群，这里不仅保存着宫城、皇城、外城、关厢、街道等元代城市遗址，而且保存着中轴线和棋盘街的城市布局。

元上都有宫城、皇城和外城三重城垣，其中宫城位于皇城正中偏北处，与皇城共同形成"回"字形。宫城为长方形，墙两侧均用青砖包砌，四角建有角楼。皇城位于外城的东南部，大致呈方形，墙体两侧用石块包砌，四角建有高大的角楼和蹬城的踏道。外城则是在皇城的西、北两面，平面呈方形，全都用黄土夯筑。

元上都作为元王朝的重要都城，其军事防御体系十分完备，在城外四周的山头上，一般都建有具有预警作用的烽火台。外城墙外四周挖有宽约26米的护城河，并筑有石堤护坡，以防坍塌。皇城的墙体外侧用石块筑有凸出于墙体的24个梯形马面。元上都是中原农耕文化与草原游牧文化结合的产物。

丝绸之路：长安–天山廊道路网
Silk Roads: the Routes Network of Chang'an–Tianshan Corridor

国家：中国、哈萨克斯坦、吉尔吉斯斯坦共有

洲名：亚洲

时间：2014年列入《世界遗产名录》

标准：ii，iii，v，vi

属性：文化遗产

世界遗产委员会的评价

这项遗产是一段绵延5000千米的丝绸之路。从中国汉、唐时期的帝都长安、洛阳出发到达中亚七河地区。丝绸之路形成于公元前2世纪至公元1世纪，并一直沿用到公元16世纪，它将多种文明连接在一起，促进了贸易、宗教信仰、科学知识、技术创新、文化实践和艺术的广泛交流。路网的33个遗址中包括各帝国与可汗王国的都城和宫殿建筑群、贸易居所、佛教石窟寺、古道、驿站、关隘、烽火台、长城、防御工事、墓葬和宗教建筑。

丝绸之路是指起始于中国古代的政治、经济、文化中心——古都长安（今天的西安），连接亚洲、非洲和欧洲的古代陆上商业贸易路线，它是世界上路线最长、影响最大的文化线路，跨越秦岭和祁连山，穿过河西走廊，通过玉门关和阳关，抵达新疆，沿绿洲和帕米尔高原通过中亚、西亚和北非，最终抵达非洲和欧洲，向南延伸到印度次大陆。这条伟大的道路沟通了中国、印度、希腊三大文明，它是一条东方与西方之间经济、政治、文化进行交流的主要道路，促进了亚欧大陆不同国家，不同文明之间在商贸、宗教、文化以及民族等方面的交流与融合，为人类社会的共同发展和繁荣做出了卓越贡献。

"丝绸之路：长安–天山廊道路网"地跨中国、哈萨克斯坦和吉尔吉斯斯坦三个国家，沿线包括中心城镇遗迹、商贸城市、聚落遗迹、交通遗迹、宗教遗迹等不同种类的代表性遗迹，共33处遗产点，其中中国境内有22处、哈萨克斯坦境内有8处、吉尔吉斯斯坦境内有3处。

在中国的遗产点中，陕西省有7处（汉长安城未央宫遗址、唐长安城大明宫遗址、大雁塔、小雁塔、兴教寺塔、彬县大佛寺石窟、张骞墓）、河南省有4处（汉魏洛阳城遗址、隋唐洛阳城定鼎门遗址、新安县汉函谷关遗址、陕县崤函古道石壕段遗址）、甘肃省有5处（麦积山石窟、炳灵寺石窟、锁阳城遗址、悬泉置遗址、玉门关遗址）、新疆维吾尔自治区有6处（高昌故城、交河故城、克孜尔尕哈烽燧、克孜尔石窟、苏巴什佛寺遗址、北庭故城遗址）。哈萨克斯坦境内共有8处遗产点：科斯托比遗址、阿克托贝遗址、库兰遗址、开阿利克遗址、塔尔加尔遗址、奥尔内克遗址、阿克亚塔斯遗址、卡拉摩尔根遗址。吉尔吉斯斯坦境内共有3处遗产点：阿克·贝希姆遗址、布拉纳遗址、科拉斯纳亚·瑞希卡遗址。

◎ 大雁塔

◎ 小雁塔

"丝绸之路：长安-天山廊道路网"属于丝绸之路的重要组成部分，在丝绸之路交通与交流体系中具有独特的地位和突出的代表性。"丝绸之路：长安-天山廊道路网"在东亚古老的华夏文明中心和中亚历史悠久的区域性文明中心之间建立起长距离的交通联系，在游牧与定居、东亚与中亚等文明交流中具有重要意义，这见证了古代亚欧大陆人类文明与文化发展的主要脉络与若干重要历史阶段，以及突出的多元文化特征，是人类进行长距离交通、商贸、文化、宗教、技术以及民族等方面长期交流与融合的文化线路杰出范例。

大运河
The Grand Canal

国家：中国

洲名：亚洲

时间：2014年列入《世界遗产名录》

标准：i，iii，iv，vi

属性：文化遗产

世界遗产委员会的评价

大运河是中国东北部和东部的平原的一条庞大水路系统,从北方的北京延伸到南方的浙江省。它从公元前5世纪开始分段建造,在公元7世纪隋朝时期,大运河第一次被作为统一的交流手段。这造成了一系列庞大的建筑工程,创建了工业革命前世界上最大和最广泛的土木工程项目。它成为隋朝中国内陆交通的支柱,用于运送粮食和战略物资,并提供大米来满足人口需求。到了13世纪,它包括了2000千米以上的人工水道,连接着中国最重要的五条河流。在确保国家的经济繁荣和稳定方面,大运河起了重要的作用,直到今天仍发挥着重要的交通运输作用。

大运河始建于公元前486年,包括隋唐大运河、京杭大运河和浙东运河三部分,地跨北京、天津、河北、山东、江苏、浙江、河南和安徽8个省级行政区,大运河有河道遗产27段,以及运河水工遗存、运河附属遗存、运河相关遗产共计58处遗产点,贯通了海河、黄河、淮河、长江、钱塘江五大水系。在春秋战国、隋朝及元朝时期,大运河都曾经历过大规模兴建,依据历史分段和命名习惯,大运河共包括十大河段,遗产类型包括闸、堤、坝、桥、水城门、纤道、码头、险工等运河水工遗存,仓窖、衙署、驿站、行宫、会馆、钞关等大运河的配套设施和管理设施,和一部分与大运河文化意义密切相关的古建筑、历史文化街区等。

◎ 大运河北京段

大运河是世界上开凿时间较早、规模最大、线路最长、延续时间最久且如今仍在使用的人工运河。历经两千余年的持续发展与演变,大运河直到今天仍发挥着重要的交通、运输、泄洪、灌溉、输水等作用,自古至今在保障中国经济繁荣和社会稳定方面发挥了重要的作用。在中华民族的发展史上,为发展南北交通,沟通南北之间经济、文化等方面做出了巨大的贡献。

土司遗址
Tusi Sites

国家:中国

洲名:亚洲

时间:2015年列入《世界遗产名录》

标准：ii，iii

属性：文化遗产

世界遗产委员会的评价

这处遗产位于中国西南山区，包括一系列部落领地，领地的首领被中央政府任命为"土司"，他们是这里13世纪至20世纪早期世袭的统治者。土司制度起源于公元前3世纪少数民族地区的王朝统治体系。它的目的是为了既保证国家统一的集权管理，又保留少数民族的生活习俗和生活方式。老司城、唐崖和海龙屯均属于这片遗址，它是中华文明在元朝、明朝发展出的这种统治制度的特殊见证。

13世纪至20世纪初，中国元朝、明朝中央政权在西南少数民族地区推行"土司制度"，中央委任当地首领担任"土司"，世袭统治当地人民。留存至今的土司城寨及官署建筑遗存曾是"土司"的行政和生活中心。土司遗址包括湖南永顺老司城遗址、湖北唐崖土司城遗址、贵州播州海龙屯遗址。这三处遗址分布于多民族聚居的湘鄂黔交界地区，是现存具有大型规模、完整格局、丰富遗存的土司遗址，涉及土司城遗址、土司军事城址、土司官寨、土司衙署建筑群、土司庄园、土司家族墓葬群等。这三处土司遗址均是土司制度鼎盛时期的遗存，属于典型的多族群文化复合区域，是中国土司遗产中的代表。

鼓浪屿历史国际社区
Kulangsu, a Historic International Settlement

国家：中国

洲名：亚洲

时间：2017年列入《世界遗产名录》

标准：ii，iv

属性：文化遗产

世界遗产委员会的评价

鼓浪屿是位于九龙江入海口，与厦门隔海相望的一座小岛。1843年随着厦门开埠通商，这座小岛在1903年成为国际殖民地，这座远离中国南部海岸的岛屿突然成为中外交流的重要窗口。鼓浪屿是文化融合交流的特殊案例，它保持着清晰的城市结构。鼓浪屿混合了不同的建筑风格，包括传统的闽南风格、西方古典复兴风格和游廊式的殖民风格。一种新的建筑运动——厦门装饰风格，就是这种多元文化融合的最杰出证明，它是20世纪初现代主义风格和装饰艺术的综合。

鼓浪屿是厦门岛西南隅一处小岛，原名"圆沙洲"，别名"圆洲仔"，明朝改称"鼓浪屿"。鼓浪屿见证了清王朝晚期的中国在全球化早期浪潮冲击下步入近代化的曲折历程，是全球化早期阶段多元文化交流、碰撞与互鉴的典范。

鼓浪屿世界文化遗产地遗产构成要素，包括51组代表性历史建筑及宅园、4组历史道路、7处代表性自然景观与2处代表性文化遗迹，它们与岛上现存的900余栋历史风貌建筑，共同构成了鼓浪屿自然有机的空间结构和内涵丰富的城市历史景观，体现了现代人居理念与当地传统文化的融合。同时，整个岛屿仍然在整体上保持了优美的海岛景观特征和历史背景下不同片区的城市结构特征。

良渚古城遗址
Archaeological Ruins of Liangzhu City

国家：中国

洲名：亚洲

时间：2019年列入《世界遗产名录》

标准：iii, iv

属性：文化遗产

世界遗产委员会的评价

位于中国东南沿海长江流域的良渚古城遗址（约公元前3300—前2300）向人们展示了新石器时代晚期一个以稻作农业为支撑、具有统一信仰的早期区域性国家。该遗址由4个部分组成：瑶山遗址区、谷口高坝区、平原低坝区和城址区。通过大型土质建筑、城市规划、水利系统以及不同墓葬形式所体现的社会等级制度，这些遗址成为早期城市文明的杰出范例。

良渚古城遗址位于浙江省杭州市余杭区内。1959年，以良渚遗址为命名地的良渚文化被确认。2007年，良渚古城的发现，一座消逝了4000多年的史前古城初露端倪。随后，古城的考古发掘和研究不断深入，它的空间格局、功能分区以及各类遗存的内涵日渐清晰。2010年，古城的外城得到初步确认。2015年，发现和确认古城外围大型水利系统。良渚古城遗址的出土器物包括玉器、陶器、石器、漆器、竹木器、骨角器等，总量达1万余件。

良渚古城遗址代表了中华文明起源阶段稻作农业的最高成就，并经由它所代表的良渚文化对其后五千年的中华文明发展产生了广泛而深远的影响，印证了长江流域对中国文明起源的杰出贡献，它是人类文明发展史上具有杰出代表性的东亚地区史前大型聚落遗址。良渚古城遗址出土的玉器无论是文化含义还是制作技艺，都展现出中国两河流域农耕文明的信仰特征，特别是反山墓地"琮王"所展现的良渚玉器最为经典的纹饰"神人兽面纹"。

良渚古城遗址作为国家考古遗址公园，集教育、科研、游览、休闲等多项功能于一体。遗产保护展示主要包含：反山展示馆、莫角山观察站、何村展示馆、南入口展示馆等展示场馆；反山王陵、西城墙、莫角山房基的复原展示；水陆城门、木作区、居址与作坊等人物雕塑场景展示。

第二节　我国的自然遗产

武陵源风景名胜区
Wulingyuan Scenic and Historic Interest Area

国家：中国

洲名：亚洲

时间：1992年列入《世界遗产名录》

标准：vii

属性：自然遗产

世界遗产委员会的评价

这一壮观的地区位于中国湖南省内，连绵260多平方千米，以3000余座狭长的砂岩柱和砂岩峰为主，大部分都在200多米高。在峰峦之间，沟壑、峡谷纵横，溪流、潭和瀑布随处可见，还有大约40个溶洞和2座天然大石桥。除了惊人的美景外，这一地区还以大量本地的濒危动植物物种而引人注目。

武陵源风景名胜区位于湖南省西北部武陵源山脉中段，隶属张家界市，由张家界国家森林公园、索溪峪和天子山自然保护区组成。武陵源风景名胜区主要的景观为石英砂岩峰林景观；此外，还有众多的喀斯特景观、峡谷景观、高山湖泊景观等。这里到处是石柱石峰、断崖绝壁、古树名木、云气烟雾、流泉飞瀑、珍禽异兽，风光秀美，堪称人间奇迹。景区内"奇峰、幽谷、秀水、深林、溶洞"为武陵源风景名胜区"五绝"。景区共有奇峰3100多座，峰体分布在海拔500～1100米，高度由几十米至400米不等，许多砂岩峰超过200米。石峰姿态万千，蔚为壮观，加之沟壑纵横、溪涧密

◎ 武陵源

布、森林茂密，更是美不胜收。武陵源水景类型丰富，溪、泉、湖、瀑、潭异彩纷呈，有"秀水八百"之称。

武陵源天子山云涛雾海、神秘莫测、千变万化、烟云幻变，犹如梦幻境界。最高峰天子峰，面北而峙，海拔1262.5米。立峰凭眺，台地错列，石峰嶙峋，云雾缭绕，峰、峡、瀑、林遍布千山万壑。武陵源风景名胜区最美的一条溪流金鞭溪，因溪畔有一金鞭岩而得名，穿行在峰峦幽谷之间，蜿蜒曲折，秀美清幽。

武陵源风景名胜区的溶洞主要集中于索溪峪河谷北侧及天子山东南缘，总数达数十个，其中最为著名的是索溪峪的"黄龙洞"，景观奇异，是这里最为著名的游览胜地之一。黄龙洞洞中有洞，洞中有河，主要有石钟乳、石笋、石花、石柱、石瀑等洞穴景观，仿佛一座神奇的地下宫殿。

武陵源风景名胜区还有众多的野生珍稀动植物物种，景区内珍稀动物有大鲵、亚洲黑熊、云豹、豹、雉鸡、穿山甲、猕猴等。

九寨沟风景名胜区
Jiuzhaigou Valley Scenic and Historic Interest Area

国家：中国

洲名：亚洲

时间：1992年列入《世界遗产名录》

标准：vii

属性：自然遗产

世界遗产委员会的评价

九寨沟位于四川省北部，面积超过720平方千米，蜿蜒的九寨沟海拔可达4800多米，因而形成了一系列多种多样的森林生态系统。它壮丽的景观因一系列狭长的圆锥状喀斯特地貌和壮观的瀑布而引人入胜。大约有140种鸟类栖息在九寨沟中，还有许多濒危动植物物种，包括大熊猫和四川扭角羚。

九寨沟风景名胜区位于四川省阿坝藏族羌族自治州九寨沟县内，因沟内有九个藏族村寨而得名。九寨沟地质背景复杂，碳酸盐岩分布广泛，褶皱断裂发育，新构造运动强烈，地壳抬升幅度大，形成了多种多样的地貌，发育了大规模喀斯特作用的钙华沉积。由于冰川、水文和构造活动，九寨沟形成了形态各异的冰斗、U形谷、悬谷、喀斯特等地貌，主要以高原钙华湖群、钙华

◎ 九寨沟

瀑群和钙华滩流等水景为主体。九寨沟主沟呈"Y"字形，由树正沟、则查洼沟和日则沟三条沟组成，在青山环抱的"Y"字形山沟内，分布着湍流、滩流、瀑布和大小湖泊100多处。其著名的景点有箭竹海、五彩池、熊猫海、双龙海、五花海、犀牛海、芳草海、箭竹海瀑布、珍珠滩瀑布、诺日朗瀑布、树正瀑布、树正群海、卧龙海、火花海、芦苇海、长海、上下季节海等。

九寨山水，天然原始，四季景色变幻无穷，尤其是秋季，沿湖连绵数十里的彩林美不胜收。九寨沟的地下水富含碳酸钙质，湖底、湖堤、湖畔水边均可见乳白色碳酸钙形成的结晶体；而来自雪山、森林的活水泉又异常洁净，加之梯形的湖泊层层过滤，其水色愈加透明，能见度高达20米。翠海、叠瀑、彩林、雪峰、藏情被誉为九寨沟"五绝"。

九寨沟还是多种自然要素交汇地区，山地切割较深，高差较大，植物垂直带谱明显，植物资源丰富，拥有植物上千种，还有不同气候带的地带性植被类型。植物区系成分十分丰富，还包括许多古老和孑遗植物，如独叶草、星叶草、箭竹等。

九寨沟野生动物资源丰富，其中国家一级保护动物有大熊猫、四川扭角羚、金丝猴、豹、白唇鹿等，国家二级保护动物有小熊猫、猕猴、林麝、斑羚、蓝马鸡、红腹角雉等。

九寨沟作为我国西南地区一个独特的自然资源高度整合的地区，具有非常高的美学、生物学、生态学等科学研究价值。

黄龙风景名胜区
Huanglong Scenic and Historic Interest Area

国家：中国

洲名：亚洲

时间：1992年列入《世界遗产名录》

标准：vii

属性：自然遗产

世界遗产委员会的评价

黄龙风景名胜区位于四川省西北部，是由众多雪峰和中国冰川的最东端组成的山谷。除了高山景观外，人们还可以在这里看到各种不同的森林生态系统，以及壮观的石灰岩岩层、瀑布和温泉。这一地区还有许多濒危动物种群，包括大熊猫和四川疣鼻金丝猴。

黄龙风景名胜区位于四川省西北部，隶属阿坝藏族羌族自治州松潘县，平均海拔在3000米以上，是中国最高的风景名胜区之一。风景区主要由黄龙本部和牟尼沟两部分组成。

黄龙风景名胜区主要景观集中在黄龙沟，沟内遍布钙华沉积，并呈梯田状排列，仿佛是一条金色巨龙。黄龙风景名胜区以彩池、雪山、峡谷、森林而著称于世，其间遍布形态各异的池、湖、滩、瀑、泉、洞等各种景观，五彩缤纷，绚丽多姿，有"世界奇观""人间瑶池"之美誉。

黄龙风景名胜区地貌总体特征是山雄峡峻，高程范围在海拔1700～5588米，一般峰谷相对高差千米以上，3700～4000米以上多为冰蚀地貌，气势磅礴，雄伟壮观。黄龙风景名胜区的峡谷多为喀斯特峡谷，空间多变，崖峰峻峭。黄龙风景名胜区海拔3000米以上的地方广泛发育着清晰的第四纪冰川遗迹，其中以岷山主峰雪宝鼎地区最为典型。本区古生界岩石类型以碳酸盐岩为主，厚度达4000米以上；中生代以碎屑沉积的各种沉积岩为主，沉积厚度至少达1000米；新生代沉积是由冲积砾石、冰碛和碳酸盐沉积物组成。

◎ 黄龙彩池

黄龙风景名胜区以规模宏大、类型繁多、结构奇巧、色彩丰艳的地表钙华景观为主景，在我国风景名胜区中独树一帜，成为中国一绝，这里的钙华景观类型齐全，钙华池、钙华滩、钙华扇、钙华湖、钙华塌陷湖、钙华瀑布、钙华洞穴、钙华泉、钙华台、钙华盆景等一应俱全，是一座名副其实的天然钙华博物馆。黄龙风景名胜区彩池数量众多，规模大小不一，形状各异，波光粼粼，晶莹透亮，在光线照射下形成五光十色、彩色斑斓的"五彩池"。

黄龙风景名胜区不仅分布丰富的自然景观，还有大熊猫等珍稀动物，这些都成了黄龙风景名胜区独具特色之处。另外，黄龙作为一个生态过渡带，在地质、地貌、动植物各方面都具有独特性，构成了一个完整的自然生态区，具有重要的科学价值和美学价值。

云南三江并流保护区
Three Parallel Rivers of Yunnan Protected Areas

国家：中国

洲名：亚洲

时间：2003年列入《世界遗产名录》

标准：vii，viii，ix，x

属性：自然遗产

世界遗产

世界遗产委员会的评价

三江并流国家公园由8个保护区的地理片区组成,位于云南省西北山区,占地1.7万平方千米,亚洲的长江(金沙江)、澜沧江(湄公河上游)和怒江(萨尔温江上游)的三条大江在此区域并行,由北向南,途经3000米深的陡谷和6000多米高的冰蚀峰。这里是中国生物多样性的中心,也是世界上温带生物多样性最丰富的区域之一。

三江并流保护区位于云南省西北部境内,因怒江、澜沧江和金沙江自北向南并行近170千米,故名"三江并流"。三江穿越于横断山脉的崇山峻岭间,形成"三江并流而不交汇"的奇特自然奇观。澜沧江与金沙江最短直线距离为66千米,澜沧江与怒江的最短直线距离不到19千米。三江并流保护区包括云南丽江地区、迪庆藏族自治州和怒江傈僳族自治州,由贡山片区、白茫-梅里雪山片区、哈巴雪山片区、千湖山片区、红山片区、云岭片区、老君山片区、老窝山片区八大片区组成。该区域有众多的雪山、冰山、冰川、湖泊、开阔的高原,具有典型的高山峡谷地貌。

三江并流保护区拥有世界上最丰富的地质景观。印度洋板块与亚欧板块碰撞,引发了横断山脉的急剧挤压、隆升、切割,高山与大江交替显现,形成世界上独有的三江并行奔流的自然奇观。除此之外,这里又集雪山峡谷、高山湖泊、冰川、草甸、丹霞地貌等自然景观于一体。三江并流保护区是全世界单位面积内生态系统类型最丰富的地区,也是世界上生物多样性最丰富的地区之一。

三江并流保护区代表了地球演化事件的重要区域、特殊的地质构造、典型的生态演变过程、奇特的自然景观和生物多样性,是珍稀和濒危动植物的主要栖息地,构成了独特的世界奇观。

四川大熊猫栖息地——卧龙山、四姑娘山和夹金山脉
Sichuan Giant Panda Sanctuaries——Wolong, Mt Siguniang and Jiajin Mountains

国家:中国

洲名:亚洲

时间:2006年列入《世界遗产名录》

标准:x

属性:自然遗产

世界遗产委员会的评价

四川大熊猫栖息地生活着全球30%以上的濒危大熊猫,位于邛崃山脉和夹金山脉,占地面积为9245平方千米,拥有7个自然保护区和9个风景区。栖息地为全球最大、最完整的大熊猫栖息地,是第三纪原始热带森林的孑遗物种区,也是大熊猫圈养繁衍最重要的区域。栖息地还是其他全球濒危动物如红熊猫、雪豹和云豹的家园。栖息地是世界上除了热带雨林外植物种类最丰富的地区之一,生长着一千多属和5000~6000种植物。

四川大熊猫栖息地世界自然遗产包括卧龙山、四姑娘山、夹金山脉，地跨成都、阿坝、雅安、甘孜4个市州12个县。

卧龙山自然保护区位于阿坝藏族羌族自治州汶川县西南部，是以保护大熊猫等珍稀野生动植物和高山森林生态系统为主的综合性国家级自然保护区，保护区内有相当规模的大熊猫、小熊猫、金丝猴等国家保护动物。这里峰峦叠翠、云雾缭绕，原始森林、次生灌木林、箭竹林郁郁葱葱。卧龙山自然保护区地势高、气候湿润，是大熊猫生存和繁衍后代的理想地区。卧龙自然保护区以"熊猫之乡""宝贵的生物基因库""天然动植物园"享誉中外。

四姑娘山地处小金县与汶川县的交界处，由横断山脉中四座毗连的山峰组成。四姑娘山以雄峻挺拔闻名，山体陡峭，直指蓝天。这里有高原特有的洁净蓝天、奇峰异树、飞瀑流泉、草甸溪流，一年四季的景色都可以在这里见到。保护区内有国家一级保护动物多种，其中兽类有大熊猫、金丝猴、林麝、白唇鹿、扭角羚、豹、雪豹等。

夹金山脉位于雅安市宝兴县内，为邛崃山脉支脉。夹金山又名大雪山，以雪景著称。这里群山连绵、河谷纵横、箭竹茂密，是大熊猫、金丝猴等珍稀动物生活的乐园。宝兴县是大熊猫的故乡，也是大熊猫的发现地。夹金山还是青衣江的发源地，湍流而上，两岸悬崖陡峭，谷幽峡深，千岩竞秀，湖泊明净，瀑布飞溅。该区域有保护得最好的原始森林，珍贵野生动植物种类繁多。

中国南方喀斯特
South China Karst

国家：中国

洲名：亚洲

时间：2007年列入《世界遗产名录》，2014年扩展

标准：vii，viii

属性：自然遗产

世界遗产委员会的评价

中国南方喀斯特地区主要分布在贵州省、广西壮族自治区、云南省和重庆市，占地面积为1762.28平方千米。它是全球湿热带到亚热带喀斯特景观中最壮观的范例之一。它包含了最具代表性的喀斯特地貌类型，有塔状、剑状和锥状的喀斯特地貌类型，以及其他的如天生桥、峡谷和大型洞穴系统等。石林被誉为自然奇观，是一处世界级遗址。荔波的锥状和塔状喀斯特地貌，构成了独特而美丽的景观，连同这些喀斯特类型一起被列入这一世界级遗址中。武隆喀斯特的入选，是因其存在巨大的崩塌漏斗（天坑）、天生桥和洞穴。

喀斯特即岩溶地貌，是发育在以石灰岩和白云岩为主的碳酸盐岩上的地貌。中国喀

斯特具有面积大、地质演化复杂、地貌多样、生物多样性丰富等特点。2007年列入《世界遗产名录》的第一批中国南方喀斯特主要分布在三个区域：云南石林、贵州荔波和重庆武隆，其中以石林的剑状、锥状和塔状喀斯特，荔波的森林喀斯特，武隆的崩塌漏斗（天坑）、天生桥、溶洞、洞穴堆积为代表。这一区域集中了中国最具代表性的喀斯特地形地貌区域，以"雄、奇、险、秀、幽、奥、旷"著称。2014年列入《世界遗产名录》的第二批中国南方喀斯特分布在广西桂林、贵州施秉、重庆金佛山和广西环江。中国南方喀斯特面积占整个中国喀斯特面积的55%。

云南石林是世界上唯一保存的分别形成于早二叠世、晚白垩世—古新世、始新世—渐新世、中新世—现今四个时期石林喀斯特的地区。贵州荔波喀斯特寒武纪至三叠纪碳酸盐岩沉积达8000多米，晚古生代以来复杂的地质演化形成了典型和最具代表性的锥状喀斯特地貌。重庆武隆喀斯特包括地下河、崩塌漏斗（天坑）、天生桥、洞穴、峡谷等诸多要素，完整地体现了峡谷喀斯特的演化过程，也反映出自古近纪以来整个峡谷喀斯特系统的演化历史。

◎ 云南石林

◎ 贵州荔波

◎ 重庆武隆

三清山国家公园
Mount Sanqingshan National Park

国家：中国

洲名：亚洲

时间：2008年列入《世界遗产名录》

标准：vii

属性：自然遗产

世界遗产委员会的评价

三清山国家公园位于江西省东北部怀玉山脉的西端（中国中部以东），占地229.5平方千米，以其优美的自然景色而入选，集造型奇特的石柱和山峰为一体，包括48座花岗岩山峰和89个花岗岩石柱，其中许多类似人类或动物的轮廓。海拔1817米的怀玉山自然美景在花岗岩、植被和特殊气象条件形成的云海和彩虹的映衬下，显得更加多姿多彩，形成了一幅变幻莫测、引人入胜的美丽图景。这一地区由于受亚热带季风和海洋性气候影响，在亚热带景观之上形成了一个温带森林岛。三清山国家公园也以森林、瀑布（有些高达60米）、湖泊和泉水为特征。

三清山国家公园位于江西省东北部上饶一带，是一处大型白垩纪花岗岩山岳型风景名胜区，景区内千峰竞秀、万壑奔流、古木茂盛、珍禽栖息，以奇峰怪石、高山栈道、古树名花、流泉飞瀑、云海雾涛、道教建筑闻名天下。

三清山国家公园因有玉京、玉华、玉虚三峰，宛如道教玉清、上清、太清三位最高尊神列坐山巅而得名，最高峰为玉京峰，海拔1819.9米。三清山是扬子板块和华夏板块的结合带，记录了上亿年的地质演化史。三清山国家公园由于处在造山运动频繁而剧烈的地带，因此断层密布，节理发育，山体不断抬升，又经大自然长期风化侵蚀和重力崩解作用，形成了奇峰矗天、幽谷千仞的山岳绝景奇观。三清山国家公园东险、西奇、北秀、南绝，美在古朴自然，奇在形神兼备。

三清山国家公园还拥有多种生态系统，具有丰富的生物多样性。三清山国家公园的已知植物上千种，有许多孑遗、珍稀和濒危物种。在已知动物种类中，脊椎动物401种，其中兽类67种、鸟类226种、爬行类49种、两栖类23种、鱼类36种。

三清山国家公园又是一座具有1600余年历史的道教名山，古代文化遗产得到完好的保存，共有宫、观、殿、府、坊、台、塔等230余处古建筑，集中了道教古建筑的精华。三清山将历代宫观建筑与雄险奇秀的自然景观融为一体，异彩纷呈，钟灵毓秀，故有"天下第一仙峰，世上无双福地"之誉。

中国丹霞
China Danxia

国家：中国

洲名：亚洲

时间：2010年列入《世界遗产名录》

标准：vii，viii

属性：自然遗产

世界遗产委员会的评价

中国丹霞是发育的红色陆相沉积层在内力（包括隆起）和外力（包括风化和侵蚀）共同作用下而形成的中国的各种地貌景观的总称。这一自然遗产包括中国西南部亚热带区域的六个地区。它们的特点是具有壮观的红色悬崖以及一系列侵蚀地貌，包括雄伟的天然岩柱、岩塔、沟壑、峡谷和瀑布。这里崎岖不平的地貌对保护亚热带常绿阔叶林和许多动植物物种，包括约400种稀有或濒危物种起到了重要作用。

中国丹霞包括贵州赤水丹霞、福建泰宁丹霞、湖南崀山丹霞、广东丹霞山、江西龙虎山和浙江江郎山六处。

◎ 赤水丹霞瀑布

贵州赤水：赤水丹霞是青年早期丹霞地貌的代表，其面积达1000多平方千米，是我国面积最大的丹霞地貌。赤水丹霞峡谷、绝壁、溪流、飞瀑遍布，为青年早期高原峡谷型丹霞的代表。赤水丹霞是以侏罗纪、白垩纪红色岩层地貌为特征。

福建泰宁：泰宁位于福建省西北部。泰宁盆地记录了白垩纪以来华南板块东部大陆边缘活动带的演化历史。泰宁丹霞以独特的崖壁洞穴群、密集的深切峡谷曲流和原始的沟谷生态为特征，是青年期低海拔山原峡谷型丹霞地貌的代表。

湖南崀山：崀山位于湖南省西南新宁县一带，构成崀山丹霞地貌的岩层是形成于晚白垩世的陆相红色碎屑岩（砾岩、沙砾岩）。崀山丹霞以密集式分布的丹霞峰林为特点，是壮年期峰林丹霞地貌的代表。

广东丹霞山：丹霞山位于广东省韶关市仁化县和浈江区内，发育在南岭褶皱带中央的构造盆地中，是中国丹霞地貌的命名地。丹霞山以赤壁丹崖为其地貌特征，是壮年中晚期簇群式峰林型丹霞的代表。

江西龙虎山：龙虎山位于江西省鹰潭市西南20千米处。其地质构造上属于中生代断陷盆地，以突出的侵蚀残余峰丛、峰林、孤峰、残丘组合为特征，是壮年晚期至老年早期疏散峰林宽谷型丹霞的代表。

浙江江郎山：江郎山位于浙江省江山市一带，素有"雄奇冠天下，秀丽甲东南"之誉。江郎山地貌上呈突出的孤峰，地形底部大部分是古代剥夷面。江郎山代表了老年期孤峰型丹霞地貌。

澄江化石遗址
Chengjiang Fossil Site

国家：中国

洲名：亚洲

时间：2012年列入《世界遗产名录》

标准：viii

属性：自然遗产

世界遗产委员会的评价

澄江化石遗址位于云南省的丘陵地区，占地5.12平方千米，是保存几乎最完整的早寒武世海洋生物群落，展现了许多无脊椎动物和脊椎动物硬组织及软组织解剖构造。它们记录了早期复杂海洋生态系统的形成。这一遗址至少保存了16种生物门类和大约196个神秘的物种，为5.3亿年前生物大爆发提供了杰出的实证，现今地球上几乎所有主要动物类群都起源于这一时期。它为古生物学的学术研究打开了具有重要意义的窗口。

澄江化石遗址主要分布在云南省澄江县抚仙湖东岸的山地丘陵区，自1984年被发现以来，发现的动物化石多达16个门类，190余种，其中不仅有大量海绵动物、腔肠动物、腕足动物、叶足动物、环节动物、软体动物、节肢动物、棘皮动物、脊索动物等，还有一些分类不明的类群。澄江动物化石群的地质时代为早寒武世，其种类之多，保存之完整、生动，可与世界著名的澳大利亚前寒武纪的埃迪卡拉动物群和加拿大中寒武世的伯吉斯页岩动物群相媲美。

澄江动物化石群的发现，填补了伯吉斯、埃迪卡拉这两个动物群之间演化的一个重要环节，它们是寒武纪早期生物大爆发的直接证据。澄江动物化石群对研究寒武纪早期动物的解剖构造、功能形态、生活习性、系统演化、生态环境、埋藏条件和保存方式提供了具有重要科学价值的可靠依据。澄江动物化石群为研究地球早期生命起源、演化、生态等理论提供了珍贵证据。作为研究地球早期生命演化的动物化石宝库，澄江化石遗址被国际古生物学界誉为"20世纪最惊人的科学发现"，澄江已被誉为"世界古生物圣地"。

新疆天山
Xinjiang Tianshan

国家：中国

洲名：亚洲

时间：2013年列入《世界遗产名录》

标准：vii，ix

属性：自然遗产

世界遗产委员会的评价

新疆天山自然遗产分四个片区，包括托木尔、喀拉峻－库尔德宁、巴音布鲁克和博格达，总面积6068.33平方千米。它们是中亚天山山脉的一部分，是世界最大的山脉之一。新疆天山拥有独特的自然地理特征和一系列风景优美的区域，包括壮观的雪山冰峰、原始的森林和草甸、清澈的河流湖泊、宏伟的红层峡谷。这些景观与邻近的沙漠景观形成巨大的反差，在炎热与寒冷、干旱与湿润、荒凉与繁茂之间形成强烈的视觉对比。这处遗产地的地貌和生态系统自上新世起即得到保存，是生物和生态演化进程的一个杰出范例。该遗产还延伸到了世界最大、海拔最高的沙漠之一——以其巨大的沙丘和猛烈的沙尘暴著称的塔克拉玛干沙漠。此外，新疆天山还是一些地方性和孑遗植物物种的重要栖息地，其中一些物种是珍稀和濒危的。

天山是世界七大山系之一，位于地球上最大的一块陆地——欧亚大陆的腹地，是世界上最大的独立纬向山系；天山同时也是世界上距离海洋最远的山系和全球干旱地区最大的山系，东西横跨中国、哈萨克斯坦、吉尔吉斯斯坦和乌兹别克斯坦四国，全长2500千米，南北平均宽250～350千米，最宽处达800千米以上。

新疆天山是指中国境内的东天山，长达1760千米，占天山总长度的2/3以上，是准噶尔盆地和塔里木盆地的天然地理分界，也是新疆的独特标志。

新疆天山是一个系列遗产点的总名称，自西至东包括托木尔、喀拉峻-库尔德宁、巴音布鲁克、博格达4个片区，是天山最具代表性的区域，集中展现了天山独特的地质地貌、植被类型、生态系统、生物多样性和自然景观，突出体现了天山的价值。新疆天山是一百多种本地特有动植物物种以及上百种罕见珍稀物种的分布区域，整个区域还分布有险峻山峰、草原、湖泊、河流、峡谷，以及在一些地区存在的大面积红色砂岩地貌。

新疆天山是全世界唯一由巨大沙漠夹持的大型山脉，以深居内陆的地理区位，具有温带大陆性干旱气候、山盆相间的地貌格局、众多的冰川河流、绝妙的自然景色、特殊的生物区系和生态过程等诸多自然特征，成为全球温带干旱区大型山地生态系统的最典型代表。在天山山系中，海拔在5000米以上的山峰有数十座，除最高峰托木尔峰外，主要还有中哈界峰汗腾格里峰、博格达峰、瓦斯基配卡维里山、德拉斯克巴山、蔻雷孜山、史卡特尔东峰、孜哈巴间山等。

新疆天山拥有全球温带干旱区最为典型完整的山地垂直自然带谱，反映了温带干旱区山地生物多样性和生物生态过程受海拔、坡向与坡度的水热空间变化影响的分布特征和变化规律。

湖北神农架
Hubei Shennongjia

国家：中国

洲名：亚洲

时间：2016年列入《世界遗产名录》

标准：ix，x

属性：自然遗产

世界遗产委员会的评价

神农架位于中国中东部湖北省。这处遗产地由两部分构成：西边的神农顶、巴东，东边的老君山。这里有中国中部地区最大的原始森林，是中国大鲵、四川金丝猴、云豹、金钱豹、亚洲黑熊等许多珍稀动物的栖息地。湖北神农架是中国三大生物多样性中心之一。在19世纪和20世纪期间它曾是国际植物收集考察的目的地，在植物学研究史上占据重要地位。

神农架山体高大雄伟，峡谷纵横深切。山峰多在海拔1500米以上，海拔3000米以上的有6座。其中，神农顶海拔超过3100米，为大巴山脉主峰，也是华中地区最高点，号称"华中屋脊"。独特的地理位置和气候特征，使之成为动植物种类的过渡区和交汇地，孕育了神农架丰富的动植物资源，保存有全球北纬30°一带最为完好的北亚热带森林植被，被誉为北半球同纬度上的"绿色奇迹"。

湖北神农架在生物多样性、地带性植被类型、垂直自然带谱、生态和生物过程等方面在全球具有独特性，拥有世界上最完整的垂直自然带谱、特殊的生态系统和生物演化过程。

青海可可西里
Qinghai Hoh Xil

国家：中国

洲名：亚洲

时间：2017年列入《世界遗产名录》

标准：vii, x

属性：自然遗产

世界遗产委员会的评价

青海可可西里，位于世界上面积最大、海拔最高的高原青藏高原的东北端。这片广阔的高山和草原系统位于海拔4500米以上，平均气温常年低于零度。该地区的地理和气候条件造就了独特的生物多样性。超过三分之一的植物种类和所有食草哺乳动物都是高原特有的。遗产地保护了藏羚羊的完整迁徙路线，藏羚羊是高原特有的濒危大型哺乳动物之一。

青海可可西里国家级自然保护区位于青海省西北部，是目前世界上原始生态环境保存较好的自然保护区，也是目前中国建成的面积最大、海拔最高、野生动物资源最为丰富的自然保护区之一。青海可可西里气候严酷，自然条件恶劣，年平均气温低于零度，最低气温-45℃，人类无法长期居住，然而正因为如此，高原野生动物获得了得天独厚的生存条件，使得该地区成为"野生动物的乐园"。藏羚羊是该保护区的代表物种，同时也分布着雪豹、棕熊等珍稀食肉动物。

青海可可西里是高寒生态系统和高原湿地生态系统的完美结合。这里具有举世无双的生物多样性，分布有上百种植物，其中，七十多种为青藏高原特有物种；有脊椎动物74种，其中哺乳动物19种，鸟类48种，鱼类6种，爬行动物1种。脊椎动物中的十几种是青藏高原特有物种，如藏羚羊、野牦牛、藏野驴、藏原羚等珍稀野生动物。

青海可可西里拥有超出人类想象力的非凡美景，在宏伟壮观的高原生态系统下，有着无遮无挡的草原、高耸的皑皑雪山和成千上万的湖泊。得天独厚的高原生态系统宏伟壮观，在无遮无挡的草原背景下是活跃的野生动植物，与高耸的皑皑雪山形成鲜明对比。

梵净山
Fanjingshan

国家：中国

洲名：亚洲

时间：2018年列入《世界遗产名录》

标准：x

属性：自然遗产

世界遗产委员会的评价

梵净山位于中国西南部的贵州省武陵山区，海拔500米至2570米之间，植被和地形多样。它是大量喀斯特地形中的一个变质岩岛，是起源于6500万到200万年前的第三纪的许多植物和动物种的家园。产地隔离导致了这里拥有地方性物种的高度生物多样性，如梵净山冷杉、贵州短鼻猴，还有濒危物种，如中国大鲵、林麝和白冠长尾雉。梵净山有亚热带地区最大、最完整的原始山毛榉林。

梵净山位于贵州省东北部的铜仁市地区，海拔2500多米，是武陵山脉主峰，是世界自然遗产、国家级自然保护区、国家5A级旅游景区。梵净山位于江口、印江、松桃三县交界处，它不仅是乌江与沅江的分水岭，还是横亘于贵州、重庆、湖南、湖北四省（市）的武陵山脉的最高主峰。

梵净山山势雄伟、层峦叠嶂，溪流纵横、飞瀑悬泻。梵净山景区标志性景点有：红云金顶、月镜山、万米睡佛、蘑菇石、万卷书、净心池等。

梵净山佛教开创于唐，鼎兴在明。明万历所立《敕赐碑》将梵净佛山誉为"立天地而不毁，冠古今而独隆"的"天下众名岳之宗"。梵净山是全国著名的"弥勒道场"，与山西五台山、四川峨眉山、安徽九华山、浙江普陀山齐名，在佛教史上具有重要的地位。梵净山红云金顶，是武陵山脉的最高峰，又叫新金顶，因其晨间常见红云瑞气环绕，故得其名。

梵净山是中国南方最早从海洋中抬升为陆地的地区之一，有着悠久的地质演化历史。梵净山主要由变质岩组成，周围被广阔的喀斯特地貌环绕，使梵净山成为伫立于喀斯特海洋中的变质岩"生态孤岛"，展现了独特的地质、生态、生物景观特征。

梵净山山形复杂，环境多变，由此形成了全球为数不多的生物多样性基地。梵净山保存了世界上少有的亚热带原生生态系统，区内现有植物种类上千种。原始森林里栖息着多种濒临灭绝的国家保护动物，如黔金丝猴、藏酋猴、云豹、苏门羚、黑熊等。其中黔金丝猴被誉为"地球的独生子"，是国家重点保护的珍稀动物。

中国黄海-渤海湾沿岸候鸟栖息地（第一期）
Migratory Bird Sanctuaries along the Coast of Yellow Sea–Bohai Gulf of China (Phase I)

国家：中国

洲名：亚洲

时间：2019年列入《世界遗产名录》

标准：x

属性：自然遗产

世界遗产委员会的评价

这一遗产地的特色是它被认为是世界上最大的潮间带滩涂系统。这些泥滩，以及沼泽和浅滩，是非常有生产力的，是许多鱼类和甲壳类动物物种的生长区。黄海-渤海湾潮间带对于东亚-大洋洲的许多候鸟物种迁徙路径具有全球重要性。大量的鸟类聚集，包括一些世界上濒危的物种，依靠海岸线作为候鸟的中途停留地来进行换羽、停歇、过冬或筑巢。

中国黄海-渤海湾沿岸候鸟栖息地位于江苏省盐城地区，主要由潮间带滩涂和其他滨海湿地组成，拥有世界上规模最大的潮间带滩涂，也是全球数以百万迁徙候鸟的换羽地、停歇地和过冬地。遗产地第一期包含五个保护区：江苏大丰国家级自然保护区、江苏盐城国家级自然保护区、江苏盐城条子泥市级自然保护区、江苏东台高泥湿地保护地块和江苏东台条子泥湿地保护地块。总面积近两千平方千米，遗产地包含多种类型动物上百种。

中国黄海-渤海湾沿岸候鸟栖息地是陆地、淡水、海岸和海洋生态系统及动植物群落演变、发展的生态过程的突出代表，是东亚-大洋洲候鸟类迁徙路线上最重要的自然栖息地。从科学和保护角度看，它是具有突出普遍价值的濒危物种栖息地。中国黄海-渤海湾沿岸候鸟栖息地申遗成功填补了我国滨海湿地类型世界自然遗产的空白，是中国的世界自然遗产从陆地走向海洋的开始。

世界遗产

第三节　我国的文化和自然双重遗产

泰山
Mount Taishan

国家：中国

洲名：亚洲

时间：1987年列入《世界遗产名录》

标准：i，ii，iii，iv，v，vi，vii

属性：文化和自然双重遗产

世界遗产委员会的评价

近两千年来神圣的泰山一直是帝王朝拜的对象，那里的艺术杰作与自然景观完美地融合在一起。泰山一直是中国艺术家和学者的精神源泉，是古代中国文明和信仰的象征。

泰山位于山东省中部，占地面积250平方千米，古时称岱山、岱宗，春秋时改为泰山，称为东岳，有"五岳之首""五岳之长""天下第一山"之称。泰山雄伟挺拔、山势陡峻、山峦叠起、气势非凡，以奇、险、秀、幽、奥、旷的自然景观和遍布的名胜古迹而著称。玉皇顶是泰山的主峰，因峰顶有玉皇庙而得名，海拔1545米。东有观日亭，可观旭日东升。西有观河亭，可远眺黄河。东南平坦处为平顶峰，有"五岳独尊""登峰造极"等大字石刻。

◎ 泰山一天门

泰山地区在太古代经历了剧烈的地壳抬升和沉降，这一地区的前寒武纪片麻岩群是华北地台的基底——泰山杂岩，即太古界泰山群，其绝对年龄为25亿年左右，是我国最古老的地层之一。北部上升幅度小，盖层保存着典型的华北地台上发育的古生代地层。泰山北侧张夏–崮山地区的寒武纪地层是我国北方寒武纪地层标准剖面，含有丰富的海相化石三叶虫，是我国的地层和古生物研究历史最长、最详细的地层剖面之一。

泰山自然资源丰富，植物上千种，植被覆盖率为78%，常绿乔木有银杏、油松、赤松、栓皮栎、侧柏、刺槐、梓树等。泰山一百年以上树龄的古树名木有34个树种，共有1万多株。泰山有动物兽类11种，鸟类140多种，昆虫800多种。

泰山人文历史悠久，文化遗产丰厚，是佛教和道教两教之圣地，也是历代帝王朝拜之山。从秦汉到清代各代帝王，或封禅，或祭祀，绵延不断，并且在泰山上建庙塑神，刻石题字。文人雅士更对泰山仰慕备至，千百年来，纷纷前来游历，作诗记文。泰山宏大的山体上留下了众多的古建筑群和碑碣石刻。

泰山以历史悠久、雄伟壮丽而著称于世，泰山的自然景观和人文景观融为一体，是一座天然的历史和艺术博物馆，被誉为中华民族精神文化的缩影。

黄山
Mount Huangshan

国家：中国

洲名：亚洲

时间：1990年列入《世界遗产名录》

标准：ii，vii，x

属性：文化和自然双重遗产

世界遗产委员会的评价

黄山，在中国历史上文学艺术的鼎盛时期（16世纪中叶的"山水"风格）曾受到广泛的赞誉，以"中国第一奇山"而闻名。今天，它以其同样的魅力吸引着无数的游客、诗人、画家和摄影家来此造访，这里以花岗岩山峰构成的壮观景色和在云海中的奇石而著称。

黄山古称黟山，位于中国安徽省南部，地处黄山市、黟县、休宁、歙县等市县之间，是我国最著名的山岳风景区之一，共有自然景点400余处，区内峰林地貌独特，山体险峻，玲珑巧石，烟云变幻，自然美景千变万化，构成奇、伟、幻、险的奇观。黄山以奇松、怪石、云海、温泉"四绝"闻名中外，号称"天下第一奇山"，素有"五岳归来不看山，黄山归来不看岳"之美誉。景区内奇峰耸立，险峻雄伟，其中莲花峰、天都峰、光明顶三大主峰，海拔均在1800米以上。由于经历了漫长的造山运动和地壳抬升以及冰川的洗礼和自然风化作用，黄山形成气势磅礴的峰林地带，这成为其特有的地质景观。

◎ 迎客松

黄山有丰富的动植物资源，黄山是生物的宝库，这里植物覆盖率达到80%以上，植物种类繁多。属于国家保护的有水杉、银杏等8种，是中国南方的植物资源宝库。黄山还生存着大量的野生动物，脊椎动物300多种，鸟类170种。

黄山不仅自然资源丰富，还具有深厚的文化底蕴。相传古代轩辕黄帝曾在这里修真炼丹，得道升天，747年（唐朝天宝六年），唐玄宗因此亲自下令，改黟山为黄山。黄山的历史文化沉积丰厚，历代遗留的寺庙、亭阁、盘道、古桥和摩崖石刻上百处，散布在名峰秀水之间。黄山以博大的情怀，将各历史时期、各社会阶层的各种文化意识和行为融为一体，在其自然景观与人文景观之间，形成了特定的黄山文化。

峨眉山和乐山大佛

Mount Emei Scenic Area, including Leshan Giant Buddha Scenic Area

国家：中国

洲名：亚洲

时间：1996年列入《世界遗产名录》

标准：iv，vi，x

属性：文化和自然双重遗产

世界遗产委员会的评价

公元1世纪，中国第一座佛教寺院建于四川省峨眉山巅上美丽的环境之中。其他寺庙的增加使这一地区成为佛教的圣地之一。许多世纪以来，文化财富大量积淀，最著名的是乐山大佛，它是8世纪时人们在一座山坡上雕琢出来的，俯瞰着三江汇合处。佛像身高71米，是世界上最大的佛像。峨眉山还以其异常多种多样的植被而著称，从亚热带植被到亚高山针叶林，可谓应有尽有。有些树木的年龄已逾千年。

峨眉山，位于四川省西南部，最高峰海拔3099米，以其秀丽的自然风光和传奇般的佛教圣地而闻名于世。它特殊的地理位置、独特的地质构造，形成了峨眉山海拔高、面积大、景点层次丰富、植物繁茂的特色。峨眉山山脉绵延曲折、千岩万壑、瀑布溪流、奇秀清雅，故有"峨眉天下秀"之美称，身临其境，使人感到超然于尘世之外，身心俱净化澄澈。

佛教传入峨眉山已有2000年历史，峨眉山与五台山、九华山、普陀山并称为中国佛教四大名山。在过去漫长的历史岁月中，峨眉山不仅积累了丰富的佛教文化瑰宝，也遗存了大量珍贵的文物。景区内现存寺庙近30处，其中规模大、历史悠久的主要寺庙十余处，如报国寺、万年寺、仙峰寺等。峨眉山，千百年来以其独具特色的魅力，吸引着无数的文人、学者和僧人前来赋诗作画、述文记游、游山礼佛、说法传经，创造了璀璨的峨眉山文化，闻名海内外。

◎ 峨眉山

◎ 乐山大佛

峨眉山植物种类极为丰富，约3200种植物，约占中国植物物种总数的十分之一，在这些植物中药用植物达1600多种。峨眉山具有世界上最典型、保存最好的亚热带植被类型，具有原始的、完整的亚热带森林垂直带，从低至高由常绿阔叶林、常绿与落叶阔叶混交林、针阔叶混交林、亚高山针叶林形成了完整的森林垂直带谱，构成了峨眉山自然景观的多样性。峨眉山的野生动物丰富，有2300余种。

乐山大佛景区位于乐山市区东南的凌云山，依山开凿而成，始建于公元713年，在公元803年全部完工，历时91年完成。佛像通高71米，为世界最大的佛像。乐山大佛面临岷江、青衣江、大渡河三江汇流处，神情庄严肃穆，气势恢宏。乐山大佛景区内有秦代离堆，汉代尔雅台、麻浩崖墓，唐代佛、塔、寺，还有宋代抗元三龟九顶城、东坡楼，以及明、清建筑群等。人文景观与自然景观融为一体，交相辉映，令人心旷神怡。

武夷山
Mount Wuyi

国家：中国

洲名：亚洲

时间：1999年列入《世界遗产名录》

标准：iii, vi, vii, x

属性：文化和自然双重遗产

世界遗产委员会的评价

武夷山是中国东南部最著名的生物多样性保护区，也是许多古代子遗物种的保护区，其中许多生物为中国所特有。九曲溪两岸峡谷秀美，寺院庙宇众多，但其中许多已成为废墟。这一地区为新儒教的发展和传播提供了环境，自11世纪以来，新儒教一直对东亚的文化产生深远的影响。公元前1世纪时，汉朝统治者在程村附近建立了一处大行政首府。巨

世界遗产

大的围墙环绕着一处极具价值的考古遗址。

武夷山,坐落于福建省西北部,福建和江西两省的交界处,呈东北向西南走向,长约540千米。武夷山自然保护区是我国东南现存面积最大、保留最为完整的中亚热带森林生态系统,区内峰峦林立,原始森林茂密,其景色融雄浑、古朴、隽秀于一体,而且有着极为丰富的生物资源。武夷山以秀水、奇峰、幽谷、险壑等诸多美景,悠久的历史文化和众多的文物古迹而享有盛誉。武夷山区内峰峦叠嶂,高差较大,良好的生态环境和特殊的地理位置,使其成为地理演变过程中许多动植物的"天然避难所",生物物种资源极其丰富。武夷山已知植物有3728种,已知的动物种类有5110种。

◎ 武夷山

武夷山风景的精华在九曲溪,溪水碧清,折复绕山,曲折萦回的九曲溪贯穿于丹崖群峰之间,宛如玉带将三十六峰、九十九岩连为一体,构成"一溪贯群山"的独特自然美景。武夷山中最著名的一些山峰和高插于悬崖峭壁上的神秘悬棺都在九曲溪边。

武夷山不仅山水奇秀迷人,而且历史文化悠久,人文景观丰富。武夷山古越人的架壑船棺、汉代的古城墟、宋代的古瓷窑遗址、元代的御茶园等,使武夷山成为人们访古探奇、寻幽览胜之地。

第四节 我国的文化景观遗产

庐山国家公园
Lushan National Park

国家:中国

洲名:亚洲

时间:1996年列入《世界遗产名录》

标准:ii、iii、iv、vi

属性:文化遗产

世界遗产委员会的评价

江西庐山是中华文明的发祥地之一。这里的佛教和道教庙观与代表理学观念的标志性建筑一起以其独特的方式融汇在美不胜收的自然景色之中,激发了无数艺术家发展中国文化中对自然的美学观点。

庐山位于我国江西省九江市郊，北濒长江，东临鄱阳湖。山体总面积302平方千米。自古代起命名的山峰有171座，最高峰为大汉阳峰，海拔1474米。群峰间散布有许多壑谷、岩洞、瀑布、溪涧，地形地貌复杂多样。庐山风光以"雄、奇、险、秀"闻名于世，素有"匡庐奇秀甲天下"之美誉，众多的奇峰、怪石、壑谷、瀑泉、岩洞等形成了奇特瑰丽的山岳景观，主要有12个景区，含许多景点，主要景点包括五老峰、三叠泉、含鄱口、龙首崖、芦林湖、大天池、花径、锦绣谷、仙人洞、小天池等。"飞流直下三千尺，疑是银河落九天"是唐代诗人李白对庐山瀑布的描写。

庐山早有"神仙之庐"的传说，水气缭绕的万顷江湖，使庐山夏日清凉，雨水充沛，云雾弥漫。庐山处于亚热带季风区，雨量充沛，气候温和宜人，年平均降水量可达1900多毫米，故山中云雾多，千姿百态，变幻无穷。庐山的年平均雾日多达191天，弥漫的云气为庐山平添了许多迷人秀色和神秘色彩。

庐山生物资源丰富，生态系统完整，有野生植物2155种。良好适宜的自然条件，使庐山植被丰富，呈垂直地带性分布。

◎ 芦林一号别墅

◎ 美庐别墅

庐山有独特的第四纪冰川遗迹，有河流、湖泊、坡地、冰川、山峰、溶洞等多种地貌类型。庐山是第四纪强烈上升的断块山，周围断层颇多，形成了多种地貌，表现出极高的地质科学价值。2004年，庐山被列入世界地质公园。

创建于公元940年的庐山白鹿洞书院，曾被誉为"海内书院第一""天下书院之首"，是中国古代教育和理学的中心学府，是我国宋代最高学府之一，宋代著名的理学大师朱熹曾在此讲学。白鹿洞书院历史悠久，以其深远的学术文化底蕴而影响着一代代的学子。

公元386年，佛教名僧慧远在庐山东林寺首创观像念佛的净土法门，这里成为中国南方的佛教中心。庐山也是历代名人和文人墨客游览观赏之地，陶渊明、谢灵运、李白、白

居易、陆游等都曾造访于此。

庐山是闻名中外的避暑胜地，这里还汇集了风格迥异的建筑杰作，至今保存完好的国际别墅群，著名的有美庐别墅、歇尔曼别墅等。庐山还是一座政治名山，中华人民共和国成立后，中共中央在庐山召开了三次重要会议，留下了许多珍贵文物，极具历史价值。

五台山
Mount Wutai

国家：中国

洲名：亚洲

时间：2009年列入《世界遗产名录》

标准：ii，iii，iv，vi

属性：文化遗产

世界遗产委员会的评价

五台山由五座台顶组成，是一处佛教圣山。文化景观多达41处，包括佛光寺的东大殿，为唐代等级最高的木结构建筑，拥有众多真人般大小的泥塑。五台山也以拥有明代殊像寺为特色，寺内有代表佛教故事的五百罗汉雕像，这些场面恰似立体的山水画。总的来说，此遗址的建筑展示了佛教建筑方面的成就，发展和影响了1000多年以来中国的宫殿建筑。按字义，五台山，即五座平台式山峰，是中国北方最高的山峰，它以五座山峰开阔无树、边部险峻而著称。自1世纪到20世纪初寺庙就被建在这一遗址上。

五台山位于山西省东北部，跨五台县、繁峙县、代县、原平市、定襄县，由东、西、南、北、中五大高峰组成：东台海拔2795米，因其东望明霞，如波似海，故称望海峰；南台海拔2485米，因有细草杂花，灿若铺锦，故称锦绣峰；西台海拔2773米，因为月坠峰巅，宛如悬系，故称挂月峰；北台海拔3061米，因为云浮山腰，巅摩斗杓，所以称叶斗峰，是五台山最高峰；中台海拔2895米，因为石翠岩碧，碧霭浮空，所以称翠岩峰，是五台山的中心。五台山气候寒冷，台顶终年有冰，盛夏天气凉爽，故又称清凉山，为避暑胜地。

◎ 五台山

五台山是地球上最早露出水面的升迁陆地之一。它的孕育，可以追溯到26亿年前的太古代。到了震旦纪，又经历了著名的"五台隆起"运动，形成了华北地区最为壮观的山地。第四纪时期，冰川覆盖了五台山，留下了弥足珍贵的冰缘地貌。五台山地层完整丰富，特别是前寒武纪地层，是地质科考的重点地区。五台山由古老的结晶岩构成，北部切割深峻，五峰耸立，峰顶平坦如台，故称五台。五峰之外称台外，五峰之内称台内，台内以台怀镇为中心。

　　台怀镇是寺庙集中分布的地方，是五台山佛事活动和经济活动的中心。五台山与峨眉山、九华山、普陀山共称中国佛教四大名山，居于中国四大佛教名山之首，以浓郁的佛教文化闻名海内外。历史上，印度、尼泊尔、朝鲜、日本、斯里兰卡等国的佛教信徒，来此朝圣求法的甚多。五台山是我国兼有汉地佛教和藏传佛教的佛教道场。每逢盛夏，海内外游人、香客前来游览观光、烧香拜佛，络绎不绝。

　　五台山是中国佛教寺庙建筑建造最早的地方之一，自东汉永平年间起，历代修造的寺庙鳞次栉比，佛塔摩天，殿宇巍峨，金碧辉煌，是中国历代建筑荟萃之地。雕塑、石刻、壁画、书法遍及各寺，均具有很高的艺术价值。唐代全盛时期，五台山共有寺庙数百座，经历几次变迁，寺庙建筑遭到破坏。目前，台内外尚有寺庙数十座，其中南禅寺和佛光寺是中国现存最早的两座木结构建筑。显通寺、塔院寺、菩萨顶、殊像寺、罗睺寺被列为"五台山五大禅寺"。 五台山著名的寺院还有碧山寺、金阁寺、广宗寺、广仁寺、黛螺顶、南山寺、龙泉寺、岩山寺、圆照寺等。

◎ 菩萨顶灵峰圣境横匾

◎ 菩萨顶

杭州西湖文化景观
West Lake Cultural Landscape of Hangzhou

国家：中国

洲名：亚洲

时间：2011年列入《世界遗产名录》

标准：ii，iii，vi

属性：文化遗产

世界遗产委员会的评价

杭州西湖文化景观由西湖及其三面环绕的山峰组成。自9世纪以来，西湖的湖光山色激发了无数著名诗人、学者、艺术家创作的灵感。景区内遍布庙宇、宝塔、亭台、园林，其间点缀着奇花异木、岸堤岛屿，为江南的杭州城增添了无限美景。数百年来，西湖对中国其他地区乃至日本和韩国的园林设计都产生了影响，在景观营造的文化传统中，西湖是对"天人合一"这一理想境界的最佳阐释。

西湖位于浙江省杭州市，杭州西湖风景区以西湖为中心，分为湖滨区、湖心区、北山区、南山区和钱塘区。西湖的美在于晴中见潋滟，雨中显空蒙。无论雨雪晴阴，在落霞、烟雾下都能成景，在春花、秋月、夏荷、冬雪中各具美态，被誉为"人间天堂"。

西湖不但有山水秀丽之美，林壑幽深之胜，而且还有丰富的文物古迹、优美动人的神话传说，自然、人文、历史、艺术，巧妙地融合在一起。

◎ 杭州西湖

红河哈尼梯田文化景观
Cultural Landscape of Honghe Hani Rice Terraces

国家：中国

洲名：亚洲

时间：2013年列入《世界遗产名录》

标准：iii，v

属性：文化遗产

世界遗产委员会的评价

红河哈尼梯田文化景观位于云南省南部，面积166.03平方千米，以从高耸的哀牢山沿着斜坡顺延到红河沿岸的壮丽梯田而著称。在过去的1300多年间，哈尼族人发明了复杂的沟渠系统，将森林山顶的水送至各级梯田。他们还创造出一个完整的农作体系，包含水牛、黄牛、鸭、鱼类和鳝类，并且支持了当地主要的农作物红米的生产。当地居民崇拜日、月、山、河、森林以及其他包括火在内的自然现象。他们居住在分布于山顶森林和梯田之间的82个村寨里，这些村寨以传统的茅草"蘑菇房"为特色。水稻梯田的弹性土地管理系统建立在长期以来形成的独特社会经济和宗教结构的基础上，体现出人与环境在视觉和生态上的高度和谐。

红河哈尼梯田文化景观位于云南省红河哈尼族彝族自治州的哀牢山。云南省多山，也多梯田。哈尼梯田至今有1300多年的历史，规模宏大，分布于云南南部，其中元阳县哀牢山是哈尼梯田的核心区，当地的梯田修筑在山坡上，梯田如等高线般从海拔2000米的山巅一路蜿蜒至山脚下，级数最多处有3700多级，景观壮丽。梯田集中连片的核心区域主要有坝达、多依树、老虎嘴三个片区，82个自然村，包括了最具代表性的集中连片分布的水稻梯田及其所依存的水源林、灌溉系统、民族村寨。

红河哈尼梯田，是以当地哈尼族为主的各族人民利用"一山分四季，十里不同天""山有多高，水有多高"的特殊地理气候开垦共创的梯田农耕文明奇观。哈尼梯田呈现森林—村寨—梯田—水系"四素同构"的农业生态系统，农耕生产技术和传统文化活动均围绕梯田展开。他们依据不同的山势、土质修堤筑埂，把终年不断的山泉溪流，通过小水渠引入梯田。每到初春，形状各异的大小梯田灌满了泉水，在明媚的阳光下，山风轻拂，波光粼粼；三四月间，层层梯田青翠欲滴，状如一块块翠绿地毯；夏末秋初，稻谷成熟，又是一片金黄，就像一幅幅如梦如幻、美丽无比的中国水墨画，堪称世界奇观。

森林下面是哈尼族的村庄，里面全是哈尼族特有的建筑"蘑菇房"。这种由夯土、砖坯和石块建成的土房，屋顶覆盖着伞状的茅草。"蘑菇房"一般有三层——最下面一层是牲口圈，中间一层居住，最顶层用于储藏粮食。

红河哈尼梯田也被当代人誉为"伟大的大地雕刻"，因天气和水中植物不同更是会呈现出不同的色彩，构成了千奇百态、变幻莫测的梯田奇观。

左江花山岩画艺术文化景观
Zuojiang Huashan Rock Art Cultural Landscape

国家：中国

洲名：亚洲

时间：2016年列入《世界遗产名录》

世界遗产

标准：iii，vi

属性：文化遗产

世界遗产委员会的评价

左江花山岩画位于中国西南边陲地区的陡峭岩壁上，这38处岩画展现的是骆越族人生活和宗教仪式的场景，这些岩画的绘制年代可追溯至公元前5世纪至公元2世纪。岩画与其依存的喀斯特地貌、河流和台地一起，使人得以一窥过去在中国南方盛行一时的青铜鼓文化仪式的原貌。这一文化景观如今是这种文化曾经存在的唯一见证。

左江花山岩画艺术文化景观位于广西壮族自治区崇左市内，由岩画密集分布的、最具代表性的三个文化景观区域组成，目前，共发现岩画79个点（共178处，280组）。

公元前5世纪至公元2世纪之间的700年间，生息繁衍于此的骆越人选择大江转弯处陡峭崖壁的高处绘制岩画，巨大的赭红色岩画记录了约2000年前的祭祀场景，与山崖、河流、台地共同构成了神秘而震撼的文化景观。左江花山岩画艺术文化景观以一系列以岩画为核心而精心建构的、服务于祭祀仪式的文化景观单元和其独特的"蹲式人形"为基础符号的图像表达系统，见证了当地先民的精神世界和社会发展面貌，反映了该区域由舞蹈祭祀仪式、岩画绘制活动彼此交融而形成的极其繁荣、富有活力的祭祀传统，以及人类与自然沟通的独特方式。

花山岩画是左江流域岩画群的代表，也是目前为止中国发现的单体最大、内容最丰富、保存最完好的一处岩画。岩画以人像构成主体，人像一般有正面、侧身两种形式，均裸体跣足，为举手曲膝的半蹲姿势，辅以马、狗、铜鼓、刀、剑、钟、船、道路、太阳等图像；每一组正中或上方位置者大多是腰挂刀剑、头上有兽形装饰、配有坐骑的数米高巨人，威风凛凛地俯视着击鼓弄乐、纵舞狂欢的人群，应该是部族首领或活动的指挥者。这些岩画构图与人物造型勾画出一幅幅内容丰富，意境深沉的画面，真实地反映了已经消逝久远的骆越社会活动情景。

无论从文化人类学、民族历史学，还是从绘画文艺创作、艺术技巧来看，花山岩画都有杰出的价值。其地点分布之广、作画难度之大、画面之雄伟壮观，为国内外罕见，具有很强的艺术内涵和重要的考古科研价值。

思考与练习

1. 简述我国的世界遗产数量、类别及分布特征。
2. 我国的世界文化遗产有哪些？它们的各自特点是什么？
3. 我国的世界自然遗产有哪些？它们的各自特点是什么？
4. 简述我国的文化和自然双重遗产的特征。
5. 简述我国的文化景观遗产的特征。
6. 试述我国世界遗产的保护现状。

第三章 文化遗产

作为文化遗产的世界遗产反映出文化多元性，体现在风格各异的历史名城、建筑群、文物、名胜古迹、考古遗址等方面。这些优秀的世界文化遗产具有艺术创新、科学发现和技术发明的重要价值，是人类智慧的结晶。

截至2019年第43届世界遗产大会，世界遗产委员会公布的全世界文化遗产共有869项。

第一节 文化遗产的定义和分类

1. 文化遗产的定义

文化遗产是指具有突出的历史学、考古学、美学、科学、人类学、艺术价值的文物、建筑物、遗址等。

2. 文化遗产的分类

根据文化遗产的定义和标准，本书按其功能分为下列主要类型：

(1) 历史城市；
(2) 现代都市；
(3) 乡村聚落；
(4) 皇宫和王宫；
(5) 广场；
(6) 园林；
(7) 皇家陵寝；
(8) 防御工事；
(9) 古人类遗址；
(10) 考古遗址；
(11) 农业景观；
(12) 水利工程；

(13) 铁路运输；

(14) 历史建筑；

(15) 石窟和岩画；

(16) 其他。

第二节　文化遗产分述

一、历史城市

城市是现代文明的标志，是一个国家或一个地区政治、经济、文化、科技和教育的中心，是物质财富、精神财富最为集中之地，在人类文明发展史上占有十分重要的地位。城市是人类创造的一种文化景观，具有丰富的文化内涵。当今世界上，许多著名城市在现代化建设中，都采取严格措施保护历史文化遗产，从而使城市现代化建设与历史文化遗产浑然一体、交相辉映，既显示现代文明的崭新风貌，又保留历史文化的奇光异彩。在《世界遗产名录》中，被列入的世界历史名城和名镇类世界遗产有100多项。本部分重点介绍其中的20项。

巴黎塞纳河畔

Paris，Banks of the Seine

国家：法国

洲名：欧洲

时间：1991年列入《世界遗产名录》

标准：i，ii，iv

属性：文化遗产

世界遗产委员会的评价

从罗浮宫到埃菲尔铁塔，从协和广场到大、小宫殿，巴黎的发展和它的历史从塞纳河就可以得到见证。当奥斯曼的宽阔广场和林荫大道影响着19世纪晚期和20世纪全世界城镇规划的时候，巴黎圣母院和圣礼拜堂就已成为建筑中的杰作。

巴黎是法国的首都，是法国政治、经济和文化的中心。巴黎是一个生机勃勃、充满活力的都市，是世界上最美丽、最浪漫和最有魅力的城市之一。巴黎是一个艺术之城、时尚之都，是古典高雅与现代时尚完美的结晶。巴黎有2000多年的悠久历史，自法兰克王国定都于此后，便成为历代王朝都城和历届共和国首都。巴黎位于风光秀丽的塞纳河两岸，一向以美丽而著称，有"梦幻之都"之美誉。在20世纪初期，巴黎即被公认为世界的现代艺术中心，也是人类近代文化的摇篮，养育和造就了许许多多的文学家和艺术家。

巴黎既有数以百计的博物馆和美术馆、美丽的园林、富丽堂皇的歌剧院、古朴典雅的街区，又有许许多多的豪华百货商店、时髦的时装店、通宵达旦的夜总会以及遍布全城的咖啡馆和酒吧。巴黎拥有的罗浮宫是世界上最伟大的博物馆之一，香榭丽舍大街被视为世界上最美丽的林荫大道之一，位于夏尔·戴高乐广场的凯旋门是欧洲最大的凯旋门，世界著名建筑物埃菲尔铁塔是巴黎的象征。整个巴黎，不仅自然景色优美宜人，而且到处都散发着浓郁的艺术气息。

塞纳河：塞纳河是法国最大的河流之一，静静地流过巴黎市区。它像一条玉带东西横贯巴黎市中心，穿过法兰西岛、诺曼底地区，注入拉芒什海峡（英吉利海峡），在巴黎的诞生和发展中起着重要的作用。因此，塞纳河堪称巴黎的生命线。塞纳河两岸风光秀丽，建筑物鳞次栉比，巴黎城市的主要名胜古迹大都集中在塞纳河的沿岸，乘船游览塞纳河，巴黎圣母院、罗浮宫、埃菲尔铁塔、奥塞博物馆等名胜都可以尽收眼底。塞纳河上架有30多座桥，桥桥有名。这些桥均有着各自的历史，桥的规模及建筑风格也迥然不同，许多桥的命名是与历史上的重大事件有关，也有一些桥的名字取之于著名人物。塞纳河将巴黎分成两半，南北之间只有靠桥梁沟通，桥在巴黎人生活中的重要作用便显而易见。最著名的桥是亚历山大三世桥，大桥建于1896年至1900年，长107米，宽40米，大桥将两岸的大宫殿与荣军院广场连接起来，大桥两端入口处的立柱上分别有象征塞纳河和涅瓦河的寓意性装饰物。

◎ 塞纳河

巴黎圣母院：巴黎圣母院位于塞纳河中心的西堤岛上，是巴黎最负盛誉的名胜之一，也是最著名的中世纪哥特式大教堂。巴黎圣母院建于1163年，由教皇亚历山大三世和法国国王路易七世共同组织奠基。1182年，巴黎圣母院基本功能大致成型，但直到1345年整个工程才最后竣工。巴黎圣母院是世界上哥特式建筑中庄严、完美、富丽堂皇的典型代表，

○ 巴黎圣母院

建筑风格庄严和谐，内部有许多关于《圣经》故事的雕塑和绘画，给人以一种神秘莫测的感觉。巴黎圣母院前是一个广场，塞纳河在附近一侧穿过，古典风格的建筑物与周边的绿树和河流融为一体。雨果笔下的小说《巴黎圣母院》中描写的美丽的吉卜赛女郎爱斯梅拉达和善良的"钟楼怪人"卡西莫多的故事就是以巴黎圣母院为主线展开的。巴黎圣母院于2019年4月15日突发大火，建筑结构得到挽救，但标志性的尖顶倒塌，教堂顶部也大部分被焚毁，将要进入漫长的修建过程。

罗浮宫：罗浮宫曾是法国最大的王宫，位于巴黎市中心塞纳河北岸，是一座呈U字形的宏伟辉煌的宫殿建筑群。罗浮宫后辟为国立美术馆，接着以罗浮宫博物馆的形式正式向公众开放。从此，罗浮宫成了艺术品的荟萃之地，通过各种途径收集了来自全世界的各种艺术珍品。经过近一个世纪的收集和积累，罗浮宫成为世界上规模最大和藏品最丰富的艺术博物馆，向人们展示着人类无比辉煌的艺术成就和无限伟大的创造精神。罗浮宫的镇馆三宝是《蒙娜丽莎》《维纳斯》和《胜利女神》。罗浮宫的出入口在拿破仑广场，是一座玻璃金字塔。这座由美籍华裔建筑师贝聿铭设计的金字塔的西侧底部大门是罗浮宫的主要出入口，而东、南、北三面各立一座5米高的小金字塔，分别指示三条通往主要展馆的地下通道。罗浮宫里的展品，如油画、雕塑、陶瓷、出土文物等令人目不暇接，赞叹不已。罗浮宫之大，藏品之多，堪称世界之最。

埃菲尔铁塔：埃菲尔铁塔建于1887—1889年，位于巴黎市中心塞纳河南岸，是世界上第一座钢铁结构的高塔，分三层，被视为巴黎的象征。埃菲尔铁塔因法国建筑师古斯塔夫·埃菲尔设计建造而得名。

凯旋门：凯旋门坐落在巴黎市中心夏尔·戴高乐广场（也称星形广场）的中央，是法国为纪念拿破仑1805年12月在奥斯特里茨战役中打败俄国、奥地利联军而建立的。工程由建筑师夏格朗设计，1806年8月奠基，历时30个寒暑，于1836年7月落成。凯旋门高49.54米，宽44.82米，厚22.21米。门面上雕刻着四幅巨大的浮雕。中心拱门宽14.6米，凯旋门四面有门，门内刻有跟随拿破仑远征的386名将军的名字，门上刻有1792年至1815年间的法国战事史。在凯旋门的正下方，是1920年11月11日建造的无名战士墓，墓是平的，地上嵌着红色的墓志铭为"这里安息的是为国牺牲的法国军人"。

香榭丽舍大街：香榭丽舍大街是巴黎最引人注目的风景线，大街向西直通雄伟庄严的凯旋门，周围是夏尔·戴高乐广场，广场的四周有12条大街呈辐射状向四周伸展开去，形成了一个名副其实的"中心"。香榭丽舍大街东起协和广场，向西至夏尔·戴高乐广场，是巴黎最具特色、最繁华的街道。在法文中"香榭丽舍"是"田园乐土"的意思。大街分成风格迥异的东西两段，幽静的东段体现了田园风光，长约700米，一排排挺拔苍翠的梧桐树分布在街道两旁，西段长1100多米，是巴黎最繁华的街道。香榭丽舍大街是法国魅力的象征。

协和广场：协和广场是巴黎最大的广场，位于巴黎市中心，是法国最著名的广场，也是世界上最美丽的广场之一。广场始建于1757年，是根据著名建筑师卡布里埃尔的设计而建造的。广场中央矗立着一尊23米高、有着3400多年历史的埃及方尖碑，石碑两侧各有一座喷水池。广场四周放置了八座雕像，分别象征着八座在法国历史上起过重要作用的城市，即里昂、马赛、波尔多、南特、鲁昂、布勒斯特、里尔和斯特拉斯堡。

先贤祠：Panthéon，希腊语的意思是万神殿。先贤祠建于18世纪，是埋葬伟人的地方，正面上方人字形山墙上有一段著名的铭文："伟人们，祖国感谢你们！"如今，在地下的墓葬区中，有雨果、卢梭、伏尔泰、左拉、居里夫人等人的墓，他们都为法国做出了巨大的贡献。庄严肃穆的先贤祠，不仅是一座伟人的丰碑，也是法国精神的殿堂。

荣军院：荣军院是由太阳王路易十四下令兴建的，始建于1671年，完成于1676年。这组建筑群是17世纪古典建筑的杰出代表，其中的圆顶教堂现为拿破仑的陵寝，在教堂穹顶的正下方，他的骨灰于1840年下葬在此。位于荣军院光荣宫两侧的军事博物馆是世界上最大的军事博物馆。

巴士底广场：巴士底广场位于巴黎东部，坐落于塞纳河的南岸。巴士底狱曾位于这一带，成为法国封建专制统治的象征。这座监狱于1789年7月14日被巴黎人民攻破，并被拆毁。1791年，巴黎人民把这里改建成巴士底广场。1830年，法国人民又在广场中心建立起一座纪念"七月革命"的烈士碑。这座烈士碑碑身是用青铜铸成的圆柱体，人称"七月圆柱"。这座烈士碑矗立在广场中央，圆柱顶端是一尊右手高举火炬的"自由之神"像，左手提着被砸断的锁链象征着获得了自由。"自由之神"张开双翼，仿佛在高高的蓝天白云中展翅飞翔。1880年6月，法国将7月14日巴黎人民攻占巴士底狱这一天定为法国国庆日。

蒙马特区和圣心大教堂：蒙马特区曾聚集了许多诗人和画家。著名画家凡·高曾描绘过这里，毕加索也曾在这里居住过，然而这一切都成为了历史，现在在蒙马特区所看到的只是一些街头画家和民间艺人。圣心大教堂是一座浅白色的拜占庭式的教堂，三个圆顶穹窿在阳光下熠熠生辉，璀璨夺目。

大拱门（新凯旋门）：位于拉·德芳斯，新凯旋门1989年落成，由两座高105米的塔组成，顶端由一桥状楣相连，整座建筑用大理石和玻璃覆面，门洞里悬挂了一张叫作云的巨大天幕，有电梯供游人登顶观景。新凯旋门广场有一个漂亮的喷泉，广场的两侧耸立着许多高层现代化建筑物。

此外，巴黎还有许多名胜，如大宫殿、小宫殿、索邦大学、卢森堡公园、维克多·雨果故居、罗丹博物馆、蓬皮杜国家文化艺术中心等。

罗马历史中心、城内罗马教廷管辖区和圣保罗教区
Historic Centre of Rome，the Properties of the Holy See in that City Enjoying Extraterritorial Rights and San Paolo Fuori le Mura

国家：意大利与梵蒂冈共有

洲名：欧洲

时间：1980年列入《世界遗产名录》，1990年扩展

标准：i，ii，iii，iv，vi

属性：文化遗产

世界遗产委员会的评价

据传说，罗马是由罗慕路斯和雷慕斯建于公元前753年，先是罗马共和国最早的中心，后成为古罗马帝国的都城，至公元4世纪，继而又成了基督教世界的首都。1990年，该世界遗产扩展到城八区的城墙，包括一些主要的古迹，例如古罗马广场、奥古斯都陵墓、哈德良陵墓、万神殿、图拉真柱、马可·奥里利乌斯柱以及罗马天主教的一些宗教和公共建筑物。

意大利首都罗马，是全国政治和文化中心，也是世界著名的历史和文化名城。它位于意大利半岛的中南部西侧，台伯河下游的丘陵平原上。罗马不是一天建成的，罗马城最初建在景色秀丽的七座山丘之上，故称为"七丘之城"。罗慕路斯和雷慕斯于公元前753年4月21日建造了城市，命名为"罗马"，罗慕路斯成为罗马第一位国王。罗马城是古罗马帝国的发祥地和首都，从古罗马时代繁荣至今已有2700多年的悠久历史，留下了许许多多的名胜古迹。在古代，它先是罗马共和国的首都，历时近500年，接着又戴上了罗马帝国的首都荣冠达503年，在中世纪，它作为教皇国首都长达11个世纪，紧接着它又成为意大利王国统一后的首都。罗马还是一座艺术宝库、文化名城，古城就像露天博物馆，记录着罗马的光辉历史。罗马遍布着

◎ 罗马

文艺复兴时期的精美建筑和艺术精品，有宏伟的宫殿、教堂、博物馆、大理石雕像和喷泉等。罗马这座"永恒之城"，每一座矗立的千年建筑、废墟遗址都记录着深远浩大的历史，都是艺术巨匠的大手笔。

古罗马斗兽场：古罗马斗兽场又称古罗马竞技场，是古罗马帝国的象征。它是由弗拉维安王朝的三个皇帝建造，始建于公元72年，距今已有约2000年的历史。它正式的名字叫弗拉维安竞技场。从外观看，这座环形的大斗兽场由三层环形拱廊和最高一层的顶阁组成。角斗表演分为三种，即兽与兽斗、兽与人斗、人与人斗。角斗的双方必须进行生死

◎ 古罗马斗兽场内景

决斗，直至一方取胜为止。败者的性命操纵在看台上寻欢作乐的贵族们手中。他们用这种比赛来杀死奴隶、驱除异教和罪犯。一直到公元5世纪时，角斗表演中才禁止人斗，后来动物之间的相互残杀也被禁止。

古罗马广场：古罗马广场位于斗兽场和威尼斯广场之间的开阔的洼地。这里曾是罗马帝国政治、经济、文化和宗教的活动中心。在古罗马遗址中有着许许多多的建于12世纪的宏伟建筑的残骸。从这些千姿百态的遗迹上可以看出当年罗马城的兴盛与繁荣。遗址群中包括元老院、阿埃米利亚长方形会议堂、朱利亚长方形会议堂、塞维鲁拱门、提图斯拱门、讲坛、福卡圆柱、萨杜恩农神庙、罗马神庙、韦奈尔神庙、维斯太神庙等古建筑残骸。这些断壁残垣在夕阳下显得金光灿灿，如同一座座历史的丰碑。

威尼斯广场：坐落于帝国大道西侧的威尼斯广场是罗马举行一切国民活动的中心场地。广场上的一座由白色大理石砌筑的高大雄伟建筑物，是为纪念意大利统一后的第一位国王维克托·伊曼纽尔二世而兴建的，它是意大利独立和统一的象征。威尼斯广场附近不仅有众多的名胜古迹，而且也是罗马重要的交通枢纽，是多条主要街道的交会点。

纳沃纳广场：纳沃纳广场位于罗马历史中心区，广场上的喷泉雕塑，是一些充满阳刚之美的男性裸体雕塑和四溢的喷泉。广场上建有3座喷泉，中间的四河喷泉是乔瓦尼·洛伦佐·贝尔尼尼将世界四大河流拟人化后建造的巴洛克式雕塑，喷泉中的四座巨大的石像分别代表了当时闻名于世的四大河，即恒河、拉普拉特河、多瑙河和尼罗河。南面的穆尔人喷泉也是由乔瓦尼·洛伦佐·贝尔尼尼建。北边是尼普顿喷泉，由德拉·波尔塔建。

万神殿：万神殿建于公元前27—前25年，最早是一座异教神庙，后来成为一座基督教教堂。万神殿由矩形门廊和圆形大殿构成。巨大的圆形穹顶堪称建筑史上的奇迹，穹

顶中央为一天窗。殿堂内显得十分神秘和静谧，殿堂内有著名画家拉斐尔和两位意大利国王的墓。万神殿外面的喷泉建于1578年。矗立在喷泉上的方尖碑是由主教克莱门特十一世主持建造的。万神殿是罗马时代的建筑物中保存得最好的，被认为是完美的罗马式建筑。

西班牙广场：西班牙广场有多达138级的石阶，称为"三位一体山石阶"。台阶前有小舟喷泉，泉水从船形喷泉的前后和西侧的喷嘴中潺潺流出。这座喷泉出自彼得罗·贝尔尼尼之手，由教皇乌尔班八世于17世纪20年代批准修建。广场石阶上部中央矗立着一座高高的方尖石碑，石阶最上部的高大建筑物是圣三一教堂。西班牙广场因17世纪西班牙驻梵蒂冈大使馆坐落于此而得名。300多年以来，这里一直是罗马旅游的中心。西班牙广场位于罗马繁华的市中心，这一带车水马龙，热闹非凡，有许多有名的高级商店、古董店、博物馆、书店和咖啡馆。一些名人也曾在这一带居住过，雪莱曾住在西斯提纳路与科尔大街，歌德曾住在科尔大街20号，济慈和雪莱纪念馆就在西班牙广场26号。

特莱维喷泉：在罗马大大小小上千种喷泉中，最有特色的要数特莱维喷泉。这个地处特莱维广场上的喷泉建于1762年，是由一组雕塑和数支喷涌而出的水柱组成的。雕塑表现的是海神得胜的主题，半裸的海神威武地踏在巨大的贝壳上，海神背后两侧站着象征富足和安乐的女神，海神前面两个勇敢的人鱼为海神驾着两匹长着翅膀的烈马，他们正自豪地通过凯旋门。

圣天使城堡：圣天使城堡在台伯河的西岸，是一个宏伟的建筑。在139年，它曾先后被用来作为陵墓、军事堡垒、监狱、教皇避难所和兵营，现在这里成了博物馆。圣天使城堡前的台伯河上的圣天使桥建于2世纪。

罗马其他名胜古迹和博物馆还有君士坦丁凯旋门、真理之口、罗马国家博物馆、巴尔贝里尼宫、诺沃宫、孔塞维特里宫等。

◎ 圣天使城堡

佛罗伦萨历史中心
Historic Centre of Florence

国家：意大利

洲名：欧洲

时间：1982年列入《世界遗产名录》

标准：i，ii，iii，iv，vi

属性：文化遗产

世界遗产委员会的评价

佛罗伦萨建立在古伊特拉斯坎的遗址上，是文艺复兴的象征，在15世纪和16世纪的美第奇时代，其经济和文化发展空前繁盛。首先从它13世纪的大教堂（花之圣母大教堂）、圣克罗切教堂、乌菲奇美术馆和皮蒂宫中就可以看到佛罗伦萨那600年来非凡的艺术创造力，还包括乔托、布鲁内莱斯基、博蒂切利和米开朗琪罗等一些大师们的杰作。

佛罗伦萨位于意大利中部的托斯卡纳区，阿尔诺河畔，有着悠久的历史，是文艺复兴的发祥地。早期的文艺复兴是以佛罗伦萨为中心的。早在欧洲中世纪早期，佛罗伦萨就成为一个独立的城市国家，纺织、印染和金融业发达。13世纪，佛罗伦萨处于共和国政府的统治之下。到了14世纪，佛罗伦萨为从事银行业的家族——美第奇家族所控制。14世纪末，佛罗伦萨由12世纪的一个小镇发展成为贸易和金融中心。以美第奇为代表的一些家族对艺术的投资和推崇，为佛罗伦萨的文艺复兴运动起到了推波助澜的作用，使这座城市成为意大利文艺复兴的摇篮。

◎ 佛罗伦萨

这座城市有许许多多的美术馆、博物馆、教堂，其中珍藏着文艺复兴时期丰富的绘画、雕塑等艺术珍品。这座城市造就了意大利文艺复兴的鼎盛时期艺术史上一些杰出的艺术大师，如达·芬奇、米开朗琪罗、拉斐尔、提香等。

乌菲奇美术馆：这座建筑物始建于1560年，曾是美第奇家族办公的地方，藏品主要是油画、雕塑、陶瓷等。其中文艺复兴时期的艺术佳作有博蒂切利的名画《维纳斯的诞生》和《春》、拉斐尔的《金丝雀圣母》、提香的《乌尔比诺的维纳斯》、米开朗琪罗的《神圣家族》等，意大利艺术精华荟萃于此。这里拥有世界上文艺复兴时期优秀的绘画收藏品，此外还包括意大利中世纪早期、巴洛克时代的绘画作品。

大教堂广场是佛罗伦萨的宗教中心，这里有富丽堂皇的大教堂、洗礼堂和乔托钟楼等，构成了一组蔚为壮观的建筑群。

大教堂：大教堂又名花之圣母大教堂，是一座由白色、粉红色、绿色的大理石按几何图案装饰起来的美丽的大教堂。大教堂顶部巨大的圆屋顶（穹顶）由布鲁内莱斯基设计，被认为是中世纪建筑的杰作。进入大教堂后，人们可以攀登上百级台阶到达顶部，尽情领略佛罗伦萨市区和周围乡村的美景。

洗礼堂： 位于大教堂旁边的八角形建筑是佛罗伦萨最古老的建筑之一。它是在1世纪罗马建筑的遗址上建造起来的，建于11世纪。洗礼堂最具特色的是三扇青铜门，其中最著名的是由洛伦佐·吉贝尔蒂设计的东门，被米开朗琪罗称为"天堂之门"。

乔托钟楼： 高84.7米，是一座展现在世人面前精美绝伦的钟楼。

圣克罗切教堂： 在这座规模宏大的教堂里不仅可以欣赏到乔托等人的壁画，还可以看到许多名人墓，如米开朗琪罗墓、伽利略墓、基诺·巴西亚尼墓等。此外，在这里还有但丁纪念碑。这里幽静而庄严，是佛罗伦萨人的精神殿堂。

学院美术馆： 学院美术馆收藏有米开朗琪罗雕塑作品《大卫》，它是文艺复兴时期最著名的雕像。这尊雕像是米开朗琪罗在一整块的大理石上雕刻而成。《大卫》这尊充满阳刚之美的人体造型雕像，象征着力量和美，是大自然最本质力量的化身，充分体现出文艺复兴时期的人文主义思想。此外，美术馆还收藏有米开朗琪罗等人的其他艺术作品。

韦奇奥宫： 韦奇奥宫由建筑师阿诺尔福·迪坎比奥设计，塔楼高达94米，是过去佛罗伦萨共和国的办公大楼，入口处装饰着带有佛罗伦萨城徽的狮子像。这座哥特式的建筑是被作为堡垒而设计的，当时佛罗伦萨市最重要的历史和政治事件通常在韦奇奥宫前面的西格诺里亚广场举行。

皮蒂宫： 皮蒂宫是一座巨大的城堡式的宫殿，宫殿内有帕拉蒂纳美术馆、现代美术馆、银制品博物馆等。美术馆收藏有拉斐尔、提香等艺术大师的作品。皮蒂宫后面是波波利花园，建于16世纪，以规则的几何圆形布局，是文艺复兴式花园风格的代表。

韦奇奥桥（老桥）： 它是佛罗伦萨最古老的桥，在罗马时代就已经存在，后来此桥曾被洪水冲垮，几经重建。今天我们所看到的具有三个拱形桥孔的桥是1345年重建的，风采依旧，是佛罗伦萨著名的景观之一。相传，意大利伟大诗人但丁就是在这座老桥上与他心爱的女子贝雅特丽齐相遇的。

但丁故居： 但丁于1265年出生在佛罗伦萨，是意大利伟大诗人、文学巨匠和文艺复兴的先驱。在但丁的一生中，他曾积极地投身于佛罗伦萨的政治活动，担任过公职，因为反对教皇及其在佛罗伦萨的追随者，被判终生放逐。此后，但丁虽然多次努力想重返故里，但都没有成功。1321年，但丁去世。辛酸的流亡生活使他扩大了视野，增长了阅历，丰富了经验。但丁的重要作品几乎全部是在流亡期间写成的，其中以《神曲》最为著名。《神曲》是他的代表作，也是世界文学史上最为重要的文学作品之一。《神曲》中既描写了人世的黑暗现实，也描写了对未来的美好憧憬。

佛罗伦萨其他一些景点还有美第奇·里卡尔迪宫、圣马可博物馆、巴尔杰洛国立博物馆、圣洛伦佐教堂、米开朗琪罗广场等。

威尼斯及其潟湖
Venice and its Lagoon

国家：意大利

洲名：欧洲

时间：1987年列入《世界遗产名录》

标准：i, ii, iii, iv, v, vi

属性：文化遗产

世界遗产委员会的评价

威尼斯始建于5世纪，由118个小岛组成，10世纪成为当时一个主要的航运枢纽。整座城市就是非凡的建筑杰作，甚至最小的建筑物也会有一些世界最伟大的艺术家（如乔尔乔涅、提香、丁托列托、韦罗内塞等）的作品。

威尼斯位于亚得里亚海深入内陆的一个潟湖中，是一座完全建在水上的美丽城市，也是一座历史名城。这座城市有100多座小岛，被上百条运河所环绕，有数百座桥。威尼斯城始建于5世纪，到了9世纪，威尼斯共和国成立，威尼斯城作为首都。到了10世纪，这座城市已经开始与东方和其他地区建立了贸易往来。13世纪，威尼斯共和国一直扩大其势力范围，成为海上强国。到15世纪，威尼斯进入全盛时期，成为重要的商业中心。1797年，威尼斯共和国解体。1866年，威尼斯和意大利实现统一，从此成为意大利的一个地区。

威尼斯是世界上唯一没有汽车的城市，河道和街巷纵横交织在一起，就像一张巨大的网。夜晚时，夜幕下的古老教堂、幽静的庭院、静谧的河流显得神秘莫测。威尼斯，这座历史文化名城，每年吸引成千上万来自世界各地的游人。古老的建筑、超凡绝伦的雕塑、大大小小的岛屿、曲折蜿蜒的水道、一座又一座的小桥、河上穿梭着的轻舟"贡多拉"，让游人流连忘返。

◎ 大运河

大运河是这座城市最重要的水上通道，各种船只川流不息，波光粼粼，美不胜收。大运河两岸宫殿林立，风格各异，有哥特式、拜占庭式、文艺复兴式和巴洛克式的建筑。传统的赛船项目是大运河上每年都举行的几次重大庆典之一。

威尼斯是一座世界闻名的文化和艺术名城，拥有教堂、修道院、宫殿、钟楼、美术馆、博物馆等400多处，见证了文艺复兴最后的辉煌岁月。文艺复兴时期，威尼斯继佛罗伦萨和罗马之后成为第三个中心。乔尔乔涅、提香、丁托列托、韦罗内塞等绘画大师的作品让威尼斯名扬天下。1932年，威尼斯创办了世界上第一个国际电影节，每年8月底和9月初在威尼斯利多岛上举行国际性电影盛会，届时来自世界各国的电影明星、导演、影迷们云集利多岛，盛况空前。

公元9世纪，威尼斯人在威尼斯建立了以圣马可名字命名的广场和教堂，这就是闻名遐迩的圣马可广场和圣马可教堂。

◎圣马可广场

圣马可广场：圣马可广场是威尼斯政治、宗教和传统节日的公共活动中心。威尼斯的伟大建筑几乎全部集中在这一带，如圣马可教堂、圣索维诺图书馆、钟楼、钟塔、总督府等。这些古朴典雅的建筑，将气势宏伟的广场衬托得格外美丽。圣马可广场的美丽曾让拿破仑也为之感慨，被拿破仑称作是"世界上最美丽的客厅"。广场边的码头称为圣马可小广场，在小广场上矗立着两根12世纪的大圆柱，圆柱分别饰以雕像，一根圆柱上面的雕像是威尼斯的城徽——飞狮，另一根圆柱上面的雕像是威尼斯守护神——狄奥多尔。

圣马可教堂：圣马可教堂是典型的拜占庭风格建筑，平面呈希腊正十字形，上覆五个拜占庭式的圆顶。这座富丽堂皇的教堂有五个入口，门上装饰着华丽的镶嵌图案。建筑物顶部建有东方式与哥特式尖塔、各种大理石雕像、浮雕和花饰。中间大门的穹顶阳台上耸立着手持《马可福音》的圣马可雕像，六尊飞翔的天使簇拥在雕像之下。教堂内部金碧辉煌，四壁由华丽的彩绘装饰，穹顶由金色的镶嵌画装饰。教堂里珍藏许多艺术瑰宝。黄金祭坛是镶满珠宝的祭坛，是教堂收藏的一件珍品。珍宝馆收藏许多无价之宝，其中大多数是拜占庭风格的银制品。

总督府：总督府是一座典型的哥特式建筑，在威尼斯共和国时期，这里曾是威尼斯共和国总督的执政厅。最初它是一座堡垒式结构的宫殿，建于9世纪。总督府遭遇过两次火灾，现在的建筑物建于15世纪。穿过与教堂相连的卡尔塔门，进入总督府内院，就可见立着海神和战神雕像的巨人台阶。宫内还有一处"金梯"通往总督的居室。总督府内包括接待厅、委员会厅、议会厅、十人委员会厅、大会议厅等，各个厅室饰以油画、壁画和大理石雕刻，极尽奢华、辉煌璀璨。这里收藏了许多艺术珍品，其中丁托列托创作的巨幅油画《天堂》中有700多个人物，气势极为宏大。

威尼斯拥有众多的美术馆和博物馆，汇集了几个世纪经典的艺术杰作。学院美术馆是威尼斯最大的美术馆，大部分作品是拿破仑占领时期收藏的。这里有14—18世纪最优秀的威尼斯艺术家的绘画作品，其中《暴风雨》《玛利亚与众圣徒》《圣母玛利亚加冕典礼》是最为引人注目的一些作品。

金屋是威尼斯最杰出的哥特式建筑，因装饰富丽堂皇而得名。如今已辟为美术馆——乔治·弗兰凯蒂画廊，里面收藏了大量的绘画、壁画和雕塑，其中在一层陈列的绘画杰作——安德烈亚·曼特尼亚的《圣塞巴斯蒂安》最为引人注目。

威尼斯有许多奇特的桥，桥桥有名，如里亚托桥、叹息桥、麦秆桥、学院桥、拳头桥等，最著名的桥非里亚托桥莫属。里亚托桥是威尼斯最古老的桥，原为一座木桥，后坍塌，改建为石桥。桥长48米，离水面7米高，桥上中部建有拱廊。里亚托桥一带是威尼斯的商业中心，两岸店铺林立。叹息桥是一座闭合的廊桥，连接昔日的总督府和监狱。据说跨过了这座桥的囚犯再也不可能回到这个世上，所以他们在廊桥上发出不舍人世的叹息声，叹息桥因此得名。尽管此桥当初送许多囚犯走上不归路，但现在这座桥却有着一种浪漫气息，备受青年男女的青睐。因为他们相信在此桥下接吻会使爱情长存。因此，许许多多的情侣乘"贡多拉"来到桥下相拥而吻，以求爱情地久天长。

◎ 里亚托桥

◎ 叹息桥

其他一些著名景点还有瑞佐尼科府邸、福斯卡里府邸、格利马尼宫、圣罗科大会馆、圣乔治岛、穆拉诺岛、利多岛等。

威尼斯狂欢节在每年的2月举行，是当地一个盛大的传统节日。在节日期间人们着装怪异，戴上各种面具，参加街道聚会、化装舞会，上演戏剧和盛大的彩车游行等活动，圣马可港上空还举行绚烂夺目的焰火表演，人们尽情感受着节日的气氛。

维罗纳市
City of Verona

国家：意大利

洲名：欧洲

时间：2000年列入《世界遗产名录》

标准：ii，iv

属性：文化遗产

世界遗产委员会的评价

历史城市维罗纳始建于公元前1世纪。13—14世纪在斯卡里杰利家族的统治下达到空前的繁荣，15—18世纪为威尼斯共和国的一部分。维罗纳至今仍保存有古代、中世纪和文艺复兴时期的许多著名的建筑物，是军事要塞的突出典范。

维罗纳位于意大利北部，既是意大利一座历史悠久的名城，也是意大利历史上一座重要的军事要塞。公元前1世纪，维罗纳成为罗马帝国的殖民地，后来完全成为罗马的疆土。维罗纳是当时重要的战略要地和商业中心，文化和艺术得到了极大发展。历史上，法国人和奥地利人都先后入侵过这座城市。1866年，维罗纳并入意大利王国。

◎ 维罗纳

时至今日，维罗纳这座古老的城市仍保留着传统的罗马城镇的格局。维罗纳不仅是一座美丽的城市，还是莎士比亚剧中人朱丽叶的故居，因此已成为全世界青年男女心中的圣地。莎士比亚以维罗纳13世纪末14世纪初残酷的家族仇恨为背景创作了永留于世的爱情剧作《罗密欧与朱丽叶》，此剧作自公演以来，罗密欧与朱丽叶的爱情故事以其凄美的爱情风靡全世界，感动着无数人。

朱丽叶故居：朱丽叶故居位于市中心靠近西尼奥里广场东南方向的卡佩罗路23号。朱丽叶家的院门是一个古典的拱形门洞，房子建于13世纪。透过拱形门，一个典型中世纪的院落呈现在眼前，鹅卵石细密地铺在地面，院墙上爬满了常青藤，院子并不是很大，古朴典雅。院子中矗立着朱丽叶的全身铜像，惟妙惟肖地刻画了她亭亭玉立、婀娜多姿的姿态。她微微低着头，右手轻轻提起罗裙，左手抚于胸前，那凄美与哀怨的神态仿佛是在期待着什么。朱丽叶阳台位于二层，是她曾与罗密欧约会的地方，它经历了风风雨雨依然保存完好。在阳台下的墙壁上满是来自世界各地游客的签名和倾诉爱情的文字。

◎ 朱丽叶雕像

◎ 朱丽叶阳台

竞技场：位于市中心的竞技场是一座历史悠久、气势雄伟的椭圆形竞技场，建于公元1世纪。竞技场后来成为大型歌剧演出的场所，每年都会上演一些世界著名的歌剧。

古城堡：这座位于阿迪吉河畔的壮观的古城堡是由坎格兰德二世建造的，现在这里已成为一所古城堡博物馆，收藏的主要是14—17世纪维罗纳绘画和雕刻艺术品，包括从古罗马的遗迹到文艺复兴时期的

◎ 竞技场

绘画作品，还有珠宝、雕刻等。这里的斯卡里杰利桥是古城堡的复杂防御系统的一部分，尽管建这座桥的初衷是为了军事防御的目的，但是它是中世纪建筑设计和工程的杰作，具有独特的建筑风格。

西尼奥里广场：西尼奥里广场被认为是意大利最具有贵族性的广场，维罗纳人常称其为"维罗纳的沙龙"。意大利伟大诗人但丁的雕像矗立在广场的中心。广场附近遍布许多古建筑和景点，如斯卡里杰利家族宅邸、文艺复兴风格的孔西格利奥城堡、斯卡里杰利家族墓地等。

在维罗纳处处可见古老的建筑和静谧的街巷，还有那美丽得像一条玉带蜿蜒的阿迪吉河，它至今还从保留着传统的罗马城镇风格的维罗纳城穿过，城光水色融为一体。

梵蒂冈城
Vatican City

国家：梵蒂冈

洲名：欧洲

时间：1984年列入《世界遗产名录》

标准：i，ii，iv，vi

属性：文化遗产

世界遗产委员会的评价

梵蒂冈城是基督教国家最神圣的地方之一，是伟大的历史和令人敬畏的精神的见证。在这个小小的国家内聚集了独一无二的艺术和建筑杰作。城的中心是圣彼得大教堂，具有双柱廊，前面为一圆形广场，与宫殿和花园毗邻。这座大教堂建在使徒圣彼得的陵墓上，是世界最大的宗教建筑，是天才布拉曼特、拉斐尔、米开朗琪罗、贝尔尼尼和马代尔诺的共同成果。

梵蒂冈是位于意大利首都罗马市西北角的国家，位于罗马旧城台伯河的西岸，面积只有0.44平方千米，是世界上最小的国家。公元765年，法兰克国王把罗马城及周边地区赠给了罗马教皇斯提芬二世，此后的教皇势力扩张至意大利中部地区。罗马逐渐成了西欧教会和政治生活的中心。1870年，意大利全国统一，国王收复了教皇的领地，剥夺了教皇的权力，逼教皇退居到梵蒂冈，而教皇则对意大利国王不予承认，也不承认教皇国的灭亡。直到1929年双方签订了《拉特兰条约》，圈定了现在梵蒂冈的国界，矛盾才得以和解，于是有了今天的梵蒂冈。梵蒂冈是一个主权国家，其艺术杰作主要集中在圣彼得广场、圣彼得大教堂和梵蒂冈博物馆。

梵蒂冈有6个入口处，其中3个是向公众开放的，即梵蒂冈博物馆入口处、钟楼拱门和圣彼得广场。

梵蒂冈博物馆：梵蒂冈博物馆建于1475年，主要展出历代教皇收藏的艺术品，地上铺满彩色大理石和马赛克镶嵌的图案，有无数绘画、书籍、印刷品、花瓶和雕塑，令人目不暇接。梵蒂冈博物馆除了教皇厅和教皇的房间，其他的房间包括博物馆、美术馆、绘画馆、图书馆、拉斐尔厅、坎代拉勃利陈列室、西斯廷教堂、皮尼亚庭院等。收藏品以历代教皇的收藏品为主，包括古代希腊的艺术品等，全部是各个时代艺术价值很高的作品。图书馆是尤利乌斯的图书馆或书房，收藏有拉斐尔的作品《圣礼的辩论》和《雅典学院》。彼奥·克莱门提诺博物馆有许多精美的希腊的大理石雕刻。绘画馆按年代顺序展出的有从拜占庭时代到现代的以宗教绘画为主的作品。西斯廷教堂是主教的祈祷室，几个世纪以来，它一直是举行教皇选举会议的地方，这里收藏有米开朗琪罗的巨幅绘画作品《最后的审判》。

圣彼得广场：梵蒂冈的圣彼得广场在1656—1667年之间建成，能容纳30万人，是著名建筑大师贝尔尼尼的杰作。广场呈椭圆形，长340米，宽240米，地面用黑色小方石铺砌而成，两侧由半圆形大理石柱廊环抱，造型和谐，气势宏伟。柱廊共有284根圆柱、88根方柱和140座顶端雕塑。广场中央矗立着一座高耸云霄的方尖石碑。

圣彼得大教堂：圣彼得大教堂建成于1626年，位于圣彼得广场的西南面，是世界上最大和最华丽的天主教堂，是罗马天主教的中心，建于基督门徒圣彼得的墓地上。这座闻名于世的大教堂有许多价值连城的艺术品，其中包括米开朗琪罗的雕塑《圣母怜子》和圣彼得铜像。

◎ 圣彼得大教堂和圣彼得广场

◎ 米开朗琪罗的雕塑《圣母怜子》

巴斯城
City of Bath

国家：英国

洲名：欧洲

时间：1987年列入《世界遗产名录》

世界遗产

标准：i，ii，iv

属性：文化遗产

世界遗产委员会的评价

巴斯城最开始是罗马人的温泉城，在中世纪变成了重要的毛纺织工业中心。在18世纪，乔治三世统治时期，巴斯城发展成为新古典主义帕拉第奥风格的建筑和罗马浴室和谐统一的优美城市。

巴斯城位于英格兰西南部，是英国著名的旅游小镇。巴斯，英文为Bath，意思是浴池。罗马人最早在这里发现了温泉，兴建了庞大的浴场，如今的古浴场遗址是古罗马时代的遗迹。

◎ 罗马浴池

著名的普尔特尼桥坐落在埃文河上，周围环境幽雅，有许多18世纪乔治王朝时代的建筑散落在大桥两侧。如今的普尔特尼桥已经成为到巴斯城旅游的必到之地，夏季可以乘船漂流游览埃文河，经普尔特尼桥沿普尔特尼街一路而行，可以欣赏到丘陵河谷的绵延不绝，红瓦青舍点缀其中，无与伦比的英伦田园风光，令人悠然神往。

巴斯城也是《傲慢与偏见》的作者简·奥斯汀的故居简·奥斯汀中心所在地，该中心位于巴斯城盖尔街40号。简·奥斯汀是英国著名小说家，与巴斯城有着深厚的情缘，在这里她创作了不朽名著《傲慢与偏见》《劝导》和《诺桑觉寺》等。她的作品主要关注乡绅家庭女性的婚姻和生活，巴斯的风情给了她非常多的创作灵感。

◎ 简·奥斯汀中心

简·奥斯汀中心是一座乔治时代的建筑，里面的各式展品再现了她在巴斯居住时的情景，涉及与简·奥斯汀有关的所有事件。这里的工作人员都穿着9世纪英国传统服装，游人还可以在这里的茶室喝下午茶。

爱丁堡的旧城和新城
Old and New Towns of Edinburgh

国家：英国

洲名：欧洲

时间：1995年列入《世界遗产名录》

标准：ii，iv

属性：文化遗产

世界遗产委员会的评价

从15世纪起，爱丁堡就是苏格兰的首都。目前这座城市由两个部分组成：一个以中世纪堡垒风格占据主要地位的老城，一个从18世纪发展而来的对欧洲城市建筑具有广泛的影响的具有新古典主义形式的新城。这两个历史城区都有许多重要的建筑物，其风格既统一和谐又对比分明，给这座城市赋予了独特魅力。

爱丁堡坐落在北海西部的福斯湾南岸，依山近海，地貌多姿，景色宜人。这里有古堡雄踞，有王宫屹立，整个城市的建筑都是由石头建成，有"北方雅典"的美誉。爱丁堡旧城区里保留了许多欧洲中世纪和苏格兰改革运动时期的建筑，而爱丁堡新城被认为是城市规划的杰作。爱丁堡城堡被视为苏格兰的精神象征，在6世纪时成为皇室堡垒，自此便成为重要的皇家住所和国家行政中心，延续至中古世纪，一直是英国重要的皇室城堡之一。

◎ 爱丁堡

爱丁堡城堡大门正对的一条直直的下坡路便是皇家英里大道，皇家英里大道从爱丁堡城堡一直延伸到荷里路德宫，两边林立着教堂、苏格兰议会大厅、苏格兰最高法院等象征着权力和威严的建筑，皇家英里大道也成了爱丁堡的经典象征。

漫步在卵石铺就的皇家英里大道上，从西走到东，飘香的苏格兰威士忌和吹风笛的街头艺人足以让你驻足。若是想寻找开阔之地，卡尔顿山是很好的选择。卡尔顿山位于爱丁堡东部，山上散布着许多历史悠久、造型典雅的建筑，这里也是爱丁堡的最高点，沿着山顶走一圈，可以一览爱丁堡壮观的全景。

爱丁堡有一家闻名遐迩的大象咖啡馆，J.K.罗琳在这里写过风靡全世界的《哈利·波特》系列作品。大象咖啡馆因此吸引了世界各地的游人慕名而来。

◎ 爱丁堡城堡

◎ 大象咖啡馆

维也纳历史中心
Historic Centre of Vienna

国家：奥地利

洲名：欧洲

时间：2001年列入《世界遗产名录》

标准：ii，iv，vi

属性：文化遗产

世界遗产委员会的评价

维也纳是由早期的凯尔特族人和罗马人定居点发展起来的一个中世纪的巴洛克式的城市，为奥匈帝国的首都。从伟大的维也纳古典风格主义时期到20世纪初期，维也纳作为欧洲主要音乐中心，扮演着重要的角色。维也纳历史中心是建筑精华的会聚地，包括巴洛克风格的城堡、庭院以及19世纪晚期环行大道两侧的高大建筑物、纪念碑和公园。

维也纳是奥地利首都，被称为"世界音乐之都"，位于奥地利东部多瑙河畔。城内的古街道，纵横交错，建筑物风格各异，多为巴洛克式、哥特式和罗马式建筑。环行大道是由弗朗茨·约瑟夫一世下令拆除城市的防御工事，并环绕城市修建的一条大道。著名的历史建筑有霍夫堡皇宫、斯特凡大教堂、维也纳国家歌剧院、维也纳音乐厅等；纪念碑有约翰·施特劳斯纪念碑、玛丽亚·特蕾西娅纪念碑、伊丽莎白王妃纪念碑、弗兰茨·约瑟夫纪念碑等。

霍夫堡皇宫：坐落在维也纳的市中心，曾经是哈布斯堡王朝统治者的冬宫，现在是奥地利总统的官邸和工作场所。霍夫堡皇宫在13世纪时是一座城堡，后来随着哈布斯堡家族权力的扩张和统治地域的扩大，被扩建成为豪华的皇宫。在长达700多年的历史中，哈布斯堡家族正是在这座皇宫内，统治着整个奥匈帝国。霍夫堡皇宫是一座富丽堂皇的巴洛克式建筑，包括的景点有霍夫堡皇宫大门、英雄广场、新霍夫堡皇宫、礼仪大厅、弗兰茨皇帝广场、皇宫宴会和银器馆、皇帝居室、珍宝馆、国立图书馆、奥古斯丁教堂、皇家墓穴等。

◎ 霍夫堡皇宫

斯特凡大教堂：它是维也纳市中心的哥特式教堂，也是欧洲最高的几座哥特式古建筑之一。在大教堂顶盖外面，绘有大面积的色彩缤纷的图案，有"维也纳的精魂"之称。大教堂于公元1304年始建，两个世纪后竣工，被认为是几百年来建筑艺术的杰作。大教堂在第二次世界大战中被毁，战后重建，于1952年4月23日全面重新开放。大教堂由1座主体楼和3座楼塔组成，以南塔最为壮观，高136米，成锥形直插云天。

维也纳国家歌剧院：维也纳国家歌剧院始建于1861年，竣工于1869年，是世界上一流的大型歌剧院，是"世界音乐之都"维也纳的主要象征，素有"世界歌剧中心"之称。

维也纳音乐厅：维也纳音乐厅是奥地利最古老也最现代化的音乐厅，是每年举行"维也纳新年音乐会"的法定场所，始建于1867年，是意大利文艺复兴式建筑。其外墙黄红两色相间，屋顶上竖立着许多音乐女神雕像，古典别致。

新市政厅：新市政厅为新哥特式建筑，是环城路上最高的建筑物，中央高耸着钟楼，楼顶竖立着铁甲城市守卫者的雕像。新市政厅的前面是市政厅广场。

维也纳其他主要景点还有申布伦宫殿和花园、布格剧院、议会大厦、卡尔斯大教堂等。

维也纳不仅把众多的音乐家吸引到此地，而且还培育了一代又一代杰出的指挥家和演奏家。从18世纪末到19世纪，维也纳出现了一批举世闻名的音乐大师，如莫扎特、海顿、舒伯特、施特劳斯父子和德国人贝多芬等。

布鲁日历史中心
Historic Centre of Brugge

国家：比利时

洲名：欧洲

时间：2000年列入《世界遗产名录》

标准：ii，iv，vi

属性：文化遗产

世界遗产委员会的评价

布鲁日是中世纪历史区的杰出典范，历经几个世纪演变，它仍然保留着其历史的结构，在那里，原始的哥特式建筑构成了城市的特色部分。作为欧洲商业与文化的中心之一，布鲁日发展了与世界各地的文化联系。它与佛兰芒早期绘画流派密切相关。

布鲁日位于比利时西北部，是一座美丽的小城，仍保持着中世纪城镇的风貌。在11—13世纪，由于地处欧洲的"十字路口"的特定地理位置，经济上发展迅速，在中世纪时就成为主要的商业和金融中心。在13—15世纪期间，它已成为世界上最富有的城市之一。布鲁日还有比利时的"威尼斯"之称，市内有许多纵横交错的运河，许许多多的桥。河流、绿地、古老的建筑群把这座城市点缀得别致而又美丽。市中心的广场上矗立着布鲁日的英雄扬·布雷德尔和彼得·德·科宁克的青铜雕像。

在布鲁日广场附近矗立着一座雄伟的钟楼，高达80余米，有上百级台阶。这里的赫鲁宁恩博物馆收藏有15—16世纪艺术家的艺术作品，包括佛兰芒早期绘画流派的一些作品，梅姆灵博物馆主要收藏有佛兰芒画家汉斯·梅姆灵的美术作品。

◎ 布鲁日广场

布拉格历史中心
Historic Centre of Prague

国家：捷克

洲名：欧洲

时间：1992年列入《世界遗产名录》

标准：ii，iv，vi

属性：文化遗产

世界遗产委员会的评价

布拉格历史中心建于11—18世纪之间，老城、外城和新城自中世纪起就以其建筑和文化上的巨大影响而著称于世。城市历史中心拥有诸如荷拉德卡尼城堡、圣维特大教堂、查理大桥以及数不胜数的教堂和宫殿等绚丽壮观的遗迹，其中大多数建于14世纪神圣罗马皇帝查理四世统治时期。

布拉格是捷克的首都和最大的城市，位于该国的中波希米亚州伏尔塔瓦河流域。历史上的布拉格是艺术、贸易和宗教中心。布拉格各个历史时期的建筑风格在此均有所体现，这里有罗马式、哥特式、巴洛克式、文艺复兴式等各种风格的建筑。布拉格分为老城区、新城区、城堡区和小城区四个区。

布拉格城堡：布拉格城堡位于布拉格伏尔塔瓦河西岸丘陵上，始建于9世纪，近60年来历届总统办公室均设在城堡内，因此城堡又被称为"总统府"，现仍为捷克共和国总统府所在地。这里有各个历史时代风格的建筑，包括教堂、王宫、画廊、大厅、塑像、喷泉等。

世界遗产

◎ 布拉格

圣维特大教堂：圣维特大教堂坐落在布拉格城堡，是城堡内最高的建筑，早期是一座罗马式圆形建筑，后在原教堂的基础上建造了一座哥特式教堂。教堂远望巍然高耸，塔尖似高触苍穹。教堂的外表布满花纹图案，雕工细腻，石雕的人兽，造型美妙，千姿百态。布拉格王室的加冕仪式在此举行，以往王室成员的遗体也安葬于此，这里还保存着国王的王冠和加冕用的权杖等。从外观来看，哥特式的圣维特大教堂有许多经典的建筑特色，例如，大门上的拱柱和飞扶壁，装饰相当华丽。

查理大桥：查理大桥横跨在伏尔塔瓦河上，桥梁两侧耸立有30尊石像。这些雕像都是捷克17—18世纪巴洛克风格的艺术大师的杰作。现在原件已经保存在博物馆内，大部分已经换成复制品。大桥两端是布拉格城堡和旧城区。查理大桥是历代国王加冕游行的必经之路。查理大桥以其悠久的历史和建筑艺术成为布拉格最有名的古迹之一。

黄金巷：黄金巷是布拉格最著名的景点之一，黄金巷22号曾是著名作家弗朗兹·卡夫卡居住过的地方。这个小屋林立的黄金巷，有着宛如童话故事里的小巧房舍，是布拉格最诗情画意的街道。黄金巷原本是仆人工匠居住之处，后来因为聚集不少为国王炼金的术士，因而有此名称。

旧城广场：旧城广场又称胡斯广场。12世纪以来，这里一直是市民集会的场所。广场周边尽是哥特式、巴洛克式、洛可可式和新古典风格的建筑。旧城广场的中心是胡斯雕像。广场最具特色的是建于老市政厅外墙上大名鼎鼎的天文钟，分为上下两座，下面的圆盘最外圈是一年的365天，中间是12幅画，分别代表12个月份，内圈是12个星座，正中间是城徽；上面是天文时钟，蓝色部分代表白天。钟是一座精美别致的自鸣钟，两侧是象征性的雕塑。天文钟的上部还有"十二使徒"的机械木偶，整点出来报时。旧城广场的地标建筑是以双尖塔闻名的蒂恩圣母教堂。

布拉格名胜古迹众多，城堡、宫殿、教堂、博物馆等遍布城区，丰富多彩的建筑和艺术风格赢得了国际赞誉，其独特的风貌吸引了世人的目光。

库特纳霍拉：城市历史中心及圣芭芭拉教堂和塞德莱茨的圣母大教堂
Kutná Hora: Historical Town Centre with the Church of St Barbara and the Cathedral of Our Lady at Sedlec

国家：捷克

洲名：欧洲

时间：1995年列入《世界遗产名录》

标准：ii，iv

属性：文化遗产

世界遗产委员会的评价

库特纳霍拉是随银矿的开采而发展起来的。14世纪时，这里成为一座皇家城市，城中的许多建筑都代表了其曾经的繁荣兴盛。圣芭芭拉教堂，是代表晚期哥特式建筑风格的一颗璀璨明珠，而塞德莱茨的圣母大教堂则是18世纪早期的巴洛克风格，这些都影响了中欧的建筑风格。今天，这些建筑杰作同城中一些精致的私人宅邸一起，构成了完好的中世纪都市结构的一部分。

库特纳霍拉是捷克的一个城市，在布拉格以东约60千米处，中世纪时以银矿开采驰名欧洲。这座城市有哥特式建筑、巴洛克式建筑。13世纪初，因在库特纳山发现银矿而建镇，整个城镇随银矿开采业成长而发展起来，多栋象征着城市繁荣与兴盛的建筑物使其在公元14世纪成为一座皇家城市。库特纳霍拉在14世纪和15世纪就已成为波希米亚最重要的文化、政治和经济中心之一。16世纪初，这个城市因银矿资源逐渐枯竭而被人们废弃。

◎ 库特纳霍拉城

◎ 圣芭芭拉教堂

圣芭芭拉教堂是代表了晚期哥特式建筑风格的一颗璀璨明珠，是库特纳霍拉的建筑杰作，教堂有巨大的网状肋梁及装饰细致的玫瑰窗，教堂两侧有装饰性的27座尖塔，耸立于飞拱壁之上，是独特的波希米亚哥特式风格。

与圣芭芭拉教堂相比，塞德莱茨的圣母大教堂保留了18世纪早期巴洛克式的风貌，欧洲中部的建筑风格均受到了它们的影响。这些杰作和大批价值连城的私人宅邸构成了保留下来的中世纪城市建筑的一部分。

在这座小城中还有一座人骨教堂，其外表是看似十分普通的哥特式建筑造型，但内部的装饰却都是用人骨做成的，数以万计的人骨被细致地用来砌成烛台、祭坛、圣杯、门楣、拱门、吊饰、十字架等。据说，一名曾到耶路撒冷朝圣的修道院院长把带回来的泥土撒在这块土地上，自此，名门望族都以死后能葬于此地为荣。

布达佩斯：包括多瑙河沿岸、布达城堡区和安德拉什大街
Budapest, including the Banks of the Danube, the Buda Castle Quarter and Andrássy Avenue

国家：匈牙利

洲名：欧洲

时间：1987年列入《世界遗产名录》，2002年扩展

标准：ii，iv

属性：文化遗产

世界遗产委员会的评价

这个地区保留有诸如阿昆库姆罗马城和哥特式布达城堡等遗迹。这些遗迹的建筑风格受到了好几个时期的影响，是世界上城市景观中的杰出典范之一，而且显示了匈牙利都城在历史上各伟大时期的风貌。

布达佩斯地处于欧亚大陆交通线的十字路口，位于匈牙利平原和喀尔巴阡山的交汇点。整座城市位于多瑙河两岸，被多瑙河一分为二，原是隔多瑙河相望的一对姐妹城市，河西岸称为布达，东岸称为佩斯。后来两座城市合并为布达佩斯。蓝色的多瑙河从西北蜿蜒流向东南，款款穿越市中心；九座别具特色的铁桥飞架其上，一条地铁隧道横卧其底，将这座城市两岸紧密连接。

◎ 多瑙河和链子桥

布达佩斯西边城区依山而建，群山环绕，丘陵起伏，林木苍翠，有富丽堂皇的旧王宫、建筑精致的渔人堡以及大教堂等著名建筑群。

布达佩斯东边城区是行政机关、工商企业和文化机构集中地。这里有各式各样的古今高大建筑群，如议会大厦、国家博物馆、英雄广场等。诗人裴多菲和大音乐家李斯特都曾在这里留下了足迹。

安德拉什大街原名共和国大道，是布达佩斯最美的街道，在1872年，这条大道彻底改变了佩斯的城市结构。

圣彼得堡历史中心和建筑群

Historic Centre of Saint Petersburg and Related Groups of Monuments

国家：俄罗斯

洲名：欧洲

时间：1990年列入《世界遗产名录》

标准：i，ii，iv，vi

属性：文化遗产

世界遗产委员会的评价

被誉为"北方威尼斯"的圣彼得堡，以其为数众多的河道和400多座桥梁而闻名于世，这是在彼得大帝统治下于1703年开始实施的宏大城市规划的一个重要业绩。此后这座城市被改名为列宁格勒[①]，而且与十月革命密切相关。它的建筑遗产与截然不同的巴洛克

---

① "列宁格勒"后又改回原名"圣彼得堡"。

式建筑风格和纯新古典式建筑风格极其和谐,这体现在海军部、冬宫、大理石宫以及艾尔米塔什博物馆的建筑中。

圣彼得堡,位于俄罗斯西北部,波罗的海沿岸,是俄罗斯仅次于莫斯科的第二大城市。圣彼得堡始建于1703年,至今已有300多年的历史。彼得大帝在涅瓦河口的查亚茨岛上建立要塞,后扩建为城,称圣彼得堡。圣彼得堡,一座曾经承载着复兴之梦的城池,一个彼得大帝用梦想建造的杰作,风光旖旎,河流纵横,桥梁众多。

涅瓦河三角洲上数十条纵横交错的水道和运河,把大地分割成近百个小岛,靠400多座桥梁相连,使圣彼得堡具有独特的"水城"和"桥城"景观。中心城区在涅瓦河南岸,全市最繁华的涅瓦大街横贯城区。昔日帝都留下的古典建筑群和名胜古迹比比皆是,如彼得保罗要塞、冬宫、夏宫、大理石宫、海军部大厦、伊萨基辅大教堂、叶卡捷琳娜宫、十二月党人广场、"阿芙乐尔号"巡洋舰、斯莫尔尼宫、艾尔米塔什博物馆、滴血教堂、喀山大教堂、普希金故居博物馆……

◎ 涅瓦河

涅瓦河哺育了灿烂辉煌的俄罗斯文化,使圣彼得堡成为著名的文化之都,城内建有50多所博物馆,被誉为博物馆城。许多著名诗人和作家都曾在此生活和从事创作,如普希金、莱蒙托夫、高尔基等人。

卢森堡市:旧城区和防御工事
City of Luxembourg: its Old Quarters and Fortifications

国家:卢森堡

洲名:欧洲

时间:1994年列入《世界遗产名录》

标准:iv

属性:文化遗产

世界遗产委员会的评价

卢森堡由于其战略位置,从16世纪到1867年城墙被拆除时,一直是欧洲最重要的要塞之一。卢森堡曾辗转落入欧洲各列强——神圣罗马帝国、勃艮第王朝、哈布斯堡王朝、法国和西班牙国王手中,最后落入普鲁士人的手中。这些防御工事直到它们部分被拆除前,一直是跨越了几个世纪的军事建筑杰出的典范。

卢森堡大公国首都卢森堡市是一座拥有一千多年历史的以堡垒闻名于世的古城,地处德、法之间,地势险要,历史上一度是西欧的重要军事要塞,曾有过三道护城墙、数十座坚固的城堡,被誉为"北方的直布罗陀"。

◎ 卢森堡

在1867年,《伦敦条约》确定卢森堡成为独立的中立国,普鲁士卫戍部队撤出要塞,气势雄伟的城防工事被拆除,使欧洲一度最强大的要塞之一从此消失,不过,作为卢森堡昔日显赫军事地位象征的主要遗迹,许多建筑还是存留下来了,如博克要塞、圣米歇尔教堂、大公宫、圣母大教堂等。

在卢森堡市内,阿尔泽特河穿城而过,将该市分为两个部分,中心是河谷地带,由上百条造型各异、大小不同的桥梁相连接。河的两岸是历史悠久的老城,城区里建筑古朴、街道狭窄,几处古迹为老城增色不少。

开罗古城
Historic Cairo

国家:埃及

洲名:非洲

时间:1979年列入《世界遗产名录》

标准:i,v,vi

属性:文化遗产

世界遗产委员会的评价

开罗古城是世界上最古老的伊斯兰城市之一,位于现代城区的中心,拥有著名的清真寺、伊斯兰学校、土耳其式浴室和喷泉。它建于公元10世纪,为当时的伊斯兰世界的新中心,公元14世纪达到鼎盛时期。

世界遗产

古埃及是世界文明古国，埃及地处欧洲、非洲和亚洲三大洲交界处，开罗是埃及的首都，非洲第一大城，世界上最古老的伊斯兰城市之一。古往今来，已有无数游牧民族、商队、旅行者、军队从这里通过。东西方文化很早便在这里交汇、融合。开罗由于位于连接东西方的交通要道上，历来为兵家必争之地。开罗建城始于642年，969年，来自突尼斯的阿拉伯帝国法蒂玛王朝征服了埃及，将开罗定为国都，"开罗"在阿拉伯语中即是"胜利"之意，13世纪后，开罗发展成为全国贸易和文化中心。

◎ 开罗老城区

开罗是一座著名的文化古城，拥有众多的名胜古迹。这里有巍峨的萨拉丁城堡，城堡建有宏伟的穆罕默德·阿里清真寺，寺院巨大的圆顶和高耸入云的尖塔是开罗的象征。市内的拉美西斯广场中心有古埃及第十九王朝法老拉美西斯二世的巨大全身雕像。尼罗河畔的埃及国家博物馆以收藏古埃及文物而享誉全世界，共有展品六万余件，其中图坦卡蒙法老的黄金面具、黄金棺材、黄金宝座等尤为珍贵。馆内有埃及历代法老及其后妃们的木乃伊，有的已有3500多年的历史，至今保存完好。

开罗现有250多座各具特色的清真寺，众多高大的宣礼塔使开罗成为"千塔之城"，其中最高的开罗塔，高达187米。在开罗西南20千米的地方矗立着古代埃及文明的象征——吉萨金字塔和狮身人面像，狮身人面像已被作为开罗的城市标志。

◎ 金字塔和狮身人面像

伊斯坦布尔历史区
Historic Areas of Istanbul

国家：土耳其

洲名：亚洲

时间：1985年列入《世界遗产名录》

标准：i, ii, iii, iv

属性：文化遗产

世界遗产委员会的评价

伊斯坦布尔历史区位于黑海与地中海、巴尔干与安纳托利亚之间的博斯普鲁斯半岛的战略地带。两千多年来,它总是与一些重要的政治、宗教和艺术事件联系在一起。它的杰作包括古代君士坦丁堡竞技场、6世纪的哈吉亚·索菲亚教堂和16世纪的苏莱曼清真寺。这些遗迹现在受到了人口压力、工业污染以及过度城市化的威胁。

伊斯坦布尔是一座有着两千多年历史的古城,原名君士坦丁堡,曾是东罗马帝国和奥斯曼帝国的首都。许多著名的历史遗迹至今还保存完好,有"历史宝库"之称。伊斯坦布尔不仅地理上横跨两洲,而且还融汇欧洲、亚洲、非洲三大洲各民族思想、文化、艺术之精粹,从而成为东西方思想文化的一个重要交汇点,随之遗留下许多源远流长的名胜古迹。历史上伊斯坦布尔作为贸易、政治和宗教中心,现为伊斯坦布尔省的省会城市。

◎ 伊斯坦布尔

伊斯坦布尔现有40多座博物馆、20多座教堂、450多座清真寺。旧城区里,历代各帝国时期遗留下的古堡、城垣、塔楼、高架桥随处可见。最为著名的名胜古迹有古代君士坦丁堡竞技场、6世纪的哈吉亚·索菲亚教堂、15世纪的托普卡珀宫、16世纪的苏莱曼清真寺等。

君士坦丁堡竞技场:君士坦丁竞技场曾是拜占庭帝国君士坦丁堡的体育和社交中心。今天,这里是伊斯坦布尔老城区中心的苏丹艾哈迈德广场,广场上遍布蛇纹柱、图特摩斯三世方尖碑、康斯坦丁柱、德国喷泉等名胜古迹。

哈吉亚·索菲亚教堂:哈吉亚·索菲亚教堂上面巨大的穹顶,直径31米,高55米,有4座雄伟的拱门,是典型的拜占庭式建筑。1453年,拜占庭帝国灭亡后,信奉伊斯兰教的土耳其人在教堂外修建了4座宣礼塔,将这座千年历史的大教堂改为清真寺。1935年,土耳其共和国建立后,将其改为博物馆。

托普卡珀宫:建于15世纪的托普卡珀宫,曾作为奥斯曼帝国苏丹的皇宫达四百多年之久,土耳其共和国成立后,将其改为历史博物馆,即托普卡珀宫博物馆。它以收藏丰富的稀世珍宝、历史文物而闻名于世,特别是宫中珍藏着大量的中国古瓷器和丝织品,更证明

了中国和土耳其两国人民源远流长的深厚友谊。

苏莱曼清真寺：苏莱曼清真寺是土耳其伊斯兰教著名的清真寺，由著名建筑师锡南设计和督建。该寺庭院的四角各有一根尖塔高耸，显示了它的宽广宏伟。寺内的墙壁和布道坛全部由雕刻精美的白色大理石镶嵌而成。苏莱曼清真寺被称为伊斯坦布尔最美的清真寺。寺中花园内有苏莱曼及其妻子的陵寝。

◎ 哈吉亚·索菲亚教堂

◎ 苏莱曼清真寺

伊斯坦布尔是土耳其最大的城市，是世界上唯一横跨欧亚两洲的名城，也是古代丝绸之路的终点。如今，这座美丽的古城已成为举世闻名的旅游胜地。

耶路撒冷旧城及其城墙
Old City of Jerusalem and its Walls

国家：耶路撒冷（由约旦申报）

洲名：亚洲

时间：1981年列入《世界遗产名录》

标准：ii，iii，vi

属性：文化遗产

世界遗产委员会的评价

耶路撒冷作为犹太教、基督教和伊斯兰教三大宗教的圣城，具有极高的象征意义。在它220处具有历史意义的建筑物中，有建于7世纪的著名的圆顶清真寺，其外墙装饰有许多美丽的几何图案和植物图案。三大宗教都认为耶路撒冷是亚伯拉罕的殉难地。哭墙分隔出代表三种不同宗教的部分，圣墓大教堂的复活大殿里庇护着耶稣的墓地。

耶路撒冷是世界三大宗教犹太教、基督教和伊斯兰教的圣城，三教都把耶路撒冷视为自己的圣地。耶路撒冷包括犹太教的哭墙、基督教的圣墓大教堂和伊斯兰教的圆顶清真寺和阿克萨清真寺。

◎ 耶路撒冷

今天的耶路撒冷,是一个对比强烈的城市,不同文化、不同宗教、不同民族、不同社会阶层,同处一城。耶路撒冷分为旧城和新城。旧城分为犹太区、基督区、穆斯林区和亚美尼亚区四个区。旧城区的清真寺、教堂、集市以及古犹太教会堂遍布,这里的建筑物集东西方建筑艺术之精华,具有跨越几个历史时代的建筑风格,极具神秘的宗教色彩。

耶路撒冷旧城现存城墙,是在奥斯曼帝国统治时期由苏莱曼大帝下旨在1535—1538年间重建的。城墙平均高度约12米,厚2.5米,共有八座城门,分别是大马士革门、新门、雅法门、锡安门、粪厂门、金门、狮子门和希律门。这八座城门保存至今,成为耶路撒冷一道独特的风景。完整的城墙将耶路撒冷旧城与外界隔开,八座城门七开一闭,各具特色。

自从公元前10世纪,所罗门圣殿在耶路撒冷建成,耶路撒冷一直是犹太教信仰的中心和最神圣的城市,对犹太人而言,这里是先知亚伯拉罕献祭的地点。昔日圣殿的遗迹哭墙,因各地犹太人常来此号哭得名,也称为西墙,现在仍是犹太教最神圣的地方。相传罗

◎ 哭墙

◎ 圣墓大教堂外景

马人占领此城时，犹太人每逢安息日常来哭墙下哭泣哀悼，以寄托对故国的哀思。

对基督教来说，这里是耶稣被钉上十字架又复活的圣地。根据《圣经》记载，这里的圣墓大教堂，也称"复活教堂"，是耶稣遇难、安葬、复活的地方。耶稣在出生后不久就被带到耶路撒冷。耶稣最后晚餐的地址位于锡安山，紧靠大卫墓。基督教徒朝圣必至的"苦路"，是当年耶稣背着十字架所走过的14个地点。

伊斯兰教将耶路撒冷列为麦加、麦地那之后的第三圣地，以纪念穆罕默德的夜行登霄，并在此建造了两座清真寺——圆顶清真寺和阿克萨清真寺来纪念这一圣事。对穆斯林来说，这里是穆罕默德升天之地。圆顶清真寺，是穆斯林朝拜的圣寺之一。在耶路撒冷，人们无论在哪个位置都能看见圆顶清真寺闪烁的光芒。

站在圣殿山上，远处有圆顶清真寺，不远处就是哭墙。这里还有达·芬奇的人尽皆知的名画《最后的晚餐》，位于旧城的马可楼——耶稣与其十二门徒共进最后晚餐的地方，还有大卫王墓、圣母安眠教堂等，处处都是景，让人目不暇接，流连忘返。

◎ 马可楼

伊钦·卡拉
Itchan Kala

国家：乌兹别克斯坦

洲名：亚洲

时间：1990年列入《世界遗产名录》

标准：iii，iv，v

属性：文化遗产

世界遗产委员会的评价

伊钦·卡拉是古老的希瓦绿洲上的内城，由10米高的砖墙保护着，它是商队穿过沙漠、通往伊朗的最后一个驿站。尽管只有为数不多的古老纪念性建筑保存在那里，但它依然是中亚保存完好的穆斯林建筑群中的典范，其中著名的建筑有朱玛清真寺、陵墓、经学院，以及19世纪初由阿拉-库里-可汗修建的两座辉煌的宫殿。

希瓦古城位于乌兹别克斯坦西南边界，建于公元4世纪，历史上是旅行商队的必经驿站。希瓦古城总面积约3平方千米，分为两部分，即外城迪钦·卡拉和内城伊钦·卡拉。昔日，外城居住的是平民百姓，内城居住的是皇亲国戚、达官贵人与宗教领袖。现在，外城是居民集聚区，内城则成为古老建筑密集地。在面积不到全城十分之一的内城中，展示的尽是希瓦古城千百年遗留下来的"建筑精华"。伊钦·卡拉有东西南北门，四座城门的装饰皆采用镂空透雕的手法，雕工精美。

◎ 伊钦·卡拉

伊钦·卡拉的许多古迹都带有那个时代的建筑特色，成为销声匿迹的花剌子模文明的罕有见证，是独特的伊斯兰城区和文化博览城，所有的历史古迹都保存完好。这里有宫殿、清真寺、礼拜殿、宣礼塔、经学院等。

◎ 朱玛清真寺

朱玛清真寺：伊钦·卡拉的朱玛清真寺是中亚最古老的建筑物之一，寺内有很多形态各异的木柱，造型独特。除了古老，它还非常与众不同，没有拱门、圆顶、回廊，且是三面开口；方形的大厅由212根珍贵木质圆柱支撑，每根上面都有精美的雕刻，且每一根的图案都不同。

穆罕默德·阿敏汗经学院：穆罕默德·阿敏汗经学院曾是中亚最大的经学院，现在，这里已经改建成了一家酒店，但它仍然是非常亮眼的一道风景。进入伊钦·卡

◎ 穆罕默德·阿敏汗经学院

◎ 卡尔塔宣礼塔

拉西门，游人就能看到最醒目雄伟的建筑——卡尔塔宣礼塔，尽管它是一座未完工的建筑，也并不对外开放，但它是希瓦古城的地标性建筑。此塔底部直径14.2米，高达29米。

◎ 可汗宫殿

可汗宫殿：可汗宫殿是古代希瓦统治者为自己建的要塞和宫殿，建于12世纪，17世纪扩建，城墙环绕，塔楼高耸，有后宫、军火库、清真寺、马厩等。宫墙为沙黄色，没有窗户，整座宫殿如一座奇特的碉堡，这里有宏伟的殿堂和美丽绝伦的马赛克建筑，还有用珍贵木材雕刻的精美梁柱。站在高耸的塔楼上，游人可以俯瞰古城，这里是全城观赏落日的最佳地点之一。

游人漫步在希瓦古城，无论是在晨曦中还是在夕阳下，都仿佛让人置身于《一千零一夜》中的阿拉伯童话世界里。

撒马尔罕——文化的中心
Samarkand—Crossroad of Cultures

国家：乌兹别克斯坦

洲名：亚洲

时间：2001年列入《世界遗产名录》

标准：i，ii，iv

属性：文化遗产

世界遗产委员会的评价

撒马尔罕历史城镇是世界多元文化交汇的大熔炉。撒马尔罕建于公元前7世纪，古时称为阿夫罗夏伯，在公元14世纪至15世纪的帖木儿王朝时期得到了重要发展。撒马尔罕拥有众多著名的古代建筑，如雷吉斯坦清真寺和经学院、比比·哈努姆清真寺、沙希-津达陵墓群、古尔·艾米尔陵，以及兀鲁伯天文台。

撒马尔罕是古代"丝绸之路"上的重要城市，曾是帖木儿帝国的首都，至今已有两千多年的历史，享有"东方罗马"的美誉。几千年来，蒙古、突厥、波斯文化在这里融合交汇，留存下来的宫殿、清真寺、陵墓，雄伟壮阔，精致华丽，至今令人震惊。它融合了各种文化、传统和艺术，聚集了古代众多的能工巧匠的建筑杰作，为世人展现出一座充满别样风情的城市。作为"丝绸之路"上重要的枢纽城市，撒马尔罕连接着周边各国，所以它的文化也是多样的。

雷吉斯坦广场：撒马尔罕最具标志性的建筑莫过于雷吉斯坦广场上三座高大壮观、

气势宏伟的经学院，巨型的拱门、高耸的宣礼塔、深蓝的大穹顶、繁复细密的墙体花纹、极富想象力的造型与色彩，堪称中世纪中亚建筑的杰作。宏大的雷吉斯坦广场由兀鲁伯经学院、希尔·多尔经学院和提拉·卡利经学院组成，位于撒马尔罕市中心，分别建在15—17世纪之间。这三座建筑内有金碧辉煌的清真寺，是中亚建筑的经典之作。兀鲁伯经学院是兀鲁伯在1417—1420年修建的，位于广场的西侧。据说，兀鲁伯曾亲自在此授课，这里是他统治期间世俗科学思想的中心。兀鲁伯经学院35米高的正门为方形，镶满天蓝色的星星，代表兀鲁伯最爱的天文学，中间是凹进去的尖拱门，两侧耸立着圆柱形宣礼塔。兀鲁伯邀请了许多学者来到撒马尔罕工作，使得撒马尔罕成为中亚的文化中心。在兀鲁伯经学院对面，即广场东侧，坐落着希尔·多尔经学院，建于1619—1636年，正面的拱门上方有猛兽逐鹿的壁画，看上去像老虎，实际上是狮子。位于最内侧即广场北侧的提拉·卡利经学院建于1647—1660年，提拉·卡利即"金饰"之意，其名称取自经学院内部的黄金装饰。

◎ 撒马尔罕

◎ 雷吉斯坦广场

◎ 兀鲁伯经学院

◎ 提拉·卡利经学院内景

古尔·艾米尔陵：在撒马尔罕众多的建筑中，古尔·艾米尔陵无疑是引人注目的。古尔·艾米尔陵位于撒马尔罕市区内，是帖木儿及其后嗣的陵寝，建于15世纪。古尔·艾米尔意思是"统治者的陵寝"。陵墓造型壮观，色彩鲜艳，有球锥形穹顶，具有

◎ 帖木儿石棺

浓厚的东方建筑特色，是世界著名的中亚建筑瑰宝。陵寝中央放有9个长方体象征性的石棺椁，真正盛放遗体的棺椁深深埋在地下。

比比·哈努姆清真寺：这座华丽的清真寺有一段美丽的传说，它由骁勇善战的帖木儿大帝为纪念其心爱的妻子比比·哈努姆而建。1399年帖木儿自印度凯旋，他下令建造伊斯兰世界最大的清真寺，让他和爱妻的名字得以在世间千古流传。成百上千名建筑师、画家和建筑工人前往撒马尔罕，将他们的心血倾注在这座伟大的建筑中。巨大的蓝色穹顶使得整座建筑华丽壮观，气势恢宏，让人印象深刻，这座气势恢宏的清真寺成为帖木儿帝国的建筑瑰宝。

兀鲁伯天文台：撒马尔罕还有一个著名古迹就是兀鲁伯天文台，坐落于老城东北2千米的郊外山丘。兀鲁伯天文台由帖木儿的孙子兀鲁伯建造，是中世纪时期具有世界影响的天文台之一。

◎ 比比·哈努姆清真寺

◎ 兀鲁伯天文台

如今，帖木儿帝国的鼎盛和辉煌早已消没于岁月的涤荡，撒马尔罕绝美的历史遗迹却仍诉说着前世的荣耀和璀璨。这些昔日辉煌的印迹，让撒马尔罕风姿绰约，吸引着世界各地的人们纷纷踏上感受古老中亚文明的旅途。

二、现代都市

在世界遗产名录中，著名的城市为数众多，但巴西首都巴西利亚却是一座年轻的现代化城市，是一座唯一列入世界遗产的现代化都市。城市的设计和规划充分体现了人类的创新精神和丰富的想象力，堪称现代城市建设的典范，是城镇规划史上的里程碑。

巴西利亚
Brasilia

国家：巴西

洲名：南美洲

时间：1987年列入《世界遗产名录》

标准：i，iv

属性：文化遗产

世界遗产委员会的评价

巴西利亚是于1956年建在这个国家的中心的首都城市，它是城镇规划史上的里程碑。城市规划师卢西奥·科斯塔和建筑师奥斯卡·尼迈耶认为城市的一切元素必须与城市的总体设计协调一致，从居民区和行政区的布局到建筑物自身保持对称，巴西利亚常常被比作飞翔的鸟的形态，特别是政府办公大楼的设计极具创新精神和想象力。

巴西利亚位于戈亚斯州高原上，始建于1956年，1960年建成。作为巴西的首都，巴西利亚是国家的行政中心。巴西历史上曾有两个城市是首都，即萨尔瓦多和里约热内卢，它们都是沿海城市。由于历史的原因，巴西的城市和工业多集中于沿海地区，人口过于密集，建立巴西利亚的目的是为了更好地开发和管理巴西的内陆地区，带动经济的发展。1956年，巴西总统库比契克决定在戈亚斯州高原上建立新首都，1960年4月21日，巴西人迎来了新首都的落成典礼。

巴西利亚的设计非常有特色，整个城市建筑布局看上去就像一只飞翔的鸟。"鸟头"是由政府宫、国会、最高法院组成的三权广场。"鸟身"是政府各部门办公大楼、大教堂、公园、商业中心等建筑。"两翼"是平坦宽阔的立体公路，路两旁是居民区和商业网点。"鸟尾"主要是工业区和服务性行业区。巴西城市规划师卢西奥·科斯塔设计了新首都的城市规划方案。一些主要的政府建筑物是由巴西建筑师奥斯卡·尼迈耶设计。巴西景观设计师罗伯特·布雷·马克斯则将这座新城市点缀得多姿多彩。

巴西利亚这座现代都市不见古迹遗址，也没有大都市的繁华，但其充满现代理念的城市格局、构思新颖别致的建筑以及寓意丰富的艺术雕塑，使这座城市闻名于世。巴西利亚是一座具有现代建筑特色的现代化城市，城市的设计和规划充分体现了人类的创新精神和丰富的想象力，堪称现代城市建设的典范。

三、乡村聚落

随着人类文明的进步，人类社会由旧石器时代向新石器时代过渡，生产工具有了改进，促进了生产力的发展，畜牧业、原始农业开始形成和发展，农业与畜牧业分离，产生了人类历史上第一次社会大分工，出现了从事农耕业生产的人类的固定聚落形式——乡村。乡村聚落是聚落的主要形式，新石器时代晚期，随着生产力的进一步发展，畜牧业和原始农业有了较快的发展，人类生产在满足自身需求的同时，有了劳动剩余物，部分人从土地上解脱出来，成为专门的手工业者，出现了人类历史上第二次社会大分工，即手工业与畜牧业和农业的分离。所以，聚落产生了根本性变化，出现了专门从事商业、手工业的城镇。社会分工的深化推动了生产力的进步，也导致了生产技术和劳动生产率的提高。人类进入奴隶社会，出现了专门从事商品交换的商人，商业从农业、畜牧业、手工业中分离出来，出现了人类历史上第三次社会大分工。乡村聚落的产生为城市的出现奠定了基础。

乡村聚落经济活动的基本内容是农业，习惯上称为乡村。乡村聚落形式的古村落集人文、历史、建筑、民俗多种元素于一体，具有很高的历史、艺术和科学价值。古村落民居生动地反映了耕读文化，展示了不同区域里古村落的地理、民俗、文化和历史风貌。

在世界范围内被世界遗产委员会列入《世界遗产名录》的古村落类世界遗产有：皖南古村落——西递和宏村（中国），福建土楼（中国），开平碉楼和村落（中国），白川乡和五箇山的历史村落（日本），韩国历史村落——河回村和良洞村（韩国），霍拉索维采历史村落（捷克），霍洛克古村落及其周边（匈牙利），陶斯印第安村（美国）等。本部分重点介绍韩国历史村落——河回村和良洞村，以及匈牙利霍洛克古村落及其周边。

韩国历史村落——河回村和良洞村
Historic Villages of Korea: Hahoe and Yangdong

国家：韩国

洲名：亚洲

时间：2010年列入《世界遗产名录》

标准：iii，iv

属性：文化遗产

世界遗产委员会的评价

河回村和良洞村始建于14—15世纪，这两座村庄被认为是韩国最具代表性的历史宗族村落。这两个村落背倚树木繁茂的青山，面向河流和开阔的农田，它们的布局和选址反映出朝鲜王朝（1392—1910）早期鲜明的贵族儒家文化特质。村落选址的目的在于从周边景观中汲取物质和精神食粮。其建筑包括村落首领家族的宅第、其他家族成员的坚固的木结构房屋、亭台、学堂、儒家书院，以及先前平民居住的单层泥墙、茅草屋顶的住宅群。村落居于山环水绕、绿树成荫、亭台如画的景观之中，它们的美丽景致曾被众多17世纪和18世纪的诗人所咏颂。

河回村和良洞村是韩国历史最悠久的村落之一，是韩国氏族村落的典型代表，河回村和良洞村始建于14—15世纪，很好地保存了朝鲜王朝时代的文化特点和传统建筑。河回村位于庆尚北道安东市丰川面，良洞村位于庆尚北道庆州市江东面。

这两个村落山环水绕，景色宜人。河回村被江河所怀抱，地形若"莲花浮水"，如同一座岛屿。良洞村内有许多小山谷，村内道路和建筑依据自然地形和水流设计而成，建筑物与地形相互融合，与自然相和谐。这两座村庄的建筑包括木框架结构房屋、亭台、学堂、儒家书院，此外，还包括原平民居住的单层泥墙和茅草屋顶的住宅群。

霍洛克古村落及其周边

Old Village of Hollókö and its Surroundings

国家：匈牙利

洲名：欧洲

时间：1987年列入《世界遗产名录》

标准：v

属性：文化遗产

世界遗产委员会的评价

霍洛克是被精心保护下来的传统村落的一个杰出范例。这个村落主要是在17世纪和18世纪发展起来的，是20世纪农业革命前乡村生活的生动写照。

霍洛克村位于匈牙利东北部，距离布达佩斯约100千米，堪称匈牙利最具魅力的村庄。它的著名是因为早在1987年，这里便被世界遗产委员会列为世界文化遗产。如今，这里已成为匈牙利的传统保护区，是一座集旅游和文化保护为一体的民俗村。这座不足百人的小村，人们终日为生计而不停地忙碌，有的人手中持着干草叉，有的人则挎着蔬菜篮，固守着世代沿袭的传统生活方式，小村的魅力或许就是因为这里至今仍保留着完好的民俗。村庄的女人们最喜欢戴着绣着花的白色头巾，身上经常穿着红或蓝的印花套裙。在村落附近，分布着几个葡萄庄园、蔬菜园、庄稼地和牧场，恬淡而优雅的田园风光为这个小村落增添了几分妩媚。

四、皇宫和王宫

在世界范围内被世界遗产委员会列入《世界遗产名录》的皇宫和王宫类世界遗产有：北京和沈阳明清故宫（中国），凡尔赛宫及其园林（法国），枫丹白露宫及其花园（法国），莫斯科的克里姆林宫和红场（俄罗斯），申布伦宫殿和花园（奥地利），维尔茨堡宫、宫廷花园和宅邸广场（德国），萨沃亚王宫（意大利），德罗特宁霍尔摩王室领地（瑞典），布莱尼姆宫（英国），阿格拉堡（印度），法塔赫布尔·西格里（印度），昌德宫建筑群（韩国）等。本部分重点介绍其中的9项。

世界遗产

凡尔赛宫及其园林
Palace and Park of Versailles

国家：法国

洲名：欧洲

时间：1979年列入《世界遗产名录》

标准：i，ii，vi

属性：文化遗产

世界遗产委员会的评价

凡尔赛宫是法国国王路易十四到路易十六时期的王宫。经历了几代建筑师、雕塑家、装饰家和景观设计师的不断修饰，一个多世纪中，它一直是理想的欧洲王室官邸的完美典范。

凡尔赛宫是路易十四于1661年下令建造的一座王宫，坐落于距巴黎西南约20千米的凡尔赛。凡尔赛宫是世界闻名的法国王宫，这座富丽堂皇的皇家宫苑，是17世纪专制王权的象征，是西方古典主义建筑的典范。路易十四、路易十五和路易十六都曾在此安居，料理朝政，从此凡尔赛一直是法国的政治中心。直到1789年10月，法国人民进攻并占领凡尔赛，才结束了凡尔赛宫王宫地位的历史。这座宫殿分为三层，共有1800多间厅室，宫内装饰金碧辉煌，其中最为奢华的是镜厅，位于宫殿的西侧，在战争馆与和平馆之间。镜厅内有17面大镜子，还有水晶吊灯、银制家具、银制王座、锦缎窗帘，整个厅内富丽堂皇，极尽奢华。镜厅是路易十四为了宣扬军事上的胜利和炫耀自己至高无上权力而兴建的。国王寝宫、王后寝宫、巴洛克式礼拜堂、歌剧院和特利亚隆宫都是建筑的精华。凡尔赛宫广场上是一个雅致的花园，花园上遍布雕塑、喷泉、果菜园、橘树园、人工湖等。

枫丹白露宫及其花园
Palace and Park of Fontainebleau

国家：法国

洲名：欧洲

时间：1981年列入《世界遗产名录》

标准：ii，vi

属性：文化遗产

世界遗产委员会的评价

枫丹白露宫位于法兰西岛广阔的森林中心，为中世纪王室成员的狩猎屋，从12世纪起即为法国国王所用。16世纪时，弗朗索瓦一世想把它建成一个"新罗马"，对它进行了改造、扩建和装饰。这座意大利风格的宫殿被巨大的花园所环绕，把文艺复兴时期的风格和法国传统艺术完美地融合在一起。

枫丹白露宫位于巴黎东南60千米处的一片森林中，12世纪时，这里原本是巴黎的王室成员来此狩猎时，用以休憩的小屋，后来成为法国国王喜爱的度假胜地。16世纪，枫丹白露宫成为王室城堡；后再经历代君王的改建、扩建、装饰和修缮，枫丹白露宫成为一座富丽堂皇的行宫。弗朗索瓦一世、亨利四世、路易十三、路易十五、路易十六和拿破仑等法国国王都曾在此居住过，直到19世纪末，它被改建成博物馆。枫丹白露宫内部尽管经历了历代国王的装饰和修缮，但基本格调保持了文艺复兴时期的风格。最著名的是弗朗索瓦一世回廊的壁画和天井画。此外，枫丹白露宫前的戴高乐广场和周围的枫丹白露森林将枫丹白露宫衬托得更加美丽。

申布伦宫殿和花园
Palace and Gardens of Schönbrunn

国家：奥地利

洲名：欧洲

时间：1996年列入《世界遗产名录》

标准：i，iv

属性：文化遗产

世界遗产委员会的评价

从18世纪到1918年，申布伦宫殿是哈布斯堡王朝君主的住所。它是由建筑师约翰·伯恩哈德·费希尔·冯·埃尔拉赫和尼古劳斯·帕卡西设计建造的，到处都有极其精美的装饰艺术品。申布伦宫殿和花园一起，还有建于1752年的世界上第一个动物园的遗址，是非凡的巴洛克式建筑群，也是各类艺术汇集的典范。

申布伦宫殿又称"美泉宫"，位于奥地利首都维也纳。申布伦宫殿是一座富丽堂皇的巴洛克式建筑。16世纪，申布伦宫殿曾是王室成员的狩猎屋，在18世纪到1918年期间是哈

◎ 申布伦宫殿

布斯堡王朝君主的住所。玛丽亚·特蕾西娅执政时,这里成为皇族最喜爱的夏宫,许多重要国事活动在这里举行。整座宫殿有1441个房间,其中45间对外开放,供游客参观。

宫殿建筑大多数是巴洛克风格的,只有少量房间是洛可可风格。宫殿后面是一座巴洛克式大花园,在碎石子铺成的平面上,是一片格局优雅、精雕细琢的花坛和草坪。花园两边高大的树木被剪成一面绿墙,绿墙里是44座古希腊神话故事中的人物塑像。在花园的尽头,有一座美丽的喷泉,名为海神喷泉。海神喷泉水池的中央,是一组根据希腊海神故事塑造的雕像。在海神喷泉的东边是赫赫有名的美丽泉。从海神喷泉处,走上丘陵,就是申布伦宫殿的最高点——凯旋门。申布伦宫殿院落内还有建立于18世纪的动物园,是欧洲最古老的动物园,也是世界上现存最古老的动物园。

弗兰茨·约瑟夫一世和皇后茜茜公主曾住在申布伦宫殿。1830年,奥匈帝国的第一位皇帝弗兰茨·约瑟夫一世出生在申布伦宫殿,他的童年和青年时期的夏季都是在这里度过的。弗朗茨·约瑟夫一世继任奥地利皇帝兼匈牙利国王后,申布伦宫殿又经历了一次辉煌的时期,这里是他最喜欢和居住时间最长的住所,直到1916年,他在申布伦宫殿走完了最后的人生旅程。1918年,奥匈帝国末代皇帝就是在这里签署了退位诏书。电影《茜茜公主》主要场景也是在这里拍摄的。

莫斯科的克里姆林宫和红场
Kremlin and Red Square,Moscow

国家:俄罗斯

洲名:欧洲

时间:1990年列入《世界遗产名录》

标准:i,ii,iv,vi

属性:文化遗产

世界遗产委员会的评价

克里姆林宫是由杰出的俄罗斯和外国建筑师建于14—17世纪,是沙皇的住宅和宗教中心,13世纪以来俄罗斯所有最重要的历史事件和政治事件都与这里密切相关。坐落在红场上防御城墙脚处的圣巴西勒教堂,是最美丽的俄罗斯东正教建筑之一。

克里姆林宫位于莫斯科市中心,包括皇宫、教堂、钟楼、办公大楼,构成宏伟的建筑群。克里姆林宫曾是历代沙皇的皇宫,是沙皇权力的象征。它在历史上起着防御功能,是宗教和政治活动中心。克里姆林宫的主体是大克里姆林宫,宫内收藏有许多珍贵文物,包括皇冠、御座、珠宝、神像、盔甲、礼服等。克里姆林宫在三面围墙环绕下呈三角形,墙体总长度2.2千米,并加固有19座互不相同的塔楼。伊凡大帝钟楼是克里姆林宫中最高的建筑物,高达82米。它也是一座瞭望塔,可以俯瞰方圆几十公里的地方。在钟楼附近有一尊重

◎ 红场

达40.6吨的大炮，名为"炮王"。在钟楼脚下还有一座世界上最大的钟，铸于18世纪30年代，重量超过200吨，有"钟王"之称。

红场与克里姆林宫相毗连，建于15世纪，既是俄罗斯最著名的广场，又是举行盛大庆典和阅兵典礼的地方。红场上有著名的列宁陵墓，由黑色和深红色的大理石和花岗岩建成。广场南侧有闻名遐迩的圣巴西勒教堂。红场的北侧是俄罗斯国家博物馆，这是一座建于19世纪具有典型俄罗斯风格的建筑物。

◎ 克里姆林宫和列宁墓

德罗特宁霍尔摩王室领地
Royal Domain of Drottningholm

国家：瑞典

洲名：欧洲

时间：1991年列入《世界遗产名录》

标准：iv

属性：文化遗产

世界遗产委员会的评价

德罗特宁霍尔摩王室领地位于斯德哥尔摩郊区梅拉伦湖的一处岛屿上。它拥有城堡、保存完好的剧场（建于1766年）、中国宫和花园，由于受到凡尔赛宫的启发，成为北欧18世纪皇宫的最佳典范。

德罗特宁霍尔摩王室领地位于斯德哥尔摩郊区梅拉伦湖的一处岛屿上，四周绿树浓郁，有水池、喷泉、雕像、花坛，交相辉映，因它的设计受法国凡尔赛宫的启发，故有"瑞典的凡尔赛"之称。

最早这处王室住所是由瑞典国王为王妃建造的夏宫，始建于16世纪末，最初室内的装饰采用了巴洛克风格，后来不断增加了法国格调。这一王室领地后来陆续增建了奢华的图书馆和肖像画廊。瑞典国王古斯塔夫三世从他母后路易莎·乌尔莉卡那儿继承了这一王室领地。

岛上还有一座精美的宫廷剧院，是古斯塔夫三世的母后路易莎·乌尔莉卡下令建造的。这座剧院是目前世界上保存最好的古老剧院之一。

◎ 德罗特宁霍尔摩王室领地

中国宫，是国王古斯塔夫三世送给他母亲的生日礼物，用于取代之前建造的木质结构宫殿。这座宫殿与当时流行的中国建筑风格一致，融入了中国和其他东方元素。这座中国宫在这片王室领地显得格外引人注目。

布莱尼姆宫
Blenheim Palace

国家：英国

洲名：欧洲

时间：1987年列入《世界遗产名录》

标准：ii, iv

属性：文化遗产

世界遗产委员会的评价

布莱尼姆宫坐落在牛津附近的一个浪漫花园中，由天才园艺师布朗建造。它是英国国王为奖赏于1704年打败法国和巴伐利亚军队的莫尔伯勒第一任公爵约翰·丘吉尔，而于1705—1722年建造的公爵府。布莱尼姆宫以折中风格和回归民族根基而著称，是18世纪王宫建筑完美的典范。

布莱尼姆宫位于英国牛津郡伍德斯托克镇一座宁静的绿色乡村，被誉为英格兰最精美优雅的巴洛克式宫殿之一。英国最著名的首相之一温斯顿·丘吉尔出生在这里，因此这里也被称为"丘吉尔庄园"。

布莱尼姆宫这个名字起源于1704年8月13日在巴伐利亚进行的一场具有决定性的战争。在多瑙河北岸附近一个叫作布莱尼姆的小村庄，约翰·丘吉尔打败了路易十四的军队，为了表彰他的功绩，安妮女王册封他为莫尔伯勒第一任公爵。女王和国会一致同意把原先荒废了的皇家狩猎旧址，赐予约翰·丘吉尔一家建造自己的官邸，并以取胜的战场命名，称为"布莱尼姆宫"。该建筑于1705年开始施工，并于1722年建成。

◎ 布莱尼姆宫

布莱尼姆宫建在格里姆河边，一座小桥笔直地通向宅邸的中庭，桥的另外一端连接着河对岸的绿地。中庭、主路、小桥和对岸的草坪，将周围广阔的田园、园林和庭院融为一体。随意装点的橡树林、湖泊、玫瑰园、小瀑布体现出英式园林讲究自然的乡野风格，大草坪上的雕塑、喷泉和修剪整齐的植物又具有巴洛克式园林的布局严谨。宫殿四周环绕着许多漂亮的花园、湖泊、喷泉等，包括神秘花园、意大利花园、梯田式水景园、玫瑰花园、瀑布花园、快乐花园等。

◎ 喷泉

布莱尼姆宫是英国园林的经典之作，它将田园、园林景色和庭院融为一体。布莱尼姆宫主体建筑由两层主楼和两翼的庭院组成。宫殿四隅建有巴洛克式的方形塔楼，中轴线上的门廊和大厅错落有致。进入大厅，周围分布着接待室、图书室、客厅等，室内陈设着油画、雕塑、壁毯及各种装饰摆件，每一件都出自名家之手。

温斯顿·丘吉尔就出生在主楼西侧的一个房间中，但他的父亲并非家族继承人，也不住在这里。他的母亲来这里参加晚宴时突然早产，生下了这个家族中最显赫的人物。

◎ 丘吉尔诞生的房间

世界遗产

阿格拉堡
Agra Fort

国家：印度

洲名：亚洲

时间：1983年列入《世界遗产名录》

标准：iii

属性：文化遗产

世界遗产委员会的评价

与泰姬陵花园毗邻的阿格拉堡，是16世纪重要的莫卧儿王朝建筑。这座坚固的红色砂岩堡垒围墙长2.5千米，环绕着莫卧儿统治者的皇城。古堡里有许多宛如神话故事中的宫殿，如由沙·贾汗建造的贾汗吉尔宫和卡斯·玛哈宫，觐见宫如迪凡－伊－卡斯，还有两座非常美丽的清真寺。

◎ 阿格拉堡外景

阿格拉堡位于印度北方邦阿格拉亚穆纳河畔上，由阿克巴大帝下令建造，是莫卧儿王朝阿克巴、贾汗吉尔、沙·贾汗几代王室的皇家都城和要塞。阿格拉堡雄伟壮观、气势磅礴、富丽堂皇，具有宫殿和城堡的双重功能，见证了昔日莫卧儿王朝的强大和繁荣。

阿克巴是印度莫卧儿王朝第三代皇帝，是这一王朝著名的君主。在阿克巴的统治下，印度达到空前的统一和繁荣。

阿格拉堡被长2.5千米、高20米的城墙所环绕。整个城堡内约有500座建筑，雄伟壮观、气势磅礴，主要有贾汗吉尔宫、卡斯·玛哈宫、觐见宫、清真寺、亭台楼阁等。整座城堡呈不规则的八角形。阿格拉堡是一座极其奢华的宫殿，其后又增建了一些殿宇，使阿格拉堡成为一座无比壮丽的皇家都城和莫卧儿王朝几代王室的要塞。

阿格拉堡有一座八角形的石塔小楼，在这里可以看到举世闻名的泰姬陵。据说，当年沙·贾汗被他的儿子监禁在这座古堡时，只能默默地坐在小楼中，怀着无限的思念之情，望向泰姬陵，似乎在倾诉他那一颗孤寂哀伤的心。阿格拉堡，虽经历漫长的岁月，但这座古堡奢华的宫殿和坚固的城墙依然保留了昔日的风貌。

阿克巴下令开始兴建阿格拉堡时，因他偏爱红色的砂岩，所以阿格拉堡的整体结构基本上是用红砂岩建成。后来贾汗吉尔扩建此堡，他不喜欢红色，所以改用水泥外漆白色。沙·贾汗接手后，又采用自己偏爱的白色大理石。现在，在阿格拉城堡内，阿克巴时期的建筑已经很少保留下来，当时的许多建筑由他的孙子沙·贾汗进行了改建。

法塔赫布尔·西格里
Fatehpur Sikri

国家：印度

洲名：亚洲

时间：1986年列入《世界遗产名录》

标准：ii，iii，iv

属性：文化遗产

世界遗产委员会的评价

法塔赫布尔·西格里（胜利城）由阿克巴皇帝建于16世纪后半叶，它作为莫卧儿王朝的首都只有约10年的时间。建筑物和寺庙都为统一的建筑风格，其中包括印度最大的清真寺之一——贾玛寺。

法塔赫布尔·西格里由阿克巴大帝建于16世纪下半叶，曾是莫卧儿帝国的都城。

法塔赫布尔·西格里的意思是"胜利"，故后来又命名为"胜利宫"。阿克巴大帝多年无子女，后由一位名叫沙利姆·奇斯蒂的圣人指点迷津，最终求得一子。他的儿子即后来继承阿克巴帝位的莫卧儿王朝第四代皇帝贾汗吉尔。阿克巴为感谢沙利姆·奇斯蒂，在他的村庄一带建造了他的都城，并把国都从阿格拉迁到了这里。阿克巴皇帝远征西印度获胜，为纪念这次胜利，便把这座城市命名为法塔赫布尔·西格里，意为"胜利城""凯旋城"。然而，这座都城后来因缺水被废弃了。

◎ 法塔赫布尔·西格里

法塔赫布尔·西格里建在岩石高原之上，三面为城墙环绕，一面是湖。城墙设有塔楼和七座城门。城的主体建筑全部采用赤砂石，用白色大理石嵌出图案，并刻上各种细密精致的花纹雕饰。都城分为清真寺区和宫廷区。清真寺区以贾玛寺为主体，这一建筑融合了印度和波斯建筑艺术风格。贾玛寺内有沙利姆·奇斯蒂的墓，为红色砂岩建造，后来贾汗吉尔将其饰以大理石。宫廷区位于清真寺区的东北,昔日皇宫的赭红色城堡至今仍巍然屹立在嶙峋的石山之上。宫内有觐见宫、五层宫、土耳其苏丹宫、内宅、水池、庭院等。觐见宫内雕梁画栋,引人入胜。四周门廊之间有御用凉廊直通宫殿,中心有一根7米高的石柱,柱上一个圆形的平台是阿克巴大帝的御座。五层宫是一座宝塔式的五层建筑,没有围墙,四周装有护栏,最高一层是土耳其式圆顶凉亭,站在顶层可俯瞰全城。内宅是妃子们居住的地方,屋顶用绿色琉璃瓦建造,建筑十分别致。这座由红色砂岩建成的奢华都城是印度和穆斯林建筑艺术的典范。

阿克巴大帝的寝宫是城堡中较为休闲的场所,皇帝常坐在水池边的平台上乘凉。在花园的庭院里有一幅巨大的棋盘,皇帝时常在此下棋。

昌德宫建筑群
Changdeokgung Palace Complex

国家:韩国

洲名:亚洲

时间:1997年列入《世界遗产名录》

标准:ii,iii,iv

属性:文化遗产

世界遗产委员会的评价

15世纪早期,太宗皇帝下令在吉祥地建造一座新的宫殿。于是成立修建宫殿的专门队伍,来将这座宫殿建成一个在花园内包括办公和居住建筑物的建筑群,这些建筑物巧妙地与0.58平方千米的崎岖地形融合。此建筑与四周的景观和谐地融为一体,是远东宫殿建筑和设计的典范。

昌德宫建筑群目前仍保存着十余座殿阁,是朝鲜王朝宫殿中保存得最为完整的一座,被称为"韩国的故宫"。昌德宫建筑群位于韩国首都首尔,始建于15世纪,是太宗皇帝修建的朝鲜王朝第二王宫。但在16世纪时被烧毁,后被重建。昌德宫建筑群完全是根据自然地形设计的,布局严谨,被誉为朝鲜王朝时代造景艺术的杰作。敦化门是昌德宫的正门,是韩国最古老的宫门,两层木结构建筑的敦化门是宫殿大门中规模最大的门。仁政殿作为昌德

◎ 昌德宫敦化门

宫的正殿，是举行皇帝登基、大臣行礼、接见外国使节等国家重要仪式的地方。宣政殿是皇帝和高官大臣处理日常政务的地方。昌德宫是建筑群中唯一一个用昂贵的青瓦铺设了屋面的，象征这里是皇帝处理政务的地方。大造殿是王妃生活的地方。其他主要建筑还有熙政堂、诚正阁、璿源殿、乐善斋、演庆堂等。

作为一处皇家宫殿，昌德宫建筑群见证了很多历史性事件，同时，也经历了一个民族所经历的种种动荡。

五、广场

在世界范围内被世界遗产委员会列入《世界遗产名录》的广场类世界遗产有：布鲁塞尔大广场（比利时），比萨大教堂广场（意大利），南锡的斯坦尼斯拉斯广场、卡里耶尔广场和阿里昂斯广场（法国），圣克里斯托旺的圣弗朗西斯科广场（巴西）等。本部分重点介绍比利时布鲁塞尔大广场和意大利比萨大教堂广场。

布鲁塞尔大广场
La Grand-Place，Brussels

国家：比利时

洲名：欧洲

时间：1998年列入《世界遗产名录》

标准：ii，iv

属性：文化遗产

世界遗产委员会的评价

布鲁塞尔大广场是一个独特的公共和私人建筑混合的共同体，主要建于17世纪晚期。这一建筑风格生动地反映了这个重要的政治和商业中心当时的社会和文化水平。

布鲁塞尔大广场位于布鲁塞尔市的中心，呈长方形，长110米，宽68米，地面用小方石块铺成。17世纪以前这里大部分建筑都是木结构的。17世纪末，法国的路易十四命令法军攻城，布鲁塞尔的许多建筑被摧毁，广场也受重创，但是城里的商会以惊人的速度进行了重建。在众多建筑物中，最令人注目的是市政厅，建于15世纪早期，是一座楼顶建有精美钟塔的哥特式尖顶建筑，周边环绕着饰以精细华美浮雕

◎ 布鲁塞尔大广场

的古代建筑物,拱孔林立,柱廊环绕。法国大文豪雨果称赞这里是"世界上最美丽的广场"。除了市政厅,大广场上还有王宫、历史博物馆、雨果的寓所、闻名遐迩的天鹅咖啡馆等。天鹅咖啡馆的一侧有一座和真人一样大小的青铜女神卧像,天鹅咖啡馆的斜对面有两家店铺,是雨果的故居,雨果曾在此处写作过,这两家店铺前的墙上分别镶嵌着方形铭牌,标记着雨果故居的字样。

在布鲁塞尔广场南面不远处的一条小巷路口就是世人皆知的小于连撒尿的铜像,堪称布鲁塞尔的标志,小于连被称为布鲁塞尔的"第一公民",是世人皆知的"小尿童"。那是一尊约半米高的裸体小铜像,他站在2米高的一座拱形石座上,旁若无人地在"撒尿"。据说在13世纪的一场战争中,敌军企图炸毁市政厅,派人埋下炸弹,在引爆时小于连急中生智,撒尿淋湿了导火线,挽救了布鲁塞尔和百姓的生命。后人为纪念他,雕塑了这座撒尿小铜像。多少年来,善良的人们凭借着自己善意的想象传播着这个故事。

比萨大教堂广场
Piazza del Duomo,Pisa

国家:意大利

洲名:欧洲

时间:1987年列入《世界遗产名录》

标准:i,ii,iv,vi

属性:文化遗产

世界遗产委员会的评价

比萨大教堂广场坐落在一片宽阔的草坪上,广场上矗立着一组举世闻名的建筑群。四处中世纪的建筑杰作是大教堂、洗礼堂、钟楼(斜塔)和公墓,对11—14世纪期间意大利的建筑艺术具有极大的影响。

◎ 比萨大教堂广场

比萨城在意大利的西北部,是一座古老而美丽的城市,现在是意大利的主要文化中心之一,这里有著名的比萨大学和科研机构。比萨城因比萨斜塔而举世闻名,同时也是著名科学家伽利略的故乡。比萨城是一座小城,时至今日仍保持着中世纪古城的风貌。中世纪时,比萨城一度是繁荣的海港,通过海外贸易,经济空前繁荣。1860年,比萨城并入意大利王国。

比萨城最著名的景区是大教堂广场，宽敞的广场上矗立着一组中世纪的建筑群——比萨斜塔、大教堂、洗礼堂、公墓和大教堂歌剧博物馆，在宽广的绿茵茵的草坪衬托下显得格外美丽。这些建筑群被视为中世纪的建筑奇迹，因此比萨大教堂广场又称为奇迹广场。

比萨斜塔：比萨斜塔始建于1173年，为8层圆柱形建筑，2—7层为空廊，顶层为钟楼，塔内有近三百级楼梯，全部用白色大理石砌成。比萨斜塔造型独特，为罗马式建筑艺术之典范。它原本是为比萨大教堂而建的钟楼，当建完第三层时人们发现由于地表陷落而造成塔身倾斜，几经周折，但最终还是在倾斜状态下完工。这座建筑因意大利物理学家伽利略在塔上做了著名的自由落体实验而全球闻名。

大教堂：大教堂始建于1064年，全部是用大理石砌成，教堂的门和布道坛造型令人惊叹，教堂内精雕细琢的装饰让人目不暇接。

洗礼堂：洗礼堂始建于1152年，是一座圆形的白色大理石建筑物，皇冠似穹顶和布道坛格外引人注目。

公墓：公墓位于大教堂歌剧博物馆旁侧，是中世纪墓地，长方形，有大理石外墙。

六、园林

在世界范围内被世界遗产委员会列入《世界遗产名录》的园林类世界遗产有：北京颐和园——皇家园林（中国）、苏州古典园林（中国）、承德避暑山庄及周围寺庙（中国）、德绍-沃利茨的皇家园林（德国）、基尤皇家植物园（英国）、斯塔德利皇家公园和喷泉修道院遗址（英国）、帕多瓦植物园（意大利）、拉合尔古堡和夏拉玛尔花园（巴基斯坦）等。本部分重点介绍基尤皇家植物园与帕多瓦植物园。

基尤皇家植物园
Royal Botanic Gardens，Kew

国家：英国

洲名：欧洲

时间：2003年列入《世界遗产名录》

标准：ⅱ，ⅲ，ⅳ

属性：文化遗产

世界遗产委员会的评价

基尤皇家植物园是18—20世纪园林艺术发展最辉煌阶段的完美体现。现在，该植物园所拥有的极其丰富的有关植物的收藏（植物标本、现生植物和文献），是几个世纪不断积累的结果。自从1759年建立起，基尤皇家植物园就不断地为植物多样性和经济植物学的研究做出杰出的贡献。

基尤皇家植物园坐落在伦敦泰晤士河畔的邱镇，因此也称邱园。这里原是一片荒滩，由于三面环水，18世纪初被选中建设英国皇室别墅区。1841年正式成为英国皇家植物园，植物园内种植着从世界各地移植来的热带、亚热带、温带、寒带和高山、湖泊、平原以及丘陵生长的数万种植物。园内常年万紫千红，风光旖旎。几十间巨大的暖房给那些异乡植物提供了适宜的生态环境，有些植物已经在这里生长了100多年。

◎ 基尤皇家植物园入口

◎ 基尤皇家植物园风光

基尤皇家植物园内设有专业花园和温室园，其中包括水生花园、树木园、杜鹃园、竹园、玫瑰园、草园、日本风景园、柏园等。园内设有现代化的植物博物馆、标本室、图书馆和实验室。此外，基尤皇家植物园还有44座具有历史价值的古建筑物。经过几百年的发展和进步，基尤皇家植物园已经从单一从事植物收集和展示的植物园成功转型为集教育、展览、科研、应用为一体的综合性机构。

帕多瓦植物园

Botanical Garden (Orto Botanico)，Padua

国家：意大利

洲名：欧洲

时间：1997年列入《世界遗产名录》

标准：ii，iii

属性：文化遗产

世界遗产委员会的评价

世界上第一个植物园于1545年建于帕多瓦，它仍保留着最初的建筑设计风格，一块象征着世界的圆形中心地带被水流所环绕。后来，这里又增添了一些其他设施，其中包括建筑设施（装饰过的大门和栅栏）和实物设施（水泵设备和温室），时至今日它仍一如既往地继续着它的初衷，即把植物园作为科学研究的中心。

帕多瓦植物园位于意大利北部一座历史悠久的古城——帕多瓦，公元前302年就有文字记载这座城市。在帕多瓦植物园的不远处是帕多瓦大学，1545年，帕多瓦大学建成世界上第一个大学植物园，也就是现在的帕多瓦植物园，占地约22000平方米，植物园呈圆形，外围有水流环绕，象征着被海洋环绕的世界。这里配备有装饰性的入口和栏杆，以及水泵设施和温室。帕多瓦植物园建立后迅速发展，到了1546年就可以用作教学了，1552年，园内种植了大约1500多种不同的植物，到了1834年园内收集了16000多种植物，有许多濒危的稀有植物。帕多瓦植物园展览温室内设计了热带雨林和室内花园两大主题，展示世界各地热带植物3500余种。一直到1984年，帕多瓦植物园引以为豪的树木可以追溯至1550年的一株荆树，现存最古老的植物则是一株种植于1585年的棕榈，被称为"歌德棕榈"。时至今日，帕多瓦植物园仍然是科研基地。帕多瓦植物园对现代植物学科学思想的建立做出了卓越贡献。

七、皇家陵寝

历代的皇家陵寝都十分重视选择陵址，以图皇权永固。在世界范围内被世界遗产委员会列入《世界遗产名录》的皇家陵寝和墓地类世界遗产有：秦始皇陵（中国），明清皇家陵寝（中国），高句丽王城、王陵和贵族墓葬（中国），德里的胡马雍陵（印度），泰姬陵（印度），孟菲斯及其墓地——吉萨至达舒尔金字塔地带（埃及），底比斯古城及其墓地（埃及），卡苏比的布干达王陵（乌干达），阿斯基亚陵（马里）等。本部分重点介绍其中的德里的胡马雍陵、泰姬陵、孟菲斯及其墓地——吉萨至达舒尔金字塔地带、底比斯古城及其墓地。

德里的胡马雍陵
Humayun's Tomb，Delhi

国家：印度

洲名：亚洲

时间：1993年列入《世界遗产名录》

标准：ii，iv

属性：文化遗产

世界遗产委员会的评价

胡马雍陵建于1570年，作为印度次大陆的第一座花园陵墓具有特殊的文化意义。它引起了一些重要的建筑领域的创新，这种创新在泰姬陵的建筑中达到顶峰。

胡马雍陵是印度最早的莫卧儿式建筑，为莫卧儿王朝第二代皇帝胡马雍的陵墓，位于德里东南郊亚穆纳河畔，由其遗孀帝后哈吉·贝古姆主持修建。这座精美绝伦的陵墓矗立在美丽的陵园之中，气势宏伟，规模宏大。陵墓建在长方形石台上，主体是用红色砂岩

世界遗产

◎ 胡马雍陵

建成，顶部是白色大理石圆屋顶。胡马雍的石棺在寝宫中央，其他寝宫是莫卧儿王朝其他帝王和皇室成员的石棺。胡马雍陵花园式的陵园、精雕细琢的镂花和寝宫墙壁上的拱形大门，构成了典型的莫卧儿建筑风格。后来，哈吉·贝古姆逝世后也被埋葬在这里。莫卧儿王朝最后一位皇帝巴哈杜尔·沙以及他的儿孙们也被埋葬在这里。这里成为埋葬莫卧儿王朝王室成员最多的皇家陵寝。

莫卧儿王朝是从1526年到1858年一直统治着印度的穆斯林王国。巴布尔是印度莫卧儿王朝创始人，他是帖木儿的后裔，于1483年出生于中亚费尔干纳，有着蒙古血统，是莫卧儿王朝的第一任国王。他从阿富汗攻入印度，建起了莫卧儿帝国。1526年，巴布尔打败德里的统治者，在阿格拉称帝。巴布尔的儿子胡马雍于1530年继承了王位。胡马雍才智过人，举止文雅，善于与人交往，喜欢娱乐，但作战本领平平。由于胡马雍被阿富汗人舍尔·沙·苏尔打败，流亡波斯和阿富汗，莫卧儿王朝在印度的统治暂告中断。1555年，胡马雍重征印度，占领德里和阿格拉，恢复了莫卧儿王朝在印度的统治。1556年胡马雍去世，由其子阿克巴继位。

◎ 胡马雍的石棺

泰姬陵
Taj Mahal

国家：印度

洲名：亚洲

时间：1983年列入《世界遗产名录》

标准：i

属性：文化遗产

世界遗产委员会的评价

泰姬陵是一座由白色大理石建成的巨大陵墓，是按照莫卧儿皇帝沙·贾汗的旨意为纪念他的爱妻于1631年至1648年建于阿格拉的。泰姬陵是印度穆斯林艺术的瑰宝，也是为世人赞叹的世界遗产杰作之一。

泰姬陵位于印度北方邦的阿格拉，背依亚穆纳河，是莫卧儿皇帝沙·贾汗为纪念他的爱妻而建。泰姬陵宏伟壮观，精美绝伦，全部用洁白的大理石建成。陵园前院古树参天，遍布奇花异草，陵园后面的庭院占地面积最大。从大门到陵墓，有一条用红色砂岩铺成的甬道，甬道中间是一条清澈的水池，内有喷泉，波光潋滟，与泰姬陵交相辉映。甬道左右两边对称，布局工整，两旁是人行道。甬道尽头的主体建筑即为洁白大理石砌就的陵墓。

泰姬陵上部为一巨大的圆形穹顶，下部为八角形陵壁。陵墓四壁各有一扇拱门，四扇高大的拱门上用黑色大理石镶嵌着《古兰经》经文，点缀着许多五颜六色的宝石。宫墙上，珠宝镶成的繁花佳卉，构思巧妙。泰姬陵内以中央八角大厅为中心，中心线上安放着泰姬的石棺，旁边是皇帝沙·贾汗的石棺。

◎ 泰姬陵

1631年，莫卧儿皇帝沙·贾汗的妻子泰姬在分娩第14个孩子时难产去世，当时38岁，沙·贾汗在泰姬去世的同一年下令开始建造这座陵墓用来纪念他的爱妻。当时，泰姬陵动用了上万名工匠参与建造，耗资巨大，历时近20年才完成。

泰戈尔将泰姬陵喻为"永恒面颊上的一滴眼泪"。每天朝霞初起时，一轮红日伴着亚穆纳河袅袅的晨雾，泰姬陵犹如在香梦沉酣中苏醒，显得洁白晶莹、玲珑剔透、美轮美奂，傍晚的泰姬陵更显得妩媚动人，在月光下清雅出尘，美得让人目眩。泰姬陵如同一绝代佳人矗立在亚穆纳河畔。

泰姬陵因爱情而建，这段爱情的故事也因泰姬陵的光彩而流传。泰姬陵之所以能吸引世界无数的游人前来造访,不仅仅是因为建筑物本身的价值,还在于她是一座爱情的丰碑,沙·贾汗与泰姬的爱情故事感动着一代又一代人。

孟菲斯及其墓地——吉萨至达舒尔金字塔地带
Memphis and its Necropolis–the Pyramid Fields from Giza to Dahshur

国家:埃及

洲名:非洲

时间:1979年列入《世界遗产名录》

标准:i、iii、vi

属性:文化遗产

世界遗产委员会的评价

古埃及王国首都有一些非凡的墓葬遗址,包括岩石墓、石室墓、庙宇和金字塔。这一遗址被认为是古代的世界七大奇迹之一。

孟菲斯位于埃及尼罗河西岸,大约建于公元前3000年。这座城市以白色城墙围绕,故当时名"白城",后改称孟菲斯。在漫长的岁月中,孟菲斯几经兴衰,最后毁于公元7世纪。现今,孟菲斯古城仅存拉美西斯二世时代的神庙遗迹、第十九王朝的狮身人面像、阿庇斯圣牛庙和第二十六王朝的王宫遗迹等。孟菲斯的博物馆很小,里面只有一尊躺着的拉美西斯二世的巨大石雕,这座雕像原约14米高,由整块石灰岩雕成,相当精美。虽历经几千年的岁月,但雕像上的象形文字都还清晰可见。在一场地震中,雕像的双腿及左手折断,因此现在让雕像横躺在博物馆大厅里。

孟菲斯博物馆的庭院里有一座狮身人面像,高4.5米,长8米,为公元前1200年第十九王朝的狮身人面像。现在这里除了几尊雕像、石柱和神庙残垣断壁之外已所剩无几。

◎ 孟菲斯遗址

◎ 孟菲斯遗址的狮身人面像

金字塔墓葬群遗址坐落在孟菲斯的周围,主要在吉萨高原上。绝大多数金字塔分布在尼罗河西岸，这是因为古代埃及人认为，太阳西下的地方有来世。

塞加拉是埃及最大的墓地，长约8千米，宽1千米。左塞尔王的阶梯形金字塔是作为塞加拉最大的墓葬综合建筑的一部分，约始建于公元前27世纪，是埃及第一座金字塔，又称左塞尔金字塔，高62.5米，基部边长125米，宽109米。达舒尔距塞加拉南部墓葬区2千米，这里也有两座气势雄伟的金字塔。埃及大大小小的金字塔已有90座，最著名的要数吉萨金字塔。这是祖孙三代金字塔，它们分别是大金字塔（也称胡夫金字塔）、哈夫拉金字塔和门考拉金字塔。三座金字塔并排屹立，巍然壮观，其中规模最大的一座是法老胡夫的坟墓。胡夫金字塔塔高约146.6米，每个底边长230米，由230万块巨石筑成。每块石头平均重达2.5吨。哈夫拉金字塔塔高143.6米，每个底边长215.5米。门考拉金字塔塔高66米，每个底边长108米。在哈夫拉金字塔附近，还有一座非常有名的狮身人面像。

埃及最主要的金字塔的主人是法老。来世是埃及宗教信仰的一个主要特征，法老们关心死亡，要为来世进行物质方面的准备。金字塔的基座是正方形，四面呈四个相等的三角形。几千年以来，古埃及的金字塔和狮身人面像一直耸立在埃及吉萨高原的沙漠之中，与开罗旧城隔着尼罗河遥相呼应。

底比斯古城及其墓地

Ancient Thebes with its Necropolis

国家：埃及

洲名：非洲

时间：1979年列入《世界遗产名录》

标准：i，iii，vi

属性：文化遗产

世界遗产委员会的评价

底比斯——阿蒙神之城，是中新王国时期的古埃及首都。底比斯拥有凯尔奈克神庙、卢克索神庙、帝王谷墓地和王后谷墓地。底比斯是古埃及文明所达到的高度的有力见证。

卢克索是埃及中南部城市，位于开罗以南的尼罗河畔，坐落在古埃及中王国和新王国的都城底比斯遗址上，古时称底比斯。底比斯兴建于中王国第十一王朝时期，至今已有4000多年的历史，到了新王国第十八王朝，底比斯进入鼎盛时期，城市跨尼罗河中游两岸。据说当时的底比斯人口稠密、广厦万千，城门就有一百座，是世界上屈指可数的最古老的都城之一，《荷马史诗》把这里称为"百门之都"。如今的卢克索是世界上最大的露天博物馆，有着"宫殿之城"的美誉。尼罗河穿城而过，将其一分为二。由于古埃及人认为人的生命同太阳一样，自东方升起，西方落下，因而在河的东岸是壮丽的神庙和充满活力的居民区，河的西岸则是法老、王后和贵族的陵墓。"生者之城"与"死者之城"隔河相望，形成两个永恒循环的世界。

底比斯古城及其墓地包括凯尔奈克神庙、卢克索神庙、帝王谷、王后谷等。

凯尔奈克神庙：凯尔奈克神庙位于卢克索以北，始建于3000多年前，后经数代王朝的修葺扩展，经历了不断的扩建，成为古埃及帝国遗留的最壮观的神庙，因其浩大的规模而闻名世界。规模宏大的凯尔奈克神庙全部用巨石修建，由许多庙宇组成，包括大小神殿20余座，是现存的神庙群中规模最大的一个。神庙有12座雄伟的塔式大门（塔门），走进塔门，庭院相连，层层推进，主殿和礼仪厅坐落在建筑群后部。第二座塔门与第三座塔门之间是建于公元前1300年前后的著名的"连柱殿"（大柱厅），是由塞提一世始建，拉美西斯二世完成。殿内有134根巨大的石柱，石柱上刻有象形文字和彩绘浮雕，柱头圆盘呈莲花状或纸草花状。神庙的一侧还有一个大水池，称为圣湖，传说是供祭司祭祀前沐浴所用，圣湖边上有著名的圣甲壳虫石雕。作为埃及最大的神庙，凯尔奈克神庙给人的感觉就是震撼，且不说塔门巨大而厚重，雕像高大而挺拔，最神奇的要数哈采普苏特女王方尖碑，高约30米，重约320吨。在神庙的石壁上，可见到古埃及人用象形文字刻写的他们的光辉史迹。神庙内还有一些闻名遐迩的方尖碑和许多法老后妃的雕像。

◎ 凯尔奈克神庙

卢克索神庙：卢克索神庙是底比斯主神阿蒙的妻子穆特的神庙，规模仅次于凯尔奈克神庙。神庙由塔门、庭院、柱厅和诸神殿构成。塔门是神庙的主要入口。在塔门两侧矗立着六尊拉美西斯二世的巨石雕像，其中靠塔门两侧的两尊高达14米。这里的大部分工程是由第十八朝法老阿蒙诺菲斯三世完成的，后来的拉美西斯二世又增建了大门和庭院，并在门口竖立了六尊他的塑像，现存三尊。庙门原来有两座方尖碑，其中一座现矗立在法国巴黎的协和广场。

◎ 卢克索神庙

帝王谷：穿过郁郁葱葱的卢克索尼罗河河谷地带，踏上尼罗河西岸土地，就进入了山岩裸露的峡谷地带，这就是帝王谷。帝王谷约建于公元前1500—前1000年，这里埋葬着60多位法老和王室成员。因此，人们把这片山谷称为"帝王谷"。第十八王朝法老图特摩斯一世是为了防止盗墓才把岩洞陵墓修建在帝王谷的，然而，历史注定了帝王谷要成为盗墓贼的天堂。这些墓穴依山开凿，墓道起伏曲折，左右各有厅

◎ 帝王谷

事、墙壁和拱形的天花板。墙壁绘着彩色壁画并配有文字，还有各种动物形状的神明肖像，也有古代耕耘情景、狩猎情景、宫廷欢乐歌舞的场面。在帝王谷中被发掘出来的墓室共有62座，其中有图特摩斯一世、图特摩斯三世、阿蒙霍特普二世、塞提一世、拉美西斯二世、图坦卡蒙等著名法老的陵墓。在这些陵墓中最大的一座是塞提一世之墓，巨大的岩石洞被挖成地下宫殿，墙壁和天花板布满壁画，装饰华丽。墓穴入口往往开在半山腰，有细小通道通向墓穴深处，通道两壁的图案和象形文字至今仍十分清晰。

1922年，英国考古学家霍华德·卡特等人在帝王谷发现了图坦卡蒙的陵墓，它是已发现的唯一一座未遭盗掘的古埃及王陵。图坦卡蒙是古埃及新王国时期第十八王朝法老。

◎ 图坦卡蒙陵墓

图坦卡蒙的陵墓规模不大，形式亦较简易，总体由甬道、前厅、棺室、耳室和库房组成。棺室内有壁画，壁画以宗教活动和埋葬场面为主。棺椁共有七层，外面是四层木质棺椁，里面又有三层，分别为石棺、硬木人形棺和黄金人形棺。最内层的是黄金颜面肖像人形棺，表面装饰豪华，工艺精湛。棺内即为图坦卡蒙法老的木乃伊，木乃伊的面部佩戴着黄金面具。除棺室外，其他各室布满数以千计的家具、雕像、武器、王杖、包金战车等随葬品。

王后谷：王后谷约建于公元前1300年—前1100年，王后谷跟帝王谷相似，都是一个个地下墓室，不同的是它们不是法老的陵墓，而是第十九、二十王朝期间法老们的王后和王室成员的陵墓，其中最特别的是奈菲尔塔利王后墓室，是埃及现存最优美、装饰最华丽的陵墓之一。奈菲尔塔利是拉美西斯二世的妻子，是传说中埃及历史上最美丽的皇后。

八、防御工事

在世界范围内被世界遗产委员会列入《世界遗产名录》的城堡和要塞类世界遗产有：苏奥曼斯纳城堡（芬兰），科隆伯格城堡（丹麦），蒙特城堡（意大利），圭内斯郡爱德华国王城堡和城墙（英国），伦敦塔（英国），瓦尔特堡城堡（德国），贝林佐纳集镇的三个城堡、防御城墙和防御工事（瑞士），马尔堡的条顿骑士团城堡（波兰），米尔城堡（白俄罗斯），杰尔宾特城堡、古城和要塞建筑（俄罗斯），罗赫达斯要塞（巴基斯坦），长城（中国），罗马帝国边界（英国和德国）等。本部分重点介绍其中的苏奥曼斯纳城堡、圭内斯郡爱德华国王城堡和城墙、伦敦塔。

苏奥曼斯纳城堡

Fortress of Suomenlinna

国家：芬兰

洲名：欧洲

时间：1991年列入《世界遗产名录》

标准：iv

属性：文化遗产

世界遗产委员会的评价

苏奥曼斯纳城堡由瑞典人建于18世纪下半叶，坐落在赫尔辛基港入口处岛屿上。这座城堡是当时欧洲特别引人注目的军事建筑的典范。

苏奥曼斯纳城堡（又称芬兰堡）坐落在赫尔辛基外海的岛屿上，是世界上现存最大的海上要塞之一。18世纪，当时芬兰受瑞典管辖，斯德哥尔摩国会决定要在赫尔辛基外海的

◎ 建在海岛上的苏奥曼斯纳城堡

小岛上建造一座军事城堡。这项工程在瑞典人奥古斯丁·艾伦怀特的负责下开始建造，在靠近赫尔辛基附近的岛屿上修建链式防御性城堡，以抵御外来入侵。1808年，该城堡被俄军占领，从此以后，芬兰成为沙皇俄国统治下的大公国，直至1917年，十月革命后沙皇俄国覆灭，红色苏维埃政权建立，1917年12月6日芬兰宣告独立。1918年，芬兰人将这座城堡命名为苏奥曼斯纳城堡。在战争时期，苏奥曼斯纳城堡是重要的海防军事要塞，在芬兰的独立解放战争中占据着至关重要的军事地位。当时在这里建设的炮台和军营到现在都完好地保存了下来。除此之外，苏奥曼斯纳城堡还有教堂、城门等名胜古迹。

圭内斯郡爱德华国王城堡和城墙
Castles and Town Walls of King Edward in Gwynedd

国家：英国

洲名：欧洲

时间：1986年列入《世界遗产名录》

标准：i，iii，iv

属性：文化遗产

世界遗产委员会的评价

博马里斯和哈勒赫城堡（主要由军事工程师圣乔治·詹姆士建造）及卡那封和康威防御工事位于威尔士北部圭内斯郡的前公国。它们保存极为完好，是爱德华国王统治时期（1272—1307）殖民和防御工事的典型，反映了当时的军事建筑风格。

英格兰国王爱德华一世统治期间，在整个威尔士沿海区域修建了一系列的城堡与城墙，作为统治当地的重要防御性建筑，其中博马里斯城堡、哈勒赫城堡、卡那封城堡、康威城堡是保存最完好的四座城堡，已经都成为世界文化遗产。

博马里斯城堡：博马里斯城堡是位于英国威尔士西北部安格尔西岛上的一座中世纪城堡。它是爱德华一世用来控制威尔士的沿海城堡链中的最后一环，也是爱德华一世所建城堡中体积最大、最气派的。1295年开始动工，城堡整个工期长达三十多年。博马里斯城堡拥有两重平整美丽的环状六角形和四角形城墙。作为一个整体，城堡中心是一个高高的圆形防御工事，外面环绕一周较低的城墙。城堡的第一道防线是一条盛满水的护城壕沟，通过壕沟是一条低矮的外部警戒室组成的幕墙，周围分布有十六座塔楼和两座城门。城门紧邻大海，坚实的木门上分布着被称作"杀手之孔"的射击孔。即使进入了城门，攻击者在到达城堡心脏地带之前，还要面对纵深处安置的11个障碍物。博马里斯城堡四道堡垒的防护和同心的"城墙套城墙"结构让这里成为英国建造工艺上最完美的一座城堡。

哈勒赫城堡：哈勒赫城堡位于卡迪根湾北岸，它雄踞特马多戈湾的一个峭壁之巅，成为数千米海岸线上的一个重要路标，是爱德华一世所建城堡中选址最引人注目的。在英国内战时期,它是最后被攻破的保皇党人的据点。尽管历经战争和岁月的洗礼,这座中世纪的城堡仍岿然耸立,完好无损。

卡那封城堡:位于威尔士郡西北海岸的卡那封城堡是爱德华一世修建的一系列城堡中最为复杂的一座军事建筑。公元11世纪末到1283年,卡那封镇内矗立着一座土岗-城郭式城堡,之后英格兰国王爱德华一世将其更换为如今的石结构城堡。卡那封城堡的鹰塔是英国现存城堡塔楼中最大的,虽然靠近大海并经受了数百年海水侵蚀和海风冲击,它却始终坚固异常。几百年来,鹰塔被称为装饰最华丽的中世纪军事设施。爱德华一世希望坚固又高大的城堡能够震慑威尔士人,让他们永远打消反抗的念头。卡那封城堡规模宏大,各塔之间都有通道,可以从一塔穿过通道走到另一塔。同一个塔内,也有纵横交错的通道。城堡的箭楼、吊桥、加固门、纪念塔和高大的炮台等具有极大的震慑力。

◎ 康威城堡

康威城堡与城墙:康威城堡耸立在三面环水的一处海角上,是一个有八座碉堡的防御工事。长长的城墙防护着爱德华一世时期这座威尔士最大的边陲重镇。在离城镇最近的地方,城堡本身的外部广场上有驻军防守。在城墙和外防御系统的双重保护下,城堡的内部是国王的私人住处,塔楼冠以皇家级的炮台。

康威城堡位于康威镇城墙最西面,向东北约百米即是康威港。当年英格兰军队入侵康威河流域,占领康威镇即从这一港口登陆。所以后来就在这里建设了城堡,象征了英格兰对威尔士的征服。

康威是北威尔士最为著名、拥有众多中世纪建筑的海边小镇。这个历史悠久的小镇之所以独具特色,不仅在于唯美的建筑和海边的乡村美景,还在于小镇被中世纪的古城墙包围着。如今,康威城堡以其重要的历史价值而成为一个重要的旅游景点,很多游人慕名而来,一睹这座古堡的风采。

伦敦塔

Tower of London

国家:英国

洲名:欧洲

时间:1988年列入《世界遗产名录》

标准:ii, iv

属性：文化遗产

世界遗产委员会的评价

巨大的白塔是一个典型的诺曼底式的军事建筑，它的建筑风格带来的影响遍及整个英国。它是由征服者威廉一世下令沿泰晤士河建造的，用以保护伦敦和维护他的权力。伦敦塔围绕白塔而建，是一座具有历史意义的庄严城堡，已成为王权的象征之一。

伦敦塔坐落在英国伦敦泰晤士河畔，始建于11世纪，历史上曾被用作城堡、王宫、天文台、监狱、军械库、造币厂、珠宝馆和刑场等。伦敦塔最重要的建筑是位于要塞中心的白塔。白塔分为三层，塔楼的四角各建有一座高塔，东北角的塔楼为圆形，其他三个塔楼均为方形。以白塔为中心，伦敦塔有内外两道防御墙，外防御墙的外沿以一道沟堑形成一道屏障，沿墙建有6座塔。内防御墙建有13座塔。伦敦塔的入口通道设在要塞的西南角。

◎ 伦敦塔（1）

◎ 伦敦塔（2）

伦敦塔中的珍宝馆收藏有英国王室的许多珍宝，包括王冠、权杖、金银珠宝、器皿等。伦敦塔是伦敦最具历史意义的地方，在英国历史上有不少王公贵族和政界名人被关押在这里，亨利八世的妻子安妮王后就是在伦敦塔被处以死刑的。伦敦塔是王权的象征，见证了多个世纪皇宫生活的残暴与痛苦，以及英国历史上的盛大庆典。

九、古人类遗址

在世界范围内被世界遗产委员会列入《世界遗产名录》的古人类遗址类世界遗产有：周口店北京人遗址（中国），桑吉兰早期人类遗址（印度尼西亚），奥莫下游河谷（埃塞俄比亚），阿瓦什下游河谷（埃塞俄比亚），南非古人类化石遗址（南非）等。本部分重点介绍其中的奥莫下游河谷、阿瓦什下游河谷、南非古人类化石遗址。

世界遗产

奥莫下游河谷
Lower Valley of the Omo

国家：埃塞俄比亚

洲名：非洲

时间：1980年列入《世界遗产名录》

标准：iii, iv

属性：文化遗产

世界遗产委员会的评价

靠近图阿卡那湖的奥莫下游河谷是世界上著名的史前遗址。在这里发现的许多化石，特别是纤细人化石，对人类进化研究起着重要作用。

奥莫下游河谷位于埃塞俄比亚的西南部，绵延165平方千米，在这里人们已经发掘出了南方古猿的骨骼、大量的牙齿和残骸。此外，这里挖掘出的石器是迄今为止发现的人类最早的工具。

奥莫下游河谷史前遗址的研究归功于20世纪30年代卡米尔·阿兰布格教授和后来的一支由古生物学家和史前考古学家组成的考古队所做的工作。在有关部门的监管下，这处史前时期的遗址得到了完好的保存。

阿瓦什下游河谷
Lower Valley of the Awash

国家：埃塞俄比亚

洲名：非洲

时间：1980年列入《世界遗产名录》

标准：ii, iii, iv

属性：文化遗产

世界遗产委员会的评价

阿瓦什下游河谷是非洲大陆最重要的古生物遗址之一。这处遗址发现的残骸，其时代至少可追溯到400万年前，为人类演化提供了证据，改写了我们对人类历史的认识。最为惊人的发现是在1974年，52块骨骼碎片使著名的露西重建成为可能。

阿瓦什下游河谷人类遗址位于亚的斯亚贝巴东北方向300千米处，占地约150平方千米。1973—1976年，一支国际考察队在阿瓦什下游河谷考察和研究，挖掘出大量保存完好的原始人类和动物骨骼化石，其中最古老的至少有400万年历史。1974年，美国加利福尼亚大学的学者唐纳德·约翰逊在埃塞俄比亚的阿瓦什下游河谷发现了十分完整的"原始人类化石"，具有南方古猿和智人的特征，也就是著名的露西。这具名为露西的女性骨骼虽然尚未完全进化为人，臂长而腿短，但她的体态已体现出人的特征。露西生活的年代在320万年之前，是非洲南方古猿的一种。这处遗址为人类的起源和生物的进化提供了重要的证据。2006年，古人类学家又在距离出土露西仅4千米的地方发现了较为完整的南猿化石。

南非古人类化石遗址
Fossil Hominid Sites of South Africa

国家：南非

洲名：非洲

时间：1999年列入《世界遗产名录》，2005年扩展

标准：iii，vi

属性：文化遗产

世界遗产委员会的评价

汤恩幼儿化石遗址作为1999年遗址的扩展部分，是1924年著名的汤恩头盖骨——非洲南猿标本被发现的地方，也是在这处遗址中的马卡源谷地，有许多人类居住和进化的考古洞穴遗迹，其年代可追溯至大约330万年前。这一地区有解释人类起源和演化不可缺少的重要线索。此处发现的化石已经使几块早期人科标本的识别成为可能，尤其是傍人，其年代可追溯至450万到250万年前，用火的证据在180万到100万年前。

南非古人类化石遗址包括斯泰克方丹、斯瓦特克朗、克罗姆德莱、艾维罗恩及汤恩幼儿化石遗址。

一些重要的非洲南猿和粗壮南猿标本曾被发现于南非古人类化石遗址中的斯泰克方丹山谷洞穴，能人的一些标本也被发现于斯泰克方丹洞穴的角砾岩中。巨齿傍人的标本被发现于斯瓦特克朗。克罗姆德莱是博鲁姆于1938年首次发现粗壮傍人标本的遗址，粗壮傍人现已改名为粗壮南猿。斯泰克方丹、斯瓦特克朗和克罗姆德莱发现的石器和骨具年代可追溯至200万—150万年前。斯瓦特克朗洞穴发现了古人类用火的证据，年代可追溯到180万—100万年前。

汤恩幼儿化石遗址是于2005年作为斯泰克方丹、斯瓦特克朗、克罗姆德莱和艾维罗恩古人类化石遗址扩展项目列入的。

十、考古遗址

在世界范围内被世界遗产委员会列入《世界遗产名录》的考古遗址类世界遗产有：佩特拉（约旦），吴哥（柬埔寨），摩亨朱达罗考古遗址（巴基斯坦），班清考古遗址（泰国），巴林堡：迪尔蒙国的古老港口和首都（巴林），特洛伊考古遗址（土耳其），

以弗所（土耳其），亚述（伊拉克），巴特、库特姆和艾因考古遗址（阿曼），庞贝、赫库兰尼姆和托雷安农齐亚塔考古区（意大利），阿格里真托考古区（意大利），阿奎拉考古区和主教教堂（意大利），梅里达考古遗址（西班牙），阿塔普埃尔卡考古遗址（西班牙），塔拉科考古遗址（西班牙），德尔斐考古遗址（希腊），埃皮达鲁斯的阿斯克勒庇俄斯庇护所（希腊），奥林匹亚考古遗址（希腊），韦尔吉纳考古遗址（希腊），迈锡尼和梯林斯考古遗址（希腊），巨石阵、埃夫伯里和相关遗址（英国），莱普蒂斯·玛格纳考古遗址（利比亚），昔兰尼考古遗址（利比亚），萨布拉塔考古遗址（利比亚），沃吕比利斯考古遗址（摩洛哥），圣奥古斯汀考古公园（哥伦比亚），铁拉登特罗国家考古公园（哥伦比亚），霍亚·德·塞伦考古遗址（萨尔瓦多），基里瓜考古公园和玛雅文化遗址（危地马拉），霍契卡尔科考古遗址区（墨西哥），大卡萨斯的帕奎美考古区（墨西哥），查文考古遗址（秘鲁），昌昌考古区（秘鲁），阿布·辛拜勒至菲莱的努比亚遗址（埃及）等。本部分重点介绍其中的7项。

庞贝、赫库兰尼姆和托雷安农齐亚塔考古区
Archaeological Areas of Pompei, Herculaneum and Torre Annunziata

国家：意大利

洲名：欧洲

时间：1997年列入《世界遗产名录》

标准：ⅲ, ⅳ, ⅴ

属性：文化遗产

世界遗产委员会的评价

公元79年8月24日维苏威火山的爆发，吞没了两个繁荣的古罗马城市：庞贝和赫库兰尼姆以及这个地区的许多豪华别墅。从18世纪中叶以来，被掩埋的一切都逐渐地被挖掘出来并向公众开放。庞贝是规模较大的商业城镇，与之相比，赫库兰尼姆规模较小，但有保存完好的假日胜地遗迹，以及在托雷安农齐亚塔考古区的奥普隆蒂斯别墅的华丽壁画，这些生动地反映了早期古罗马帝国人们过着丰衣足食的生活。

公元79年8月24日，那不勒斯湾地区海拔1277米的维苏威火山突然爆发，喷出的岩浆、火山碎屑物质和气态喷出物把山下的庞贝城全部湮没，一座原本充满生机的城市，顷刻之间被极其灼热的岩浆所凝固，瞬间即成了一座死亡之城。从此，庞贝古城便从人们的眼前消失了。同时被火山喷发物质掩埋的还有位于维苏威火山附近的另一座城市——赫库兰尼姆。

庞贝西南毗邻那不勒斯湾，西北紧靠维苏威火山，依山傍水，风光秀丽。庞贝土壤肥沃，气候宜人，物产丰富，城里有2万多居民。庞贝人栽种着小麦、蔬菜、葡萄等，也饲养牛

羊，过着丰衣足食的生活。遍及城市的竞技场、剧场、浴场体现了当时庞贝人的生活情趣，一座座富人宅邸则是权利和财富的象征。商业街上的小酒店、面包房、客栈等店铺林立。

◎ 庞贝古城遗址与维苏威火山

◎ 庞贝古城遗址

现在的庞贝古城遗址有两个入口：一个是在遗址的西南面朝海的方向，经过玛利娜门进入这个庞大的古城遗址，还有一个入口是在遗址的东南面，通过诺切拉门进入。围绕着庞贝古城有八座城门：诺拉门、萨尔诺门、诺切拉门、斯塔比门、玛利娜门、埃尔科拉诺门、维苏威门和卡波门。全城被三千多米的城墙所围绕，城内共分为九个区，其中位于北部和东北部的第三、四、五、九区尚未开发。

从玛利娜门进入这古城遗址，不远处是个广场，在广场附近是壮观的建筑遗迹，如玛利娜街两侧的大会堂、维纳斯神庙、阿波罗神庙。在古城遗址中最宏伟的建筑莫过于位于第二区古城最东端的椭圆形竞技场，可容纳约两万名观众。竞技场的西侧是一个大体育场，这一带还有一些宅邸，接着即可从诺切拉门出古城遗址。

庞贝古城遗址不仅有雄伟壮观的建筑群，还分布着许多市场、客栈、商店、酒店、面包店、皮革店等，也有别具一格的庭院和保存完好的精美雕塑，甚至民房中的石器灶台都

◎ 庞贝古城遗址竞技场

保存完好。庞贝古城遗址不愧是世界上最负盛名的古遗址，它是古罗马时期人们的文化、经济和生活的缩影。

赫库兰尼姆的规模要比庞贝小得多。公元79年，在摧毁庞贝的同一次火山爆发中，赫库兰尼姆也被掩埋，这座被掩埋的城市直到18世纪才被发掘。赫库兰尼姆毗邻那不勒斯湾，那不勒斯湾风光秀丽，景色宜人，曾以贵族度假胜地而闻名。火山物质瞬间掩埋了这座城市，住宅、庭院、店铺、面包房都保存完好，甚至连住宅区的镶嵌图案装饰都得以保存下来，还有一家印染店保存了完好的木制衣橱。赫库兰尼姆被发掘出数以百计的雕像，有大理石和青铜材质的；此外，还有大量的器皿，做工精致，造型优美。在这里还挖掘出许多艺术品和生活用品。

托雷安农齐亚塔毗邻那不勒斯湾，在庞贝的西南，以壁画而闻名，尤其是奥普隆蒂斯别墅的华丽壁画颇有名气。

巨石阵、埃夫伯里和相关遗址
Stonehenge, Avebury and Associated Sites

国家：英国

洲名：欧洲

时间：1986年列入《世界遗产名录》

标准：i，ii，iii

属性：文化遗产

世界遗产委员会的评价

巨石阵和埃夫伯里位于威尔特郡，是世界上最著名的巨石遗址，这两处遗址由史前巨石围成圆圈，其排列方式对天文学的重要意义仍在探索之中。这些圣地和周围的新石器时代遗址为研究史前时代提供了至关重要的证据。

◎ 巨石阵

巨石阵和埃夫伯里位于英格兰威尔特郡索尔兹伯里平原，在一望无际的绿色旷野上，一群拔地而起的巍峨巨石，堆垒得井然有序，如同一处祭坛圣地。英国考古学家研究发现，巨石阵的建造年代约为公元前3700—前1600年间，这些巨石是如何搬运和抬放到这里的依旧是谜。巨石阵中最不可思议的是石阵中心的巨石，这些巨石巨大无比，呈环形排布，直径超过100米，极具震撼力。

巨石阵不仅在建筑学史上具有的重要地位，在天文学上也同样有着重大的意义：它的主轴线、通往石柱的古道和夏至日早晨初升的太阳，在同一条线上；另外，其中还有两块石头的连线指向冬至日落的方向。因此，人们猜测，这很可能是远古人类为观测天象而建造的，可以算是天文台最早的雏形了。

有人认为巨石阵是远古时代的天文观测仪器，还有人认为巨石阵是古人举行祭祀的宗教场所，更有人把巨石阵视为一种文化，一种古人对巨石的崇仰与尊重。但其真正的建造目的至今未知。研究人员发现巨石阵记录着四五千多年前人类的活动情况，巨石阵很可能是一处集宗教活动、权力象征、墓葬地点于一体的"圣地"。

巨石阵挖掘发现5万多块骨骼碎片，考古学家估计，600年间在巨石阵共有150人到240人下葬，埋葬人数如此之少，可能意味着这些人属于同一显赫家族。英国研究人员表示巨石阵可能是一个古代王室墓地。

佩特拉
Petra

国家：约旦

洲名：亚洲

时间：1985年列入《世界遗产名录》

标准：i，iii，iv

属性：文化遗产

世界遗产委员会的评价

这座纳巴泰游牧城市位于红海和死海之间，其历史可以追溯到史前时代，最初是阿拉伯、埃及、叙利亚-腓尼基之间的交通要塞。佩特拉一半向外突出，一半嵌入岩石中，周围群山环绕，山中道路蜿蜒，峡谷幽深，是世界上最著名的考古遗址之一。古东方传统与古希腊建筑在这里交汇相融。

佩特拉位于约旦南部，距首都安曼约250千米。佩特拉在希伯来语里是"岩石"之意，坐落在海拔1000米的高山上，几乎全是在岩石上雕琢而成的。佩特拉遗址的红色砂岩，在阳光的照射下熠熠发亮，呈现出绝美的颜色，所以又被称为"玫瑰古城"。公元前4—公元2世纪，佩特拉为纳巴泰王国的首都，公元前1世纪时极其繁荣，曾作为商路要道盛极一时，公元106年

◎ 佩特拉

被罗马帝国军队攻陷，沦为罗马帝国的一个行省。3世纪起，因红海贸易兴起代替陆上商路，佩特拉开始衰落，7世纪被阿拉伯军队征服时，已是一座废弃的空城。直到1812年，佩特拉被瑞士探险家约翰·贝克哈特重新发现而重见天日。

佩特拉的地理位置极其神秘并很特殊，进入佩特拉的唯一入口是狭窄的峡谷。进入峡谷，甬道回环曲折，险峻幽深，路面覆盖着卵石。峡谷最宽处约7米，最窄处仅2米左右，能让一辆马车通过，全长1500米左右。两侧雕琢有洞窟、岩墓等。峭壁上的岩石，在风雨的长期作用下变得平整光滑，似刀削斧砍。顺峭壁仰望苍穹，蓝天一线，"一线天"的名称由此而来。

峡谷尽头是一座依山雕琢的古希腊式风格建筑——埃尔·科兹纳宝库。高约40米、宽约30米，造型雄伟，有6根罗马式门柱，分上、下两层，直至洞顶，横梁和门檐雕有精细图案。

绕过埃尔·科兹纳宝库继续前行就会看到古罗马剧场遗迹。剧场后面有一片开阔地，周围山崖的岩壁上，门檐相间，殿宇重叠，十分壮观。城市依山而建，有寺院、宫殿、浴室和住宅等，还有从岩石中开凿出来的水渠。在东北部的山岩上开凿有石窟，其中有一座气势雄伟的三层巨窟，正面为罗马宫殿建筑风格，是历代国王的陵墓。

佩特拉，是一座隐没于峡谷中的城市，悬崖绝壁环抱，被誉为"一颗镶嵌在岩石峭壁上的浮雕宝石"。纳巴泰人的佩特拉，至今仍然是一个谜，曾经是那么的繁华与宏伟，鼎盛时期，纳巴泰王国的疆域从大马士革一直延伸到红海地区，却始终将都城定在群山环绕、易守难攻的佩特拉。纳巴泰人败于罗马人之后，很快无影无踪，一点线索都未曾留下，留下的仅有一些刻在石崖上的图案文字，至今没能破译，还有一整座神秘的石头之城让后人去思考、探索和破解。

吴哥
Angkor

国家：柬埔寨

洲名：亚洲

时间：1992年列入《世界遗产名录》

标准：ⅰ，ⅱ，ⅲ，ⅳ

属性：文化遗产

世界遗产委员会的评价

吴哥是东南亚最重要的考古学遗址之一。吴哥考古公园包括林地在内占地面积400多平方千米，包括从9世纪到15世纪高棉王朝各个都城的辉煌遗迹。这些遗址包括著名的吴哥窟寺庙，以及在吴哥城内拥有无数的雕刻装饰品的巴戎寺。联合国教科文组织为了保护这一遗址及其周边环境已经制订了一个广泛的保护计划。

吴哥出自梵语"Nagara"，意为"城市或首都"，是9—14世纪高棉王国的都城。吴哥位于柬埔寨暹粒省内，以其古老、宏大、神圣和深邃的特点而著称于世，它是高棉人的精神中心和宗教中心，也是世人向往的旅游胜地。柬埔寨的吴哥窟与中国的长城、印度的泰姬陵、印度尼西亚的婆罗浮屠并列为"古代东方四大奇迹"。

从公元9世纪初高棉王国开国皇帝阇耶跋摩二世开始到15世纪，王朝陆续在吴哥当地建造宫殿和寺庙。吴哥主要包括吴哥城、吴哥窟等600多处印度教和佛教建筑风格的古遗址。1431年，暹罗军队攻占并洗劫了吴哥，曾经繁荣一时的吴哥随着他们的入侵而遭到严重破坏，弃城而逃的高棉人远赴金边建立了新的首都。

吴哥城又称大吴哥，包括吴哥城的城墙、城门、护城河和入城桥梁，城内的主要古建筑有巴戎寺、巴方寺、空中宫殿、象台、癞王台等。

空中宫殿：空中宫殿又称天宫，是一座全石结构建筑，由阇耶跋摩五世和乌达亚迪亚跋摩二世建于10世纪晚期至11世纪早期，后由苏耶跋摩一世改建成为须弥山式印度教寺庙。宫殿建在一座高12米的高台上，成金字塔形，分三层，高台四周有石砌回廊环绕，四面有石阶，东西长35米，南北为28米。由于台非常高，给人一种悬在空中的感觉，因而得名"空中宫殿"。

◎ 空中宫殿

巴方寺：巴方寺位于吴哥城西北约400米处，毗邻空中宫殿。巴方寺始建于11世纪中期，由乌达亚迪亚跋摩二世所建。通往巴方寺塔门入口是一个长达172米的用圆形石柱架起的石板甬道，巴方寺正殿是五层金字塔形的建筑，最高的尖塔为24米，是一处宏大寺庙。

吴哥窟：吴哥窟即吴哥寺，又称"小吴哥"，是柬埔寨的三大圣庙之一，世界上最大的寺庙建筑群之一。吴哥窟位于暹粒市以北约5.5千米处，整座建筑包括护城河、城墙、入城大道、中央神殿和五座圣塔。吴哥窟是由苏利耶跋摩二世建于12世纪早期，是整个吴哥保存最完整的建筑，其五座圣塔的图案被置于国旗的中心，作为国家的象征。吴哥窟几乎全部用砂岩砌成，台基、回廊、蹬道、宝塔构成吴哥窟错综复杂的建筑群。吴哥窟坐东朝西，一道由西向东的长堤，横穿护城河，直通寺庙围墙、西大门。桥两边有巨大的巨狮石雕和七头蛇神"那伽"石雕。在柬埔寨传说中，七头蛇会带来风调雨顺。过西大门，有一条较长的道路，放眼望去，五座圣塔耸立云端。吴哥窟中最主要的建筑是建在寺庙中心三层台基上的圣塔，莲花蓓蕾似的五座圣塔矗立在金字塔式的寺庙最高层，倒影映入河

165

中，远远望去，美轮美奂，宛如仙境，让人心旷神怡。圣塔之间连接着回廊，长达800米的浮雕回廊上生动地描绘出印度史诗中的场面，浮雕大多取材于印度著名史诗《摩诃婆罗多》与《罗摩衍那》的神话故事。

○ 吴哥窟

　　塔普伦寺：塔普伦寺建于12世纪晚期至13世纪，是阇耶跋摩七世为纪念他母亲而建造的寺庙。塔普伦寺还是安吉丽娜·茱莉主演的《古墓丽影》拍摄基地。塔普伦寺位于吴哥城东城墙以东约1.7千米处，外墙东西长1千米，南北宽650米。这里可以看到古树与神庙交织在一起的奇观，那些被古树层层包住的寺庙入口，巨蟒一般地匍匐伸展的树根，迷宫一样复杂的寺庙，树抱石的奇观，让塔普伦寺充满了神秘感。塔普伦寺还有一处称为"回音塔"的内室，站在塔里面的某一处，人们用力拍打胸膛会产生洪亮的回音。

　　圣剑寺：圣剑寺建于12世纪晚期，是阇耶跋摩七世为了祭祀他的父亲和彰显战功而建立的。圣剑寺规模较大，长800米，宽700米。在建筑格局上除了寺院、寺塔、厅堂、回廊和石雕外，主殿中还保存有当时供奉的佛陀石雕。寺院内还有一座所有吴哥古迹中唯一采用圆柱结构的建筑，有人称其为"藏经阁"。

　　周萨神庙：周萨神庙建于12世纪中期，由九座主要单体建筑组成，包括四座楼门、两座藏经殿、中央圣殿、高架通道和东神坛。

　　涅槃宫：涅槃宫又称蟠蛇水池，阇耶跋摩七世在位时所建，建于12世纪晚期。涅槃宫位于圣剑寺以东约2.5千米处，是由正方形大水池四边各连接一座小水池构成的建筑格局。

塔高寺：塔高寺由阇耶跋摩五世建于10世纪晚期至11世纪早期，位于吴哥城胜利之门以东约1千米处，寺中供奉三大天神中的湿婆神。这座寺庙建造并没有完成，因为所有堆砌好的石块还保留着粗坯的原貌，还没有雕刻。

巴肯寺：巴肯山位于吴哥城南大门外附近，是一座高70米的小山，山丘上建有一座巴肯寺。巴肯寺作为国家寺庙是由耶苏跋摩一世建于9世纪晚期至10世纪早期。这座庙宇群由分布在五层台基上的108座小塔环绕着一座大殿组成。在这里游人如同朝圣般地攀上山顶就是为了一睹神秘的"吴哥夕照"。

女王宫：女王宫又称为班迭斯雷寺，由国王罗贞陀罗跋摩二世于967年所建。女王宫位于吴哥城东北约25千米处，是用红色砂岩建成。相比吴哥窟的宏大威武，女王宫则是以建筑小巧玲珑，雕刻精美绝伦而著称于世。女王宫中心为三座并列的塔形神殿和左右对称的配殿，其供奉的主神是湿婆神。女王宫的墙体、门楣、梁柱、廊檐等都有雕琢如刺绣般精致的浮雕，美轮美奂，玲珑剔透，栩栩如生。镌刻在石头上的女神阿帕莎拉浮雕非常美艳，为庄严的神殿注入了活力。女王宫体现了吴哥雕刻艺术美的极致，素有"女人的城堡"之美誉。女王宫是吴哥古迹中的杰作，被誉为"吴哥古迹明珠"。

◎女王宫

在吴哥东南部十余千米处还分布着著名的罗洛遗址，包括普力科寺、巴孔寺和洛雷寺三处重要的建筑群，这些建于9世纪晚期的建筑群是了解早期吴哥王朝文化最重要的历史遗迹。

特洛伊考古遗址
Archaeological Site of Troy

国家：土耳其

洲名：亚洲

时间：1998年列入《世界遗产名录》

标准：ii，iii，vi

属性：文化遗产

世界遗产委员会的评价

特洛伊以其4000年的历史成为世界上最著名的考古遗址之一。1870年，由著名的考古学家海因里希·谢里曼对这个遗址进行了首次发掘。用科学术语讲，它广泛的遗存物是安纳托利亚和地中海文明之间联系的最重要的证明。此外，特洛伊于公元前13世纪或公元前12世纪曾遭到来自希腊的斯巴达人和亚加亚人的围攻，这一切由荷马写进史诗《伊利亚特》，从而流传千古，从那时起它就激发了世界上众多艺术家的创作灵感。

特洛伊以其4000多年的历史成为世界上最著名的考古遗址之一。特洛伊是土耳其古城，位于恰纳莱南部，北邻达达尼尔海峡。该城于公元前16世纪前后由渡海而来的古希腊人所建，并于公元前13世纪至公元前12世纪时变得颇为繁荣。

◎ 特洛伊考古遗址

1870年，著名的德国考古学家海因里希·谢里曼主持该处遗址的首次发掘，之后一直延续到20世纪30年代。考古学家在深达30米的地层中发现了从公元前3000年至公元400年期间分属9个时期的特洛伊城遗迹，包括古建筑、城堡、王宫遗址等，还有许多金银珠宝、青铜器、陶器、石器等。特洛伊考古遗址众多的遗存物是安纳托利亚和地中海文明之间联系的最重要的证明。这处遗址对于理解欧洲文化早期发展的关键时期具有重大的意义。

公元前9世纪古希腊诗人荷马的史诗《伊利亚特》叙述的"特洛伊木马计"就发生在这里。特洛伊王子帕里斯来到希腊斯巴达王麦尼劳斯的王宫做客，受到了麦尼劳斯的盛情款待，但是，帕里斯却看上了麦尼劳斯的年轻貌美的妻子海伦，把她带回了特洛伊。麦尼劳斯和他的兄弟决定讨伐特洛伊。由于特洛伊城池牢固，易守难攻，攻战十年未能如愿。最后英雄奥德修斯献计，让士兵烧毁营帐，登上战船离开，造成撤退回国的假象，并故意在城下留下一具巨大的木马，特洛伊人把木马当作战胜

◎ 特洛伊考古遗址木马

品拖进城内。当天晚上，正当特洛伊人开怀畅饮欢庆胜利的时候，藏在木马中的士兵悄悄溜出，打开城门，放进早已埋伏在城外的军队，结果一夜之间特洛伊化为废墟。《伊利亚特》叙述的"特洛伊木马计"，已成为西方国家文学艺术中传诵不绝的名篇。

现在的特洛伊古城遗址入口不远处矗立着一座仿建的巨大木马模型，喻示着那场著名

的特洛伊之战。这个木马用希腊神话中伊达山的松树做成,建造于1975年,高约两层楼,可供游人攀梯入内参观。在木马的平台上,通过木马身上的窗口可以眺望整个特洛伊遗址的全貌。现在的特洛伊古城遗址战火硝烟早已散尽,到处都是残垣断壁,仿佛在向世人诉说着这里发生的一切。如今,这里变成了一处举世闻名的考古遗址公园,是土耳其最重要的文化景观之一,每年吸引着来自世界各地成千上万的游客。

以弗所
Ephesus

国家:土耳其

洲名:亚洲

时间:2015年列入《世界遗产名录》

标准:iii, iv, vi

属性:文化遗产

世界遗产委员会的评价

以弗所位于曾经的凯斯特古河口,包括随着海岸线不断西移,而不断在新地址上建起的一系列古希腊、古罗马定居点。这里发掘出了罗马帝国时期宏伟的建筑,如塞尔苏瑟斯图书馆和大剧院,以及吸引整个地中海地区朝圣者的著名的阿尔忒弥斯神庙残存的少部分遗迹,这座神庙被称为"世界七大奇迹"之一。公元5世纪以来,距以弗所7千米的圣母玛利亚之家,一座穹顶十字形教堂已成为基督教朝圣的重要之地。内港和海道使以弗所古城成为古罗马海港城市杰出代表。

千年古城以弗所位于土耳其西部的爱琴海东岸,是一座历史悠久的古城遗址,是基督教早期最重要的城市之一。以弗所发展的鼎盛时期曾富裕到在公元前400年就有了街灯,人口多达数十万。后经罗马帝国时期扩建发展成为声名显赫的都市。后来在漫长的岁月里,以弗所屡遭战火蹂躏,又屡次重建。公元前334年,亚历山大大帝将以弗所纳入希腊帝国版图,这时的以弗所达到鼎盛。以弗所最后毁于地震和港口淤塞。昔日美丽的古城早已消逝,但它留下的断壁残垣、拱门、石柱等,见证了昔日的繁荣。

◎ 大剧场

这座古城遗址至今完好地保存着两条主要的街道，一条是当年通往港口的大道，一条是全用大理石铺成的街道。古城道路两边建有市政厅、图书馆、剧场、神殿、教堂等公共建筑遗址，还有名人住宅、商贸市场、浴场等民众生活设施。古城内保存最为完好的是大剧场、小剧场和图书馆。露天大剧场的半圆形看台依山坡而建，共分3层，高18米，共66级阶梯坐台，剧场舞台上有3排立柱和5扇门，上有浮雕，建筑混合了古希腊和古罗马的风格。露天大剧场可容上万名观众，规模庞大、气势恢宏，令人叹为观止。

图书馆，即塞尔苏瑟斯图书馆在这个城市中心，是一座大理石建筑。这座图书馆是世界上最古老的图书馆之一。图书馆的门面像一幢宫殿，整个建筑分为两层，门前共有16根大石柱，石柱的上下雕刻精美。图书馆正面的壁龛里有四尊女神雕塑，据说分别象征仁慈、思想、学识和智慧。仅从遗址来看，图书馆规模宏大，据说当年藏书上万卷。

◎ 塞尔苏瑟斯图书馆遗址

在库瑞特大街主道一侧的宽大房间遗址里，大理石条板上刻出一个个规则的圆洞，石板下面是石头砌成的沟渠，这就是当时的公厕，据说是世界上最早的冲水厕所。

在以弗所古城附近的阿尔忒弥斯神庙遗址，曾供奉着被希腊人称作阿尔忒弥斯的"以弗所女神"，阿尔忒弥斯神庙是"世界七大奇迹"之一，现在虽然仅存遗址，但是仍然吸引着世界各地的人来这里探寻几千年前的历史遗迹。

◎ 阿尔忒弥斯神庙遗址

阿布·辛拜勒至菲莱的努比亚遗址
Nubian Monuments from Abu Simbel to Philae

国家：埃及

洲名：非洲

时间：1979年列入《世界遗产名录》

标准：i，iii，vi

属性：文化遗产

世界遗产委员会的评价

这一重要考古区域包含像阿布·辛拜勒神庙的拉美西斯二世和菲莱神庙的伊西丝这样一些壮观的雕像。1960—1980年，这些遗址多亏联合国教科文组织发起的国际救援行动而免遭尼罗河水上涨而被毁。

阿布·辛拜勒至菲莱的努比亚遗址，位于埃及南部尼罗河上游河畔埃及和苏丹的交界处，阿布·辛拜勒和菲莱的一些古遗址建筑群一起作为努比亚遗址。

阿布·辛拜勒神庙是由拉美西斯二世神庙和他的妻子奈菲尔塔利神庙两部分组成。拉美西斯二世神庙位于阿斯旺西南约300千米处，由古埃及新王国第十九王朝法老拉美西斯二世建于公元前13世纪。神庙大约高30米，宽35米，门前四座拉美西斯二世巨型坐像，每尊高20米。在拉美西斯巨大雕像的膝下还有序散落着其母、妻、子女的小雕像，无不栩栩如生。

奈菲尔塔利神庙距拉美西斯二世神庙不远，是拉美西斯二世为其妻子奈菲尔塔利修建的神庙，它同样是在悬崖上雕刻而成，神庙正面宽28米，高12米。拉美西斯二世为妻子奈菲尔塔利修建的神庙正面雕有6尊石像，其中拉美西斯二世4座，奈菲尔塔利2座。庙内塑有多尊奈菲尔塔利的塑像，神态自若，美丽动人。

菲莱神庙又称伊西丝神庙，原位于尼罗河中的菲莱岛上，因此得名菲莱神庙。菲莱神庙主要建于公元前4世纪至公元前3世纪之间，是由奈科坦尼布一世、托勒密二世等多位统治者建造的，主要目的是为了祭祀女神伊西丝。神庙以辉煌而奇特的建筑、宏伟而生动的石雕及石壁浮雕上的神话故事而闻名。菲莱神庙是唯一一座融法老时代的建筑风格和古希腊、古罗马建筑风格于一体的综合性建筑。菲莱神庙的入口是两座梯形的塔门，相夹形成一个门庭，柱廊与主殿大门又构成一个不小的广场，砖墙上有不对称的浅浮雕，讲述宗教与神话故事。从有两尊狮子像的主门进入，即进入中庭，又是两座梯形浮雕塔门，浮雕不仅有大型人像，还有密密麻麻的古埃及象形文字。大殿的柱子风格统一，在柱头位置雕有面朝四方的女神方柱头，每个柱子图案各异。

十一、农业景观

在世界范围内被世界遗产委员会列入《世界遗产名录》的农业景观类世界遗产有：菲律宾科迪勒拉山的水稻梯田（菲律宾）、拉沃葡萄园梯田（瑞士）、南厄兰岛的农业景观（瑞典）、皮克岛葡萄园文化景观（葡萄牙）等。本部分重点介绍菲律宾科迪勒拉山的水稻梯田。

菲律宾科迪勒拉山的水稻梯田
Rice Terraces of the Philippine Cordilleras

国家：菲律宾

洲名：亚洲

时间：1995年列入《世界遗产名录》

世界遗产

标准：iii，iv，v

属性：文化遗产

世界遗产委员会的评价

2000多年以来，伊富高的高原稻田沿着山脉的等高线分布。代代相传的知识、神圣的传统观念和微妙的社会平衡使这里形成了一道表现了人类与环境之间和谐的非常美丽的景观。

菲律宾科迪勒拉山的水稻梯田，是2000多年来当地土著部落人民为了谋生而在裸露的山地上开垦出的土地。伊富高部落人民为了防止土壤流失，不辞辛劳地用一块块岩石垒成一道道堤坝，直至成为现在被称为"通往天堂的天梯"的水稻梯田。如今，这里的梯田已成为著名的人文景观。

十二、水利工程

在世界范围内被世界遗产委员会列入《世界遗产名录》的水利工程类世界遗产有：青城山和都江堰灌溉系统（中国）、阿曼阿夫拉季灌溉体系（阿曼）、加尔桥（罗马式水渠）（法国）、南方运河（法国）、旁特斯沃泰水道桥与运河（英国）等。本部分重点介绍加尔桥（罗马式水渠）和旁特斯沃泰水道桥与运河。

加尔桥（罗马式水渠）

Pont du Gard (Roman Aqueduct)

国家：法国

洲名：欧洲

时间：1985年列入《世界遗产名录》

标准：i，iii，iv

属性：文化遗产

世界遗产委员会的评价

加尔桥建于公元前不久，它使尼姆的水道（长度约50千米）横跨加尔河。这座桥是由罗马的建筑师和水利工程师建造，高约50米，分三层，最长为275米，创造了一件技术上同时也是艺术上的杰作。

加尔桥位于法国南部尼姆附近，是为了使水道横跨加尔河、为尼姆城提供用水而建的。桥分为三层，每层都是一个接一个的拱状桥洞，最底下的一层有6个半圆形拱，中间的一层有11个半圆形拱，最上面的一层有35个半圆形拱，最上层为封闭水渠，中间层和最底下层用于支撑。加尔桥的整个桥身微呈弧线形，是为了抵御洪水的冲击。

旁特斯沃泰水道桥与运河
Pontcysyllte Aqueduct and Canal

国家：英国

洲名：欧洲

时间：2009年列入《世界遗产名录》

标准：i，ii，iv

属性：文化遗产

世界遗产委员会的评价

旁特斯沃泰水道桥与运河位于英国威尔士的东北部，总长18千米，是工业革命土木工程技艺的典范，完成于19世纪初。由于运河横跨各种不同的地形，因此要求建造技术出色而大胆，甚至不用闸门。水道桥为著名土木工程师托马斯·泰尔福德所设计，为土木工程与金属建筑划时代之创举，其使用生铁与熟铁强化弧形结构，重量轻但坚固，形成了既美观又结实的整体。旁特斯沃泰水道桥与运河被誉为天才创意经典作品，显示出欧洲已经获得的卓越的综合专业知识，并启发了全球许多土木工程案例的创新。

天才创意最经典的作品之一——旁特斯沃泰水道桥与运河坐落在英国威尔士兰戈伦小镇附近，总长18千米，是工业革命土木工程技艺的典范。旁特斯沃泰水道桥是英国最长和最高的水道桥梁，由18根石柱支撑气势磅礴的高架桥，仿若横在天空中，是一座历史上的工程奇观。

◎ 水道桥

◎ 运河

十三、铁路运输

在世界范围内被世界遗产委员会列入《世界遗产名录》的铁路运输工程类世界遗产有：塞默灵铁路（奥地利）、印度山区铁路（印度）等。本部分重点介绍塞默灵铁路。

世界遗产

塞默灵铁路
Semmering Railway

国家：奥地利

洲名：欧洲

时间：1998年列入《世界遗产名录》

标准：ii，iv

属性：文化遗产

世界遗产委员会的评价

塞默灵铁路建于1848—1854年，位于高山地区，全长超过41千米，是铁路建造开拓阶段土木工程最伟大的壮举之一。高标准的隧道、高架桥和其他工程保证了线路畅通，一直使用直到现在。火车穿行于壮观的崇山峻岭之中，由于铁路的开通，沿线为休闲娱乐活动修建了许多别致的建筑物。

塞默灵铁路至今仍作为奥地利铁路的主要干线在正常运行，它是维也纳到的里雅斯特（意大利海港）铁路中的一段。这段全长近42千米的铁路始建于1848年7月27日，于1854年7月17日竣工。这项工程是由卡尔·里特·冯·盖加设计。塞默灵铁路是在高山地区修建铁路的典范，这条铁路的开通为当地的贸易和旅游业带来了巨大发展，也成为这一地区一道亮丽的风景。塞默灵铁路是第一条被列入《世界遗产名录》的铁路。

十四、历史建筑

在世界范围内被世界遗产委员会列入《世界遗产名录》的历史建筑类世界遗产有：加德满都谷地（尼泊尔），德里的顾特卜塔（印度），塔塔城的历史建筑（巴基斯坦），法隆寺地区的佛教建筑（日本），古京都的历史遗迹（京都、宇治和大津城）（日本），古奈良的历史遗迹（日本），雅典卫城（希腊），阿尔勒城的古罗马和罗马式建筑（法国），特里尔的古罗马建筑、圣彼得大教堂和圣玛利亚教堂（德国）等。本部分重点介绍其中的加德满都谷地，德里的顾特卜塔，古京都的历史遗迹（京都、宇治和大津城），古奈良的历史遗迹。

加德满都谷地
Kathmandu Valley

国家：尼泊尔

洲名：亚洲

时间：1979年列入《世界遗产名录》

标准：iii，iv，vi

属性：文化遗产

世界遗产委员会的评价

加德满都谷地文化遗产有七组历史遗址和建筑群，全面反映了加德满都谷地闻名于世的历史和艺术成就。七组历史遗址包括加德满都杜巴广场、帕坦杜巴广场、巴德冈杜巴广场、斯瓦扬布佛塔、博达纳特佛塔、帕苏帕蒂印度教神庙和昌古·纳拉扬印度教神庙。

尼泊尔首都加德满都位于加德满都河谷西北部，四周群山环抱，到处苍松翠柏，阳光灿烂，四季如春，素有"山中天堂"的美称。加德满都始建于723年，后来的马拉王朝在政治和经济上臻于鼎盛，于是大肆兴建王宫、神庙等，建造了为数众多的宏伟建筑群。18世纪，沙阿王朝统一了尼泊尔，将都城定于加德满都。

◎ 加德满都王宫

加德满都是一座拥有一千多年历史的古老城市，尼泊尔历代王朝在这里修建了数目众多的宫殿、庙宇、宝塔、殿堂、寺院等，有佛塔、庙宇250多座，全市有大小寺庙2700多座，真可谓"五步一庙、十步一庵"。因此，人们把这座城市称为"寺庙之城"。

杜巴广场意为皇宫广场，在加德满都河谷的三个古城——加德满都、帕坦和巴德冈中各有一个杜巴广场，是当年三位国王的王宫广场。尼泊尔王国的马拉王朝在鼎盛时期，在文化、建筑、艺术上的发展十分迅速。由于这个广场曾是皇室宫殿所在地，历代王朝的君主在这里兴建自己理

◎ 加德满都杜巴广场

175

想的宫殿和庙宇。随着时间的推移，这个广场周围已经树起了一座又一座建造精美的宫殿和神庙，形成了独具尼泊尔宗教和民族特色的一片区域。

杜巴广场位于加德满都的中心，这里囊括了尼泊尔16世纪至19世纪期间的古迹建筑，广场上总共有50多座寺庙和宫殿，从中古世纪以来就维持原有的建筑形式与风采。主要包括：库玛莉宫院、哈努曼多卡宫、加塔曼达神庙（独木庙）、昌古·纳拉扬印度教神庙、玛珠·德瓦神庙、库里须那寺、巴山塔布宫、湿婆-帕尔瓦蒂神庙、马亨德斯瓦神庙、德古塔莱神庙、阿育王比纳亚克寺、塔莱珠女神庙、贾格纳神庙、卡克斯瓦神庙等。

库玛莉宫院：库玛莉宫院建于1757年，是一座三层红砖建筑，建筑物外观为白墙木窗，大门台阶上有两只彩色石狮，窗户上雕刻着许多神像和孔雀图案。库玛莉宫院是活女神库玛莉居住的地方，库玛莉宫院的特殊之处在于这是尼泊尔唯一一座供奉活女神的宫院，"库玛莉"便是这座宫院供奉的女神。每天宫院方面都会定时安排女神与游客见面，女神出现时都是在宫院内楼上中间木窗里。

◎ 库玛莉宫院

哈努曼多卡宫：哈努曼多卡宫也称旧皇宫，据说最早建于李查维王朝，但当时不是王宫，规模也不大。自15世纪末马拉王朝分裂，哈努曼多卡宫便成为加德满都历代马拉国王的正式宫邸。1768年尼泊尔统一后，哈努曼多卡宫成为沙阿王朝的王宫，到19世纪70年代迁宫为止。这座规模宏伟的建筑群，是经过历代国王不断扩建逐步建成的，历经数百年。旧皇宫现辟为博物馆供游人参观。哈努曼多卡宫因门口有一尊猴神哈努曼神像而得名，宫门两边各有一只彩色石狮。

斯瓦扬布寺：斯瓦扬布寺位于加德满都市西侧环路内的小山上，始建于公元3世纪，是尼泊尔最古老的佛教寺庙和著名的佛教圣地。该寺耸立在山顶的大佛塔造型奇特，建筑风格大致与博达纳特佛塔相似，塔座四周各绘一双大眼，塔座以上的塔锥亦为13层阶梯，顶部为一尖形塔冠，塔锥表面皆由铜片镶嵌或金箔镶镀。纯白的塔基、金黄的塔身、高耸的华盖与宝顶在阳光照耀下交映生辉，光彩夺目。现在这里已成为佛教中心。

◎ 斯瓦扬布寺

博达纳特佛塔：博达纳特佛塔也称为博达哈大佛塔，位于加德满都市中心以东8千米处，是尼泊尔最大的佛塔。塔的构成分塔基、塔座、塔锥和塔冠四部分。塔基落于地面之上，为一巨大的穹隆形屋顶，塔座安放在该屋顶中央上方。塔座为四方形，每面绘有一双大眼，象征觉悟。塔座以上的塔锥，共有13层阶梯，表示成佛的步骤，塔冠象征成佛。在圆形塔基数米远外环墙围绕，环墙外壁有147个凹进去的壁龛，内悬经轮，经轮里侧，共有108尊打坐的佛像。博达纳特佛塔一带成为尼泊尔藏传佛教的重要圣地。

◎ 博达纳特佛塔

帕苏帕蒂印度教神庙：帕苏帕蒂印度教神庙始建于1500年前，公元14世纪中叶遭到来自印度的穆斯林入侵，受到严重破坏。数年后，阿育·马拉国王照原样重建。帕苏帕蒂印度教神庙位于加德满都市中心以东约5千米处的圣河巴格马蒂河岸边，寺庙的主体是一座塔式建筑，周围许多小寺环绕。该庙供奉印度教的湿婆神，与之相邻的巴格马蒂河岸边，砌有火葬台。印度教徒死后，都在台上火化，火化后骨灰撒入河中，顺流而下，以示进入天堂。

◎ 帕苏帕蒂印度教神庙

德里的顾特卜塔

Qutb Minar and its Monuments，Delhi

国家：印度

洲名：亚洲

时间：1993年列入《世界遗产名录》

标准：iv

属性：文化遗产

世界遗产委员会的评价

位于德里南部数公里之外的顾特卜塔，建于13世纪早期，为红砂岩建成，塔高72.5

米。塔基直径14.32米，塔身逐渐变细至塔峰直径2.75米，塔身有交错角和圆形凹槽。周围的考古地区包括一些葬礼建筑，尤为著名的是宏伟的阿拉伊-达尔瓦扎门，为印度穆斯林艺术的杰作，建于1311年，还有两座清真寺，其中包括库瓦图-伊斯兰清真寺，是印度北部最古老的清真寺，其建筑材料源于大约20座婆罗门庙宇。

顾特卜塔是一座刻有阿拉伯语铭文的古伊斯兰建筑，是德里最高的建筑物。顾特卜塔附近有建于1311年的印度穆斯林艺术精品阿拉伊-达尔瓦扎门，以及两座清真寺，一座是库瓦图-伊斯兰清真寺，该寺是印度北部最古老的清真寺，另一座是伊斯兰力量清真寺，寺内矗立着一根古老的铁柱，传说是一千多年前笈多王朝时铸造的，铁柱高7米。

◎ 顾特卜塔　　　　　　　　　　◎ 铁柱

古京都的历史遗迹（京都、宇治和大津城）
Historic Monuments of Ancient Kyoto (Kyoto，Uji and Otsu Cities)

国家：日本

洲名：亚洲

时间：1994年列入《世界遗产名录》

标准：ii，iv

属性：文化遗产

世界遗产委员会的评价

京都是效仿古代中国首都形式，于公元794年建立的。从建立起直到19世纪中叶，京都一直是日本帝国的首都。作为一千多年来日本的文化中心，京都不仅见证了日本木结构建筑，特别是宗教建筑的发展，而且也向世人展示着日本花园艺术的变迁，现在日本的花园设计艺术已经对全世界的景观花园设计产生了重大影响。

公元794年，日本首都从今京都府西南的长冈京迁至京都，京都仿照中国唐代长安和洛阳风格营建。京都作为首都的时间长达千年，故有"千年古都"之称。1869年，日本首都迁都东京之后，京都仍是宗教和文化中心。古京都的历史建筑，主要分布在日本京都府现京都市、宇治市和滋贺县大津城。

京都是世界上著名的文化古都，市内历史古迹众多，建筑古朴典雅，庭园清新俊秀。京都整个建筑群呈长方形排列，以贯通南北的朱雀路为轴，分为东西二京，东京仿照洛阳，西京仿照长安城，中间为皇宫，皇宫之外为皇城，皇城之外为都城。城内街道呈棋盘形，东西、南北纵横有序，布局整齐划一，明确划分皇宫、官府、居民区和商业区。全市有列为"国宝"的建筑物近40处，定为重要文物的建筑物199处。京都是一个受宗教影响极深的地方，被称为"三步一寺庙、七步一神社"的京都有佛寺1500多座，神社2000多座，这里是日本文化艺术的摇篮，佛教的中心。

◎ 鹿苑寺（金阁寺）

古京都有17座历史建筑被列入世界遗产名录，这17处遗产点包括：贺茂别雷神社（上贺茂神社）、贺茂御祖神社（下鸭神社）、教王护国寺（东寺）、清水寺、延历寺、醍醐寺、仁和寺、平等院、宇治上神社、高山寺、西芳寺（苔寺）、天龙寺、鹿苑寺（金阁寺）、慈照寺（银阁寺）、龙安寺、西本愿寺和二条城。

古奈良的历史遗迹
Historic Monuments of Ancient Nara

国家：日本

洲名：亚洲

时间：1998年列入《世界遗产名录》

标准：ii, iii, iv, vi

属性：文化遗产

世界遗产委员会的评价

奈良在公元710年至784年是日本的首都，在这个时期，日本国家政府的结构被确定了下来，并且奈良到达了其鼎盛时期，成为日本文化的发源地。这座城市的历史遗迹——佛教庙宇、神道教神殿以及挖掘出来的帝国宫殿遗迹，向世人展示了一幅公元8世纪日本首都的生动画面,深刻地揭示了当时的政治及文化动荡和变迁。

◎ 东大寺

奈良作为古老的文化城市,拥有众多的古寺神社和历史文物,享有"社寺之都"的称号,被日本国民视为"精神故乡"。这里是日本古代文化发祥地之一,重要的名胜古迹有平城京遗址、皇陵、东大寺、唐昭提寺、药师寺、兴福寺、大安寺、法隆寺、正仓院、春日大社、元兴寺、西大寺、手向山八幡神宫、奈良公园等。

从古至今,奈良是日本文化的摇篮,特别是在工艺、文学和产业方面。佛教首先在奈良繁盛起来,东大寺大佛塑成时,佛教在日本的影响力达到了顶点。奈良的寺院,可以说是博物馆,因为它们拥有许多古时遗留下来的可以称作无价之宝的佛像以及许多杰出的艺术作品。

奈良有"东方的罗马"之誉,早在公元3—5世纪,奈良就是日本"大和国"的中心;公元8世纪,日本几代天皇在此建都。当奈良作为日本首都时,它的建筑遗产独特地反映了当时日本文化的繁荣。天皇宫殿的布局和奈良幸存的建筑构造是早期亚洲都城建筑和设计的杰出典范。作为与中国和朝鲜文化交流的结晶,古都奈良充当着特殊证人的角色,它见证了日本建筑和艺术的演变,并对未来产生了深远的影响。

奈良作为日本的首都期间,是当时日本的政治、经济、文化中心。此时期与中国唐朝的交流促使了日本文化的形成与发展。在日本迁都至今京都市之后,奈良建造了许多神社、寺院以及皇宫等建筑物。

◎ 春日大社

奈良的春日山原始林也被列入世界遗产,它是因日本独特的神灵信仰和自然观才得以保存并延续下来的。奈良佛教庙宇,表现了永恒的精神力量,并通过杰出的建筑风格对宗教产生了一定的影响。

十五、石窟和岩画

在世界范围内被世界遗产委员会列入《世界遗产名录》的石窟和岩画类世界遗产有:莫高窟(中国)、大足石刻(中国)、龙门石窟(中国)、云冈石窟(中国)、阿旃陀石窟（印度）、埃洛拉石窟（印度）、象岛石窟（印度）、比莫贝卡特石窟（印度）、婆罗浮屠寺庙群（印度尼西亚）、瓦尔卡莫尼卡岩画（意大利）、塔努姆岩画（瑞典）、伊比利亚半岛地中海盆地的岩画艺术（西班牙）、科阿峡谷和席尔加·维德史前岩画遗址（葡萄牙）、圣弗朗西斯科山岩画（墨西哥）、纳斯卡和帕尔帕的线条和地画（秘鲁）、孔多阿岩画遗址（坦桑尼亚）、琼戈尼岩石艺术区（马拉维）等。本部分重点介绍阿旃陀石窟和婆罗浮屠寺庙群。

阿旃陀石窟
Ajanta Caves

国家：印度

洲名：亚洲

时间：1983年列入《世界遗产名录》

标准：i、ii、iii、vi

属性：文化遗产

世界遗产委员会的评价

阿旃陀最初的佛教石窟始建于公元前2世纪至公元前1世纪。在笈多时期（公元5世纪至6世纪），更多精心修饰的石窟又被添加到原有的石窟群中。阿旃陀石窟的绘画和雕塑被视为佛教艺术的经典之作，具有相当重要的艺术影响力。

阿旃陀石窟位于印度马哈拉施特拉邦奥兰加巴德城以北的文达雅山麓悬崖峭壁间，高低错落，绵延550多米。阿旃陀石窟是印度古代佛教徒作为佛殿、僧房而开凿的，距今已有两千多年的历史。"阿旃陀"一词来源于梵语"阿谨提那"，意为"无想""无思"。中国唐代高僧玄奘于公元7世纪在印度游历取经时，曾到过此地，并在《大唐西域记》中对石窟做了生动的描述，这是关于阿旃陀石窟最早的文字记载。

阿旃陀石窟共有29座石窟，其中4座为佛殿，内有藏放舍利的佛塔，25座为僧房，陈设比较简单，只有石床、石枕和佛龛，是僧人居住的地方。

石窟内有精美的壁画和精雕细凿的雕塑，因建成时间不一样，每一个石窟中的壁画和雕塑各具特色。内容描绘了释迦牟尼的生平故事和当时印度社会生活和宫廷生活等情景，还包括战争、乐舞、狩猎、畜牧、生产等场面。佛像和廊柱都由整块岩石雕成。第一号石窟建于7世纪，窟内有一尊释迦牟尼雕像，高约3米，从三个角度观看有三个不同的神态：从正面观看，佛似沉思，左面看似在微笑，右面看又似庄严凝视，石窟的拱门和立柱上雕有飞天仙女，壁画细腻精巧，形态栩栩如生，石窟中间有一个大厅，四周壁画上有500罗汉像，样貌各异，表情丰富。

壁画是阿旃陀石窟中最为引人瞩目的艺术，被认为是印度古代壁画的重要代表。画面上出现的大量的现实生活场景，说明为宗教服务的绘画艺术，已出现世俗化倾向。画中所描绘的众多的妇女形象，体态丰满，姿态优雅，形象典雅，反映了印度古典艺术的美学思想。作为古代印度的佛教圣地，阿旃陀石窟将佛教建筑、雕刻和绘画相结合，被誉为世界和东方的精粹之一。

婆罗浮屠寺庙群
Borobudur Temple Compounds

国家：印度尼西亚

洲名：亚洲

时间：1991年列入《世界遗产名录》

标准：i, ii, vi

属性：文化遗产

世界遗产委员会的评价

这座著名的佛教圣殿，建于公元8世纪和9世纪，位于爪哇岛中部。整个建筑分为三层：基座是五个金字塔型同心方台；中间是三个环形平台，呈圆锥体；顶端是巨大的佛塔。四周围墙和栏杆饰以浅浮雕，总面积2500平方米。围绕着环形平台有72座镂空佛塔，每一座都供奉一尊佛像。该遗址在联合国教科文组织的援助下于20世纪70年代得以重建。

婆罗浮屠位于东南亚的印度尼西亚，由当时统治爪哇岛的夏连特拉王朝统治者建于公元8世纪和9世纪。"婆罗浮屠"意为"山顶的佛寺"，后来因为火山爆发，这座寺庙群下沉，并隐藏于茂密的热带丛林中近千年，直到19世纪初才被清理出来，与中国的长城、柬埔寨的吴哥窟和印度的泰姬陵并称为"古代东方四大奇迹"。

1814年，爪哇岛当时的英国统治者托马斯·斯坦福·莱佛士爵士派遣科尼利厄斯带队调查一座山丘，据当地人说，这座山丘是一处古迹所在地，这时婆罗浮屠开始进入人们的视野，婆罗浮屠的发现受到了全世界的关注，但是直到1835年，该佛塔的整个区域才被清理出来。

婆罗浮屠是至今世界上最大的一座寺庙群。大佛塔的底座为方形，上面五层也是方形，再上面三层为圆形，顶层中央是圆形佛塔，周围被72座端坐着佛陀雕像的舍利佛塔团团包围。整座佛塔代表佛教的大千世界和心灵深处。

◎ 婆罗浮屠寺庙群

婆罗浮屠寺庙群大约有两千多块浮雕，其中一千四百多块为叙事浮雕，一千二百多块为装饰浮雕，覆盖了建筑的立面和回廊。浮雕的总面积达2520平方米，分布于塔基和塔身中。叙事浮雕分为十一组，环绕整座建筑，总长三公里。第一组浮雕在隐藏的塔基中，其余十组从婆罗浮屠东门开始分布于塔身的下面四层。塔内各层都有回廊，回廊两旁的石壁上刻有各式各样的浮雕，其中浮雕中有很多是佛本生经叙事浮雕，也有反映当时人民生活习俗、人物、花草、鸟兽、热带果品等的浮雕，所有浮雕栩栩如生，堪称是艺术珍品，所以这里又有"石块上的史诗"之称。

◎ 浮雕

除了塔内石壁上各种各样的浮雕外，婆罗浮屠还有许多佛像。双腿交叉的佛像端坐于莲花座上，分布于塔身的五层方台和塔顶的三层圆台上。塔身的佛像供奉于壁龛中，在栏杆的外侧围成一圈，随着面积逐层缩小，佛像的数目也逐层递减。塔身的五层方台中，第一层（最底层）有104尊，第二层有104尊，第三层有88尊，第四层有72尊，第五层有64尊，总共432尊佛像。塔顶的佛像被安放在多孔的舍利塔内，第一层有32尊，第二层有24尊，第三层有16尊，

◎ 佛像和云端中的火山

总共有72尊，塔身和塔顶的佛像共计504尊。

十六、其他

在世界范围内被世界遗产委员会列入《世界遗产名录》的还有海法和西加利利的巴哈伊圣地（以色列）、特拉维夫的白色之城——现代运动（以色列）、富士山——神圣之地和艺术之源（日本）、安东尼·高迪的建筑作品（西班牙）、柏林的博物馆岛（德国）、格林尼治沿海地区（英国）、布尔诺的图根哈特别墅（捷克）、奥斯威辛-比克瑙——德国纳粹集中营（1940—1945）（波兰）、皇家展览馆和卡尔顿园林（澳大利亚）、悉尼歌剧院（澳大利亚）、加拉加斯的修达德大学区（委内瑞拉）、自由女神像（美国）、罗本岛（南非）等。本部分重点介绍其中的9项。

海法和西加利利的巴哈伊圣地
Bahá'í Holy Places in Haifa and the Western Galilee

国家：以色列

洲名：亚洲

时间：2008年列入《世界遗产名录》

标准：iii，vi

属性：文化遗产

世界遗产委员会的评价

海法和西加利利的巴哈伊圣地入选的理由是，它们体现了在巴哈伊信仰中浓厚的朝圣传统，以及它们深刻的精神内涵。此项遗产包括与巴哈伊宗教创始人有关的两个最神圣的地方，即位于阿卡的巴哈欧拉陵殿和位于海法的巴孛陵殿，连同周围花园、建筑物和纪念碑。这两处陵殿是位于海法和西加利利的七处不同位置的一个大规模的建筑群、纪念碑和遗址的综合体的一部分，这处综合体也是巴哈伊朝圣地的一部分。

海法是以色列的第三大城市，也是巴哈伊教的总部。海法濒临地中海，港阔水深，多优良港湾，因此海法港是以色列最繁忙的客运港口，亦是最大的货运港口之一。

巴哈伊圣地与19世纪40年代巴哈欧拉创立于伊朗的巴哈伊教有关，巴哈伊教倡导人类团结，主张消除偏见等。

巴哈欧拉陵殿是巴哈伊教的创始人巴哈欧拉的圣陵，位于以色列北部的阿卡。巴哈伊教的创始人米尔扎·侯赛因·阿里是一位波斯贵族，他自封"巴哈欧拉"名号，阿拉伯文意即"上帝的荣耀"。巴哈欧拉去世后被安葬在巴基庄园的一座小楼里，即巴哈欧拉陵殿。

巴孛陵殿坐落在海法的巴哈伊花园，也称为巴孛陵殿阶梯花园。巴孛是波斯的一位年轻的商人，巴哈伊信徒认为他是上帝的一个独立的圣使。巴哈伊花园富有浓郁的波斯特色，但同时融入了印度和欧洲园林的风格。花园从山顶到山脚延伸约1千米，垂直高度

◎ 巴孛陵殿

◎ 巴哈伊花园

达225米，轴心台阶两侧遍植绿草、花木，还布满了雕塑。坐落于巴哈伊花园镀金圆顶的建筑是巴孛的陵寝，40米高的圆顶上由上万片镀金瓦片所覆盖。这里也是海法的标志性建筑，从梯田花园上层向下看，海法的美景尽收眼底。

特拉维夫的白色之城——现代运动
White City of Tel-Aviv — the Modern Movement

国家：以色列

洲名：亚洲

时间：2003年列入《世界遗产名录》

标准：ii，iv

属性：文化遗产

世界遗产委员会的评价

特拉维夫建于1909年，并逐渐发展成为驻巴勒斯坦英军控制下的一个大都市。在20世纪30年代初到50年代间，特拉维夫的白色之城在帕特里克·格迪斯爵士的城市规划基础上建成，体现了现代城市发展规划的基本原则。城中的建筑物由在欧洲培训和实习的建筑设计师们设计而成。他们以全新的文化理念创造了一个杰出的现代运动的建筑群。

特拉维夫市最初创建于1909年，是由一批犹太移民为逃避邻近古老的港口城市——雅法昂贵的房价而兴建的，后来，特拉维夫的发展逐渐超过了以阿拉伯裔为主的雅法。而后，特拉维夫和雅法两市合并成立特拉维夫-雅法市。今天，特拉维夫被认为是以色列最为国际化的经济中心，是以色列第二大城市，是20世纪早期建筑和城镇向现代趋势发展的一个杰出代表。

◎ 特拉维夫的建筑

1925年，特拉维夫的人口已达到3.4万人，当时城内是一片风格杂乱的建筑。这时，由苏格兰建筑师帕特里克·格迪斯提出的特拉维夫城市总体规划得到批准，大批新式建筑遂于20世纪30年代早期开始拔地而起。这种现代主义风格、多功能、简洁的建筑被认为适合年轻而发展迅速的城市，于是特拉维夫就成了建筑师们实践现代主义的试验场。

特拉维夫的建筑虽形态各异，但理念相同，楼层不高，阳台长而宽大，窗户窄小，不仅美观实用且遮阳保暖，十分适合特拉维夫的地中海气候。现代化的特拉维夫满足了城市对当地独特文化、传统和地理要素的需求，是20世纪前期现代建筑运动不同流派文化的杰出代表，是新兴城市建筑规划的杰出范例。

世界遗产

◎ 特拉维夫

　　特拉维夫是世界上国际风格建筑最为集中的城市之一。这一全新风格的建筑，多数是住宅，但也有一些公共建筑。在1931年至1937年间，约有2700幢此类风格的建筑相继建成。目前，特拉维夫市约有4000幢这样的建筑，而成为世界文化遗产的特拉维夫白色之城，指的是市内几条主要大街上约1000幢被列入保护计划的此类建筑。

　　特拉维夫拉宾广场位于市中心的市政厅门前，是以色列最大的公共广场。1995年11月4日，以色列前总理拉宾在这里出席工党举行的和平大会，会后当他离场时被刺杀身亡，随即以色列举国陷入悲痛之中，广场由此得名。

◎ 雅法老城

　　特拉维夫的雅法老城是一个具有4000多年历史的港口城市，是世界上最古老的城市之一，艺术气息浓郁，随处可见艺术品店、城堡、钟楼、清真寺、基督教堂遍布城区，登上山顶可以俯瞰海港和特拉维夫的中心海滩。

富士山——神圣之地和艺术之源
Fujisan，Sacred Place and Source of Artistic Inspiration

　　国家：日本

　　洲名：亚洲

　　时间：2013年列入《世界遗产名录》

标准：iii, vi

属性：文化遗产

世界遗产委员会的评价

展示独立之美，屹立于林海和湖泊之上，经常被积雪覆盖的成层火山——世界闻名的富士山，长久地给艺术家和诗人们以灵感，并且一直是朝圣的对象。遗产地共有25处能反映富士山神圣的充满艺术感的景观精华的景点。12世纪时，它成为包括神道教在内的苦行佛教培训中心。在这座海拔为3776米的山峰的1500米以上的部分，遗址沿途有朝圣路线以及火山口神社，山下有山本浅间神社、推技馆以及天然的火山地貌，如熔岩树模、湖泊、泉水和瀑布等。富士山在日本艺术中的出现可以追溯到11世纪，19世纪包括带有松林的沙滩版画以及木刻版画使富士山成为日本的一张国际名片，并对西方艺术的发展产生了深远的影响。

富士山在日语中的意思是"火山"，海拔3776米，位于东京西南约100千米处的山梨县东南部与静冈县交界处，是日本第一高峰，也是世界上最大的活火山之一。山顶上的两个火山口形成了两个美丽的火山湖，山麓处还有火山喷发后留下来的千姿百态的山洞，有些仍在不断喷气，其中的富岳风穴内的洞壁上结满了钟乳石似的冰柱，被称为"万年雪"。富士山地区，春季樱花盛开，夏季山风习习，秋季红叶满山，冬季白雪皑皑，山周围各种植物多达两千余种，为天然的植物园。

◎ 富士山

富士山气势雄伟，呈圆锥形的山姿十分优美，常常被用来作为绘画和文学的创作题材，它作为日本的象征，名扬全世界。由于富士山的山顶被白雪覆盖，远处看来就像散发着银色的光芒。因此，它被日本人称作"圣山"。

◎ 富士山五合目

富士山从山脚到山顶，共划分为十个阶段，每个阶段是一个"合目"，由山脚下出发到半山腰称为五合目，由五合目再往上攀登，便是六合目、七合目，直至山顶的十合目。每合目都设有供游人休息的地方，巴士最高可上到2305米的五合目。从五合目这里开始登山，一般需要几小时才能登上顶峰。

世界遗产

安东尼·高迪的建筑作品
Works of Antoni Gaudí

国家：西班牙

洲名：欧洲

时间：1984年列入《世界遗产名录》，2005年扩展

标准：i，ii，iv

属性：文化遗产

世界遗产委员会的评价

在巴塞罗那市区或近郊的七处安东尼·高迪的建筑作品，见证了他对19世纪末和20世纪初建筑技术的杰出创意与贡献。这些建筑物都呈现了折中主义风格，非常人性化，这对花园、雕塑以及所有装饰艺术和建筑的设计产生了极大影响。这七处建筑是圭尔公园、圭尔宫、米拉公寓、文森公寓、神圣家族教堂、巴特洛公寓和圭尔住宅区的地下教堂。

安东尼·高迪是西班牙建筑师、新艺术运动的代表性人物之一。1852年6月25日，安东尼·高迪出生于西班牙的雷乌斯，安东尼·高迪从小就善于观察大自然，这使他日后成为师法自然的建筑师。

安东尼·高迪从观察中发现自然界并不存在纯粹的直线，他曾说过："直线属于人类，曲线属于上帝。"所以终其一生，安东尼·高迪都极力在自己的设计当中追求自然，在他的作品当中几乎找不到直线，大多采用充满生命力的曲线与有机形态的物件来构成一栋建筑。安东尼·高迪一生设计的建筑作品无数，其中有七处作品被列入《世界遗产名录》，它们是文森公寓、圭尔宫、圭尔公园、巴特洛公寓、米拉公寓、圭尔住宅区的地下教堂和神圣家族教堂。

文森公寓：1878年，安东尼·高迪设计了一栋别墅，叫作文森公寓，安东尼·高迪从此开始了自己的设计生涯，文森公寓作为安东尼·高迪家庭住宅的处女作设计，为欧洲建筑开启了革命之窗。整栋房子是由石头、红砖和彩色瓷砖建成，设计风格与众不同。虽然如今房子的四周都是高楼大厦，但它仍然保持了原来独特的魅力。

圭尔宫和圭尔公园：圭尔宫建于1886—1889年，是一栋华美绝伦的住宅，淋漓尽致的空间运用手法在当时更是创举。圭尔公园建于1900—1914年，原是要设计给六户人家的私人英式花园，在1923年变更为公共公园，是安东尼·高迪最多彩多姿的作品之一。

巴特洛公寓：巴特洛公寓坐落在巴塞罗那市，是一座6层建筑，建于1904—1906年。这是安东尼·高迪设计中独具一格且不可复制的建筑艺术作品，是原汁原味的现代主义美术与工艺精品。整幢房子中最为精华的部分是位于一楼的主厅。它有单独的入口和楼梯，还通向一个现代主义风格的庭院，为各类大型活动提供了绝佳的户外空间，体现了典型的安东尼·高迪设计风格。巴特洛公寓的门、窗、屋顶、天台全是大波浪形的曲线，地面和天花板的线条都无比圆润，甚至房间内的灯具和一些家具也是安东尼·高迪亲自设计的，以便与房间本身的风格相协调。这一非凡建筑的每一个角落都能给人带来惊喜，包括华丽的拱顶、神奇的烟囱以及屋顶上的三维十字架等。巴特洛公寓内还运用了大量的蓝色瓷砖和水纹玻璃作为装饰。

◎ 巴特洛公寓

米拉公寓：米拉公寓位于巴塞罗那市，建于1906—1912年，是安东尼·高迪设计的著名代表作之一，也是巴塞罗那市的地标之一。米拉公寓地面以上共六层（含屋顶层），这座建筑的墙面凹凸不平，屋檐和屋脊有高有低，呈曲线形，富有动感。

圭尔住宅区的地下教堂：圭尔住宅区的地下教堂建于1908—1917年。虽然安东尼·高迪仅完成教堂的地下室，但这间教堂却是安东尼·高迪作品中最常被研究的作品之一。

神圣家族教堂：神圣家族教堂始建于1882年，因为是赎罪教堂，资金的来源主要靠捐款，捐款的多少直接影响到工程进度的快慢，所以至今还未完工，神圣家族教堂是世界上唯一一座尚未完工就被列为世界遗产的建筑物。安东尼·高迪以大自然中的洞穴、山脉、动植物为灵感设计了整座教堂。设计之初完全没有直线和平面，而是由螺旋、圆锥、曲线、抛物线等各种形状变化组合成的建筑奇观。这个教堂的设计带有强烈的自然色彩，安东尼·高迪以很多动植物的形态为蓝本来设计教堂。整个建筑预计将于2026年才会全部完工。

◎ 尚未完工的神圣家族教堂

世界遗产

柏林的博物馆岛
Museumsinsel (Museum Island), Berlin

国家：德国

洲名：欧洲

时间：1999年列入《世界遗产名录》

标准：ii, iv

属性：文化遗产

世界遗产委员会的评价

博物馆是一种社会现象，源于18世纪的启蒙运动。柏林的博物馆岛共有五个建于1824年至1930年间的博物馆，是一种理想的实现，展示了20世纪博物馆设计方式的变革。各个博物馆的设计都有意地在其艺术藏品之间建立起有机联系。博物馆藏品的重要性在于展示了各个时期人类文明发展的历史，而城市规划和建筑本身的质量又大大提升了博物馆中藏品的价值。

德国的博物馆岛位于柏林市中心，建于1824—1930年，共有五座博物馆，由老博物馆、新博物馆、老国家画廊、佩加蒙博物馆和博德博物馆组成，因位于施普雷河的两条河道的汇合处，故有博物馆岛之称。这个小岛街道整洁，绿树成荫，空气清新，风景优美，岛上的主要建筑基本上都是博物馆，其中以佩加蒙博物馆最为著名。佩加蒙博物馆包括三个部分的展览：古代收藏馆、伊斯兰艺术馆和西亚细亚馆。古代收藏馆藏有著名的佩加蒙神坛、米勒特市场大门；伊斯兰艺术馆藏有姆沙塔浮雕立面、阿勒坡房间以及伊斯兰世界的艺术和工艺美术；西亚细亚馆藏有伊士塔尔城门，以及来自苏美尔、巴比伦、亚述、北叙利亚—东安纳托利地区，即现在的伊拉克、叙利亚和土耳其地区的举世闻名的展品。

◎ 博物馆

岛上最早建成的是老博物馆，距今已经有近两百年的历史。博物馆岛上的建筑群是一组独特的文化遗产，岛上的五座博物馆形态各异，却又和谐统一，施普雷河从两侧流过，使它们的气势更加磅礴。

格林尼治沿海地区
Maritime Greenwich

国家：英国

洲名：欧洲

时间：1997年列入《世界遗产名录》

标准：i，ii，iv，vi

属性：文化遗产

世界遗产委员会的评价

位于伦敦郊区的格林尼治建筑群和附近的花园象征17世纪和18世纪英国的艺术和科学成就。皇后之屋是由伊尼戈·琼斯在英国本岛上建造的第一个具有帕拉底奥风格的建筑物，皇家海军学院是由克里斯托弗·雷恩设计建造的。格林尼治花园是以安德烈·勒诺特尔的设计为基础的，格林尼治皇家天文台则是雷恩和科学家罗伯特·胡克二人的杰作。

格林尼治位于伦敦东南、泰晤士河南岸。1675—1948年，这里设有皇家格林尼治天文台。

15世纪初，英国王室就将其作为防守伦敦的要塞，在这里设置炮台和瞭望塔，用来监视泰晤士河上的舰船，还在这里修建了许多宫殿，周围的山林草地，则是王室养鹿、放鹰和打猎的地方。1675年，英国国王查理二世决定在格林尼治山顶的瞭望塔处建立英国

◎ 格林尼治天文台

◎ 格林尼治天文台大钟

皇家天文台。1884年，世界20多个国家的天文工作者在美国华盛顿召开会议，正式确定以通过格林尼治天文台的经线为本初子午线，即零度经线，向东称东经，向西称西经，各为180°，以格林尼治为世界时区的起点，以格林尼治的天文台的计时仪器来校准时间。从此，格林尼治因其天文台而闻名于世。1924年，格林尼治天文台第一次通过英国广播公司向太空播发时间信号，使世界无线电听众可以根据这种时间信号校正自己的钟表。

在天文台大门旁的砖墙上，镶着一台24小时走字的大钟，它所指示的时间，就是世界各国通用的"格林尼治标准时间"。天文台院子里保留着一条混凝土嵌着铜条的线，旁边的大理石上刻着醒目的大字"格林尼治子午线"，表示地球在这里被分为东西两半球。博物馆内陈列有天文学家进行研究的天文仪器，包括星盘、天文望远镜、钟表、地球仪、天象图谱等。

皇家展览馆和卡尔顿园林
Royal Exhibition Building and Carlton Gardens

国家：澳大利亚

洲名：大洋洲

时间：2004年列入《世界遗产名录》

标准：ii

属性：文化遗产

世界遗产委员会的评价

澳大利亚皇家展览馆及其周边的卡尔顿园林，是为1880和1888年墨尔本举行盛大国际展览而设计的。展览馆和园林由约瑟夫·里德设计。整个建筑由砖、木头、钢和石板等材料建成。它融合了拜占庭风格、罗马风格、伦巴第风格和意大利文艺复兴风格的元素。该展览馆专门用于举办国际展览活动，从1851年至1915年，有50余场来自巴黎、纽约、维也纳、加尔各答、牙买加金斯敦、智利圣地亚哥等地的展览在此处举办。所有活动有一个共同的主题和目的：通过对各国工业的展示，记录物质和精神进步。

皇家展览馆位于澳大利亚墨尔本卡尔顿园林内，是为墨尔本第一次举办国际展览而建造的，也是世界范围内为数不多的19世纪的展览馆之一。卡尔顿园林中有绿树成荫的小径、带有雕塑的喷泉和湖泊，是整个世界遗产地中不可或缺的一部分，也是这一时期的展览建筑的特色。在皇家展览馆举行的国际展览会获得了巨大的成功，自那时起，馆内陆续举办了各种各样的地方、国家和国际性的活动。皇家展览馆见证了许多重要的时刻，1901年，澳大利亚成立联邦后，墨尔本作为临时首都，第一届联邦议会是在皇家展览馆召开的。2001年，在这里举行了澳大利亚联邦成立100周年庆祝活动。

第三章◎文化遗产

◎ 皇家展览馆

◎ 卡尔顿园林

悉尼歌剧院
Sydney Opera House

国家：澳大利亚

洲名：大洋洲

时间：2007年列入《世界遗产名录》

标准：i

属性：文化遗产

世界遗产委员会的评价

落成于1973年的悉尼歌剧院是20世纪的伟大建筑工程之一，无论是在建筑形式上还是在结构设计上，都是各种创新的结晶。在迷人海景的映衬下，一组壮丽的城市雕塑巍然屹立，顶端呈半岛状，翘首直指悉尼港，这座建筑已给建筑史带来了深远的影响。歌剧院由三组贝壳状相互交错的穹顶组成，内设两个主演出厅和一个餐厅。这些贝壳状建筑屹立在一个巨大的基座之上，四周是露台区，作为行人汇集之处。1957年，国际评审团决定由丹麦建筑师约恩·乌特松设计悉尼歌剧院项目，它标志着建筑领域进入了一个全新时期。

悉尼歌剧院自1955年起公开征集世界各地的设计作品，共收到来自32个国家的233个作品，后来丹麦建筑师约恩·乌特松的设计中选。悉尼歌剧院1959年破土动工，1973年全部竣工。1973年10月20日，悉尼歌剧院在英国女皇伊丽莎白二世的亲自主持下，举行了隆重的落成典礼。

悉尼歌剧院坐落在悉尼港湾，三面临水，环境开阔，是一个大型综合性文艺演出中心，以颇具特色的建筑设计闻名于世。悉尼歌剧院的外观为三组巨大的壳片，耸立在南北长186米、东西最宽处为97米的现浇钢筋混凝土结构的基座上。巨大的白色悉尼歌剧院壳片群，像是海上的船帆，又如一簇簇盛开的花朵，在蓝天、碧海、绿树的映衬下，婀娜多姿，轻盈皎洁。

悉尼歌剧院中主要有一个音乐厅、一个歌剧院。音乐厅是悉尼歌剧院最大的厅，通常用于举办交响乐、室内乐、合唱、流行乐、爵士乐等多种音乐的表演。歌剧厅比音乐厅小，主要用于歌剧、舞蹈的表演。此外，还有各种用途的大小房间约900个，实际上它是一座可以满足多种需要的文化中心。每年在悉尼歌剧院举行的表演大约有3000场，悉尼歌剧院是全世界最大的表演艺术中心之一。这座综合性的艺术中心，在现代建筑史上被认为是巨型雕塑式的典型作品，不仅是悉尼艺术文化的殿堂，也是澳大利亚的象征性标志，是公认的20世纪载入史册的经典建筑之一。

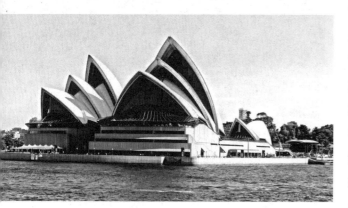
◎ 悉尼歌剧院

罗本岛

Robben Island

国家：南非

洲名：非洲

时间：1999年列入《世界遗产名录》

标准：iii，vi

属性：文化遗产

世界遗产委员会的评价

从17世纪到20世纪罗本岛曾有过不同的用途，它曾经是监狱、不受社会欢迎的人的医院和军事基地。它的建筑，特别是那些在20世纪后期的建筑，如用来关押政治犯最安全的监狱，见证了民主和自由战胜压迫和种族主义的过程。

罗本岛是南非西开普省桌湾中的岛屿，距开普敦十余千米。罗本岛这个名字一直是同南非的反种族隔离斗争联系在一起的，关押过包括南非前总统曼德拉在内的许多黑人

◎ 罗本岛

运动领袖和积极分子。因此，罗本岛被视为南非黑人反对种族隔离、争取民族自由解放的象征。1997年1月1日，罗本岛正式成为一座向公众开放的博物馆。罗本岛犹如南非的一部历史教科书，承载着几百年来南非种族隔离制度和反种族隔离斗争的厚重历史。罗本岛是一个可以了解和感受历史的地方。

思考与练习

1. 简述世界文化遗产的定义和遴选标准。
2. 试述世界文化遗产的分类及特征。
3. 列举作为世界文化遗产的一些具有代表性的历史城市，它们的各自特点是什么？
4. 简述意大利佛罗伦萨的文化特征。
5. 列入《世界遗产名录》的著名考古遗址有哪些？它们的各自特点是什么？
6. 列举几处作为世界文化遗产的皇宫和王宫，简述其历史、建筑和文化特征。

第四章 自 然 遗 产

地球有46亿年的历史，是一切生命的源泉。人类的历史与地球的历史紧密相连，自然遗产本身就是各种生物物种和自然生态系统的自然资源的宝库。自然遗产反映出的动植物种群的多样性，对于动植物的生存发展，特别是对于保护濒危动植物种群的栖息地，具有重要意义和价值。自然遗产对于研究生命起源、地球科学、生态系统、生物多样性以及人类与自然的和谐和可持续发展具有重要的意义。

截至2019年第43届世界遗产大会，世界遗产委员会公布的全世界自然遗产共有213项。

第一节 自然遗产的定义和分类

1. 自然遗产的定义

自然遗产是指具有科学、保护或美学价值的地质、物质、生物结构、濒危动植物栖息地和自然资源保护区等。

2. 自然遗产的分类

根据自然遗产的定义和标准，可按其功能将自然遗产分为四类：地球演化、生物进化、自然景观和生物保护区。

（1）地球演化：地质景观、化石遗址、喀斯特（岩溶）、火山和冰川等。

（2）生物进化。

（3）自然景观。

（4）生物保护区：野生动植物、生物多样性和生物栖息地。

关于上述自然遗产分类，由于多数自然遗产都符合2~3项遴选标准，但针对符合多项标准的自然遗产如何分类并没有严格界限，如云南三江并流保护区、大峡谷国家公园、加拉帕戈斯群岛、堪察加火山、昆士兰湿热带等这样一些自然遗产均符合自然遗产全部四项遴选标准，可以归入上述四种分类的任何一种类型，因此本书主要依据各遗产的主要功能，并结合自然遗产的定义和标准来对各个自然遗产进行分类。

第二节　自然遗产分述

一、地球演化

地球演化包括地质景观、化石遗址、喀斯特、火山、冰川等。

1. 地质景观

被世界遗产委员会列入《世界遗产名录》的地质景观类世界遗产主要有：云南三江并流保护区（中国）、中国丹霞（中国）、大峡谷国家公园（美国）、黄石国家公园（美国）、格罗莫讷国家公园（加拿大）、瑞士萨多纳地质构造带（瑞士）、巨人之路及其海岸（英国）、卡奈依马国家公园（委内瑞拉）、洛伦茨国家公园（印度尼西亚）、麦夸里岛（澳大利亚）、弗里德堡陨石坑（南非）等。本部分重点介绍其中的大峡谷国家公园、黄石国家公园和格罗莫讷国家公园。

大峡谷国家公园

Grand Canyon National Park

国家：美国

洲名：美洲

时间：1979年列入《世界遗产名录》

标准：vii, viii, ix, x

属性：自然遗产

世界遗产委员会的评价

大峡谷深约1500米，由科罗拉多河切割开，是世界上最壮观的峡谷，位于亚利桑那州，贯穿大峡谷国家公园。它的水平岩层可以追溯到20亿年前的地质历史时期。它也保留了人类为了适应当时极其恶劣的环境条件留下的史前遗迹。

亿万年来，奔腾的科罗拉多河在美国西部亚利桑那州北部的堪帕布高原中，切割出这令人震撼的奇迹——科罗拉多大峡谷，大峡谷是地球上最伟大的地理奇迹之一。大峡谷全长445千米，宽度从500米到30千米均有，平均深度约1500米，大峡谷呈V字形，大体呈东西走向，东起科罗拉多河汇入处，西到内华达州界附近的格兰德瓦什崖附近。

大峡谷千姿百态的悬崖峭壁、奇峰异石，显出大自然的鬼斧神工。两侧谷壁呈现阶梯状，由各种代表不同地质年代的岩石叠覆而成，在沉积岩层中含有不同时期的古生物化石。大峡谷的壮观景色举世无双，在阳光照耀下，大峡谷不同岩石呈现出迷人而又变幻无

穷的色彩。

大峡谷国家公园中野生动物、植物资源非常丰富，各类动物上百种，植物上千种。大峡谷中桧树、矮松郁郁葱葱，野花茂盛；此外，还有仙人掌、云杉、冷杉等植物。

黄石国家公园
Yellowstone National Park

国家：美国

洲名：美洲

时间：1978年列入《世界遗产名录》

标准：vii，viii，ix，x

属性：自然遗产

世界遗产委员会的评价

黄石国家公园拥有辽阔的自然森林，占地约9000平方千米，其中96%的面积位于怀俄明州，3%的面积位于蒙大拿州，还有1%的面积位于爱达荷州。黄石国家公园包含世界已知的地热地貌种类的一半，达一万多处。这里有全世界最为集中的间歇泉（300多个间歇泉，占地球上间歇泉的三分之二）。黄石国家公园建于1872年，它还以拥有一些众所周知的野生生物而著称，如灰熊、狼、野牛和麋鹿。

黄石国家公园是世界上第一个国家公园。黄石国家公园里面有一个火山爆发后形成的美国最大的高山湖——黄石湖，湖两岸峡壁险峻巍峨，其中有一段叫黄石峡谷，两侧裸露出的岩层，橙黄中混杂着红、绿、紫、白多种颜色，绚丽多彩。黄石国家公园以保存完好的原始自然风光著称于世，其最独特的风貌要数被称为世界奇观的间歇泉。黄石国家公园不仅有间歇泉、温泉等地热资源，还保留了完好的生态系统，拥有森林、草原、峡谷、湖泊、瀑布等风貌。

◎ 黄石国家公园

◎ 间歇泉

格罗莫讷国家公园
Gros Morne National Park

国家：加拿大

洲名：美洲

时间：1987年列入《世界遗产名录》

标准：vii，viii

属性：自然遗产

世界遗产委员会的评价

格罗莫讷国家公园位于纽芬兰岛的西海岸，是包括深部的洋壳和裸露地表的地幔岩石的大陆漂移演变的一个罕见的例子。近代的冰川活动已经形成一些蔚为壮观的景观，包括海岸低地、高山台地、峡湾、冰河谷、陡崖、瀑布和许多原始状态的湖泊。

格罗莫讷国家公园不仅有奇特而绚丽的自然风光，而且拥有许许多多特殊的地质现象，这些地质现象为大陆漂移学说和板块构造学说提供了宝贵的证据。

6亿年前欧洲大陆和北美大陆是一体的，但是已经逐渐开始分离，同时岩浆从地壳下喷涌而出，填满了两块大陆间的空隙。现在，在格罗莫讷地区西小溪湖的悬崖上可以看到已经凝固的岩浆。地表又经过多年冰川的地质作用的改造，形成了各种各样壮观的地质景观。

格罗莫讷国家公园拥有丰富的生物资源和独具特色的生态特征。多样的地形给动植物提供了各种栖息地，这里的野生生物包括陆地哺乳动物、鸟类、鱼类和各种植物等。

2. 化石遗址

化石是由于自然作用保存在地层中的地史时期的生物遗体和活动遗迹。

被世界遗产委员会列入《世界遗产名录》的化石遗址类世界遗产有：澳大利亚哺乳动物化石遗址（里弗斯利/纳拉库特）（澳大利亚）、米瓜莎国家公园（加拿大）、艾伯塔省恐龙公园（加拿大）、加拿大落基山脉公园（加拿大）、乔金斯化石崖壁（加拿大）、麦塞尔化石遗址（德国）、伊沙瓜拉斯托/塔拉姆佩雅自然公园（阿根廷）、圣乔治山（瑞士）、鲸鱼谷（埃及）等。本部分重点介绍其中的艾伯塔省恐龙公园、加拿大落基山脉公园、麦塞尔化石遗址。

艾伯塔省恐龙公园
Dinosaur Provincial Park

国家：加拿大

洲名：美洲

时间：1979年列入《世界遗产名录》

标准：vii，viii

属性：自然遗产

世界遗产

世界遗产委员会的评价

除了秀丽的风景之外,坐落在艾伯塔省荒地中心的艾伯塔省恐龙公园还有许多极为重要的"爬行动物时代"的化石,特别是大约35种恐龙化石,可以追溯到7500万年前。

在加拿大艾伯塔省西南角红鹿河谷一带,有一座世界闻名的恐龙公园,这座公园地形十分奇特,荒原形态各异,岩石台地、低洼的河谷、天然石柱、山峰、沉积岩层等构成了一幅幅奇观异景。这里也是迄今为止世界发现的中生代白垩纪晚期恐龙化石的最大产地。

在约7500万年以前,现在的艾伯塔东部地区是大片低洼沿海平原,气候温暖潮湿,属亚热带气候,生物种类繁多,除了大量的恐龙外,还有鱼类、两栖类、爬行类、原始哺乳类、鸟类动物等。这里的恐龙中有食草的,也有食肉的,它们自由自在地生活在这里的陆地或沼泽附近,这里可以说是恐龙的世界。自从19世纪80年代这里的挖掘工作开始以来,人们已经沿着红鹿河谷长约26千米的沿岸发现了300多具保存完整的恐龙化石骨骼。

现在,这座恐龙公园还保持着远古时代的自然状态。这里是种类繁多的鸟类栖息地,冬天有叉角羚羊和白尾鹿等珍稀动物来此繁衍生息,这一切为恐龙公园增添了新的生机。

加拿大落基山脉公园
Canadian Rocky Mountain Parks

国家:加拿大

洲名:美洲

时间:1984年列入《世界遗产名录》,1990年扩展

标准:vii,viii

属性:自然遗产

世界遗产委员会的评价

毗邻的班夫国家公园、贾斯珀国家公园、库特奈国家公园和约霍国家公园,以及罗布森山、阿西尼博因山和汉伯省立公园组成的落基山脉公园,点缀着山峰、冰川、湖泊、瀑布、峡谷和石灰岩溶洞,构成了一道亮丽的高山景观。以软体海洋动物化石闻名的伯吉斯页岩化石遗址也位于这里。

加拿大落基山脉公园拥有丰富的自然景观和完整的生态系统,包括山峰、冰川、湖泊、瀑布、峡谷、溶洞,还是著名的含有海洋软体动物化石的伯吉斯页岩化石产地。多姿多彩的地貌中栖息着许多野生生物。在班夫和贾斯珀两处公园就有上千种维管植物被记录,公园里还有许多哺乳动物、鸟类等。发现于加拿大落基山脉中寒武世的伯吉斯页岩动物化石证明,该动物群是当时发现的世界上最早的脊索动物,被认为是寒武纪生物大爆发最具代表性的动物化石。

麦塞尔化石遗址
Messel Pit Fossil Site

国家：德国

洲名：欧洲

时间：1995年列入《世界遗产名录》

标准：viii

属性：自然遗产

世界遗产委员会的评价

麦塞尔化石遗址是世界上人类了解距今5700万年和3600万年之间始新世生存环境的化石最丰富的遗址，它提供了这个时期关于哺乳动物的早期进化极难得的信息，包括保存特别完好的哺乳动物化石，从动物完整的关节骨骼到胃中物质都有保存。

麦塞尔化石遗址位于法兰克福南部，在达姆施塔特附近。在麦塞尔化石遗址发掘出的有哺乳动物、鱼类、鸟类、昆虫等的化石，数不胜数。化石遗址中哺乳动物化石颇为丰富且保存完好，包括有袋类动物、奇蹄类动物、啮齿类动物等的化石。此外，麦塞尔化石遗址中还发现有卷柏科、紫萁科、海金沙科等一些植物化石。

3. 喀斯特

可溶性岩石经水（主要是地下水）溶蚀产生的各种地表和地下地形以及作用的过程，称为喀斯特或岩溶。喀斯特地貌是发育在以石灰岩和白云岩为主的碳酸盐岩上的地貌。

被世界遗产委员会列入《世界遗产名录》的喀斯特类世界遗产有：中国南方喀斯特（中国）、丰芽–格邦国家公园（越南）、下龙湾（越南）、普林塞萨港地下河国家公园（菲律宾）、穆鲁山国家公园（马来西亚）、斯科契扬溶洞（斯洛文尼亚）、阿格泰列克喀斯特和斯洛伐克喀斯特溶洞（匈牙利和斯洛伐克）、皮林国家公园（保加利亚）、普里特维采湖国家公园（克罗地亚）、猛犸洞穴国家公园（美国）、卡尔斯巴德洞穴国家公园（美国）、格拉玛的德桑巴尔科国家公园（古巴）等。本部分重点介绍下龙湾和卡尔斯巴德洞穴国家公园。

下龙湾
Ha Long Bay

国家：越南

洲名：亚洲

时间：1994年列入《世界遗产名录》，2000年扩展

标准：vii，viii

属性：自然遗产

世界遗产

世界遗产委员会的评价

下龙湾坐落在东京湾①,包括大约1600个大小岛屿,构成了一幅石灰岩溶蚀岩柱的壮观海景。由于那里地势陡峭,大部分岛屿杳无人迹,未受人类的影响。巨大的生物价值为这一地区突出的自然美景增添了几分色彩。

越南下龙湾国家公园位于越南东北部广宁省,风景区共分三个小湾,在碧波万顷的海面上,石灰岩岛屿星罗棋布,有尖峰耸峙的岩柱,有形状奇特的钟乳石和石笋,这里以景色瑰丽、秀美而著称。下龙湾的鱼类有上千种,在岛上还栖息着哺乳动物、爬行动物和各种鸟类。

◎ 下龙湾(1)

◎ 下龙湾(2)

卡尔斯巴德洞穴国家公园
Carlsbad Caverns National Park

国家:美国

洲名:美洲

时间:1995年列入《世界遗产名录》

标准:vii,viii

属性:自然遗产

世界遗产委员会的评价

位于新墨西哥州的这一喀斯特地形由80多个溶洞组成。这些溶洞之所以突出不仅在于它们的大小,还体现在丰富多样的矿物结构之美。列楚基耶溶洞比其他的溶洞更为突出,形成了一个可以在原始环境中研究地质和生物过程的地下实验室。

卡尔斯巴德洞穴国家公园位于新墨西哥州爱迪县西南瓜达鹿白河山脉山脚处,公园中的列楚基耶溶洞是最深、最长的溶洞。这一地区生长着大约800种耐旱的灌木植物。这处国家公园还栖息着哺乳动物、鸟类和许多爬行类动物物种。

---

① 东京湾现改名为"北部湾"。

4. 火山

火山是地壳内部喷出的高温物质堆积成的高地，故在地理学上又称为堆积山。典型的火山在地貌上一般表现为顶部有凹形洼地的锥形孤立山峰，但因喷出物质性质不同，可以有不同的形态。

被世界遗产委员会列入《世界遗产名录》的火山类世界遗产有：堪察加火山（俄罗斯）、伊索莱·约里（伊奥利亚群岛）（意大利）、夏威夷火山国家公园（美国）、乞力马扎罗国家公园（坦桑尼亚）、济州火山岛和熔岩洞（韩国）、泰德国家公园（西班牙）、桑盖国家公园（厄瓜多尔）、赫德和麦克唐纳群岛（澳大利亚）等。本部分重点介绍伊索莱·约里（伊奥利亚群岛）。

伊索莱·约里（伊奥利亚群岛）
Isole Eolie (Aeolian Islands)

国家：意大利

洲名：欧洲

时间：2000年列入《世界遗产名录》

标准：viii

属性：自然遗产

世界遗产委员会的评价

伊奥利亚群岛出色地记录了一个火山岛的形成和破坏，以及活动中的火山现象。对伊奥利亚群岛的研究至少从18世纪开始，该群岛已经为火山学提供了两种喷发类型（乌尔堪型火山喷发和斯特朗博利型火山喷发）的例证，因此，200多年来在地质学家教育方面起到了重要的作用。目前，该群岛仍继续丰富着火山学领域的研究。

伊奥利亚群岛位于西西里岛北侧的火山群岛中，包括利帕里岛、武尔卡诺岛、萨利纳岛、斯特朗博利岛、菲利库迪岛、阿利库迪岛和帕纳雷阿岛等。伊奥利亚群岛是由海底火山喷发炽热的岩浆冷却后形成的孤立的群岛。考古学家经过考证确定伊奥利亚群岛的生命早在新石器时代就已经出现。

二、生物进化

被世界遗产委员会列入《世界遗产名录》的生物进化类世界遗产有：加拉帕戈斯群岛（厄瓜多尔）、科科斯岛国家公园（哥斯达黎加）、大堡礁（澳大利亚）、贝加尔湖（俄罗斯）等。本部分重点介绍其中的加拉帕戈斯群岛、大堡礁、贝加尔湖。

世界遗产

加拉帕戈斯群岛
Galápagos Islands

国家：厄瓜多尔

洲名：美洲

时间：1978年列入《世界遗产名录》，2001年扩展

标准：vii, viii, ix, x

属性：自然遗产

世界遗产委员会的评价

加拉帕戈斯群岛在距离南美洲大陆约1000千米的太平洋上，这19个岛屿和周围的海洋保护区被称为独特的"活的生物进化博物馆和陈列室"。位于三股洋流汇合处的加拉帕戈斯群岛是海洋物种的"熔炉"。不断活动的地震和火山作用反映了形成群岛的变化过程。这些变化过程与这些岛屿的极度隔离是导致不寻常动物发展的原因，例如陆生鬣蜥、巨龟和多种类型的雀类。1835年，查尔斯·达尔文在考察了这片岛屿后，从中得到感悟，为他的进化论的形成奠定了基础。

加拉帕戈斯群岛位于厄瓜多尔西部的加拉帕戈斯省，美丽的加拉帕戈斯群岛由众多的岛屿和岩礁组成，是由海底抬升的熔岩堆积物形成的群岛，在这些岛屿形成过程中，地震和火山从未间断；同时，岛屿间的相互隔绝，导致了生物独特的进化发展。加拉帕戈斯群岛有许多动植物，是世界上最大的动植物生态系统，同时也是厄瓜多尔的主要旅游区。

加拉帕戈斯群岛有植物好几百种，植被以仙人掌、灌木和红树林为主。岛上还栖息着陆生鬣蜥和海生鬣蜥。加拉帕戈斯群岛特有的海生鬣蜥是以海草为食，并且通过发育不完全的蹼足适应海上生活，群岛还以另一种爬行动物——巨龟而闻名于世。群岛有绿海龟和玳瑁两个重要的海龟物种，它们常见于周边海域。群岛的诸多海湾中栖息着海狮、海豹、海豚、鲸等。海洋中含有丰富的鱼类，岛上有多种鸟类，包括信天翁、火烈鸟等。此外，岛上还有上千种昆虫。

1835年，查尔斯·达尔文考察了加拉帕戈斯群岛，并于1859年发表了《物种起源》，书中对加拉帕戈斯群岛的生物多样性和演化进行了详尽的描述。关于加拉帕戈斯群岛生物多样性和生物进化方面的研究为国际生物学界所关注，研究成果已为生物学和生态学等方面的教科书所广泛引用。加拉帕戈斯群岛因符合世界自然遗产全部四项遴选标准，而于1978年被世界遗产委员会列入《世界遗产名录》。

大堡礁
Great Barrier Reef

国家：澳大利亚

洲名：大洋洲

时间：1981年列入《世界遗产名录》

标准：vii，viii，ix，x

属性：自然遗产

世界遗产委员会的评价

大堡礁位于澳大利亚东北海岸，是一处千姿百态、景色迷人的地方。它拥有世界上最大的珊瑚礁群，有400种珊瑚，1500种鱼类，4000余种软体动物。作为濒临灭绝的物种如儒艮（海牛）和大绿龟的栖息地，它还具有极大的科学意义。

大堡礁是世界上最大的珊瑚礁区，北面从托雷海峡起，向南直到弗雷泽岛附近，沿澳大利亚东北海岸线连绵两千多千米。除了种类繁多的珊瑚、鱼类和软体动物以外，还有棘皮动物、海鸟、海洋哺乳动物等。种类繁多的热带海洋生物，如海蜇、管虫、海胆、海葵、海龟，以及蝴蝶鱼、天使鱼、鹦鹉鱼等，与色彩斑斓的珊瑚礁构成了天然的海洋生态系统。从上空俯瞰，珊瑚礁岛绚丽多彩、熠熠生辉，在碧波万顷的大海上构成一幅千姿百态的海上奇观。

贝加尔湖
Lake Baikal

国家：俄罗斯

洲名：欧洲

时间：1996年列入《世界遗产名录》

标准：vii，viii，ix，x

属性：自然遗产

世界遗产委员会的评价

贝加尔湖位于西伯利亚东南部，占地3.15万平方千米，是世界上最古老的（2500万年前）和最深的（1700米）湖泊。它拥有世界总数的20%的不冻淡水储量，被誉为"俄罗斯的加拉帕戈斯"，因其年代久远、人迹罕见，成为拥有世界上种类最多和最独特的淡水动物群的地区之一，这对于进化科学具有不可估量的价值。

贝加尔湖位于俄罗斯东西伯利亚高原的南部，是欧亚大陆的第一大淡水湖，长约636千米，最宽处约为80千米，平均宽度为48千米。贝加尔湖有安加拉河、色楞格河等336条大小河流和溪流注入。

◎ 贝加尔湖

贝加尔湖是世界著名的淡水生态系统，湖水极其清澈，透明度达40.5米，被誉为"西伯利亚明眸"。贝加尔湖周围群山环绕，林木苍翠，风景奇丽。贝加尔湖有动物上千种，褐熊、鹿、麋鹿常常出没在贝加尔湖地区。湖中的鱼类约有50余种，包括鲱鱼、鲑鱼、鳕鱼、鲟鱼、杜父鱼等，贝加尔湖中还有淡水海豹。贝加尔湖水域和沿岸植物有上百种，包括许多特有物种。

三、自然景观

被世界遗产委员会列入《世界遗产名录》的自然景观类世界遗产有：武陵源风景名胜区（中国）、九寨沟风景名胜区（中国）、黄龙风景名胜区（中国）、三清山国家公园（中国）、萨加玛塔国家公园（尼泊尔）、大雾山国家公园（美国）、约塞米蒂国家公园（美国）、挪威西峡湾——盖朗厄尔峡湾和纳柔依峡湾（挪威）等。本部分重点介绍约塞米蒂国家公园和挪威西峡湾——盖朗厄尔峡湾和纳柔依峡湾。

约塞米蒂国家公园
Yosemite National Park

国家：美国

洲名：美洲

时间：1984年列入《世界遗产名录》

标准：vii，viii

属性：自然遗产

世界遗产委员会的评价

约塞米蒂国家公园位于美国加利福尼亚中心。它拥有"悬"谷、瀑布群、冰斗湖、磨光穹隆、冰碛和U形谷，展现了由冰川作用形成的各种花岗岩地形的极好景观。在海拔600～4000米之间，还有多种多样的植物群和动物群。

约塞米蒂国家公园占地3083平方千米。公园内遍布山峰、幽谷、瀑布、湖泊、溪流、草甸，以及险峻的花岗岩峭壁，所有的这一切使约塞米蒂国家公园成为一处罕见的自然美景。公园中拥有许多不同的植被类型，各类植物上千种。公园中还栖息着许多野生动物。

挪威西峡湾——盖朗厄尔峡湾和纳柔依峡湾
West Norwegian Fjords—Geirangerfjord and Nærøyfjord

国家：挪威

洲名：欧洲

时间：2005年列入《世界遗产名录》

标准：vii，viii

属性：自然遗产

世界遗产委员会的评价

盖朗厄尔峡湾和纳柔依峡湾位于挪威西南部，卑尔根的东北部，两者相距120千米，是挪威西部峡湾自南部的斯塔万格往东北方向绵延500千米至安道尔森尼斯景区的一部分。这两个峡湾是世界上最长、最深的峡湾地区之一，被认为是典型的峡湾景观，也是风景最为秀丽的地区之一。挪威海上，耸立着1400米高的狭窄而陡峭的结晶岩壁，在海面以下绵延500米，造就了此处独特的自然美景。峡湾中两侧的悬崖峭壁上是数不清的瀑布，自由流淌的河水穿越落叶林和针叶林，流入冰湖、冰川和崎岖的山地。这一景观是以一系列的陆地和海洋景观为特色的，如海底冰碛物和海洋哺乳动物。

挪威位于北欧斯堪的那维亚半岛的西部，三面临海，海岸线曲折，近海岛屿多达15万个，许多岛屿既是优良港口，又是风景优美的游览区。因此，挪威以"峡湾之国"著称于世。

峡湾是冰河时期地壳运动留下的痕迹，不仅是独特的自然奇观，也是重要的海上航道。挪威西峡湾的景观堪称世界奇观，是地球上最伟大的地理奇迹之一。挪威最著名的特色峡湾是盖朗厄尔峡湾、纳柔依峡湾。

在挪威西海岸的众多峡湾中，盖朗厄尔峡湾和纳柔依峡湾受人类活动的影响最小。盖朗厄尔峡湾是挪威众多峡湾中最为

◎ 挪威西峡湾

美丽神秘的一处，以瀑布众多而著称，有许多瀑布沿着陡峭的岩壁泻入峡湾，飞泻千尺的瀑布让人叹为观止。盖朗厄尔峡湾沿岸除了飞泻的瀑布，还有古老的山地农庄，人们在这里既能领略最真实的自然之美，也能感受人类的文化积淀。纳柔依峡湾是挪威西峡湾中最原始、最壮观的峡湾之一，峡湾与沿岸的瀑布、森林、冰川湖、村庄和山谷等共同构成了独特而壮观景色。

四、生物保护区

生物保护区包括野生动植物、生物多样性和生物栖息地。

被世界遗产委员会列入《世界遗产名录》的生物保护区类世界遗产有：四川大熊猫栖息地——卧龙山、四姑娘山和夹金山脉（中国），马纳斯野生生物保护区（印度），盖奥拉德奥国家公园（印度），孙德尔本斯国家公园（印度），奇特旺国家公园（尼泊尔），

辛哈拉加森林保护区（斯里兰卡），童艾-会卡肯野生生物保护区（泰国），多纳纳国家公园（西班牙），斯雷巴尔纳自然保护区（保加利亚），马德拉岛的阔叶常绿乔木群落（葡萄牙），科米原始森林（俄罗斯），弗兰格尔岛自然保护区（俄罗斯），圣基尔达岛（英国），朱吉国家鸟类保护区（塞内加尔），尼奥科罗-科巴国家公园（塞内加尔），德贾动物保护区（喀麦隆），俄卡皮鹿野生生物保护区（刚果民主共和国），塔伊国家公园（科特迪瓦），宁巴山自然保护区（科特迪瓦和几内亚共有），肯尼亚山国家公园/自然森林（肯尼亚），黥基·德·贝玛拉哈自然保护区（马达加斯加），阿伊尔和泰内雷自然保护区（尼日尔），玛依谷地自然保护区（塞舌尔），塞伦盖蒂国家公园（坦桑尼亚），大圣卢西亚湿地公园（南非），开普植物群保护区（南非），大西洋沿岸的森林保护区（巴西），玛努国家公园（秘鲁），瓜纳卡斯特自然保护区（哥斯达黎加），苏里南中部自然保护区（苏里南），雷奥普拉塔诺生物圈保护区（洪都拉斯），埃尔维采诺鲸鱼禁捕区（墨西哥），红木国家公园及州立公园（美国），昆士兰湿热带（澳大利亚），大蓝山地自然保护区（澳大利亚），澳大利亚冈瓦纳雨林（澳大利亚），新西兰次南极区群岛（新西兰）等。本部分重点介绍其中的奇特旺国家公园、大蓝山地自然保护区、开普植物群保护区。

奇特旺国家公园
Chitwan National Park

国家：尼泊尔

洲名：亚洲

时间：1984年列入《世界遗产名录》

标准：vii，ix，x

属性：自然遗产

世界遗产委员会的评价

奇特旺位于喜马拉雅山脚下，是特拉伊地区少数几个未遭到破坏的历史遗迹之一，它曾一直延伸到印度和尼泊尔的山麓丘陵地带。公园里拥有丰富的动植物群，有珍稀的亚洲独角犀牛，也是孟加拉虎的最后避难所。

奇特旺国家公园位于加德满都西南约150千米处，处于亚热带地区。喜马拉雅山脉是由印澳板块与欧亚大陆板块碰撞形成的，印度洋的暖湿气流和冰山融雪水在喜马拉雅山脉南坡山脚下形成了这片神奇的原始森林，从而衍生了一大片葱郁的丛林和野生动物栖息地。这里拥有丘陵、平原、河间地等多样化的地形，是动物天然的保护区，也是印度和尼泊尔之间喜马拉雅丘陵地带中为数不多未遭破坏的自然区域之一。奇特旺国家公园拥有丰富的珍稀动植物群，被誉为"密林的心脏"。

在奇特旺国家公园里，生活着众多的动物，比如犀牛、孟加拉虎、大象、野牛、鳄鱼等。在茂密的丛林中，树木遮蔽了蓝天，偶尔可见几缕阳光，巨藤缠绕着树木，生物多样性在这里得到了很好的保护。这里生存的珍稀动物以亚洲独角犀牛最为著名，其次是孟加拉虎。犀牛是哺乳类犀科的总称，目前分布于非洲中南部和东南亚、南亚，是现存最大的奇蹄目动物，也是现存体型仅次于大象的陆地动物。独角犀牛是世界上濒临灭绝的动物，亚洲独角犀牛主要产于尼泊尔、印度等国家。

◎ 奇特旺国家公园

孟加拉虎主要分布在印度和孟加拉国，在尼泊尔等国家也有分布，孟加拉虎已被世界自然保护联盟定为保护现状极危的动物，也是奇特旺国家公园的重点保护动物。在奇特旺国家公园里，除了亚洲独角犀牛和孟加拉虎外，濒危的哺乳动物还有豹、野牛、懒熊。其他的哺乳动物有黑鹿、白斑鹿、豚鹿、赤麂、野猪、猴子、水獭、豪猪、黄喉貂、麝猫、渔猫、丛林猫、豺、黑纹灰鬣狗、孟加拉狐等。

◎ 亚洲独角犀牛

奇特旺国家公园的水生植物也是应有尽有，这为水鸟们提供了充足的养料。有上百种鸟类被报道过，包括犀鸟、南亚鸨、孔雀、大冠鹫、喜马拉雅灰头渔雕、白背兀鹫等。在奇特旺国家公园能见到的鸟类还包括夜莺、白鹭、小鹦鹉、翠鸟、金莺等。

从19世纪开始，奇特旺是尼泊尔和外国王室和贵族的专用狩猎场，不允许外人进入。尼泊尔独立后，奇特旺开始对外开放，它美丽的森林自然风光以及各种珍稀动物展现在世人眼前。由尼泊尔国王马亨德拉批准，1973年尼泊尔成立了奇特旺国家公园，这是尼泊尔的第一个国家公园。由于奇特旺国家公园采取了严格的禁猎措施，使动物得以繁衍，从而成为尼泊尔最大的野生动物园。

奇特旺国家公园具有林壑幽深之胜，山水秀丽之美，有着多姿多彩的地貌和风光旖旎的景观，栖息着许多野生生物，在森林里，能看到木棉花、菩提树和高大的无花果树，藤蔓植物紧紧缠绕在高大的树干上。此外，这里还有沼泽和连绵的草场。

这里的娜普娣河静静流淌，河中不时有独木舟穿过，鳄鱼在水中游动，两岸森林茂

世界遗产

◎ 娜普娣河

密，野趣横生，岸边的树林和野草错落相间，山上遍布松树和海枣树，最潮湿的山坡上生长着青翠的竹林。四周为郁郁葱葱的原始森林，蓝天、白云倒映水中，山光水色，景色宜人。这里的溪流为迁徙的水鸟提供了良好的筑巢地和觅食处。娜普娣河水清澈深邃，光洁如镜，宛若一颗璀璨的明珠镶嵌在奇特旺国家公园的密林之中，景色绝妙，宛若缥缈仙境。

在奇特旺国家公园的边缘，还散落着一些塔鲁族人的村庄。塔鲁族人的村庄是奇特旺山谷唯一的人类居住地，奇特旺国家公园附近的索拉哈镇塔鲁文化中心每天晚上举办供游客观赏的传统塔鲁族人歌舞表演，很受游客欢迎，这里也是了解塔鲁族人传统文化的一个窗口。塔鲁族人简朴淳厚，即使奇特旺国家公园早已成为名声大振的世界遗产地，这里的塔鲁族人仍保持着他们自己传统的生活方式和习俗，从容安静地生活。

早期的塔鲁族人经常进入丛林中狩猎，但奇特旺国家公园设立之后，狩猎完全被禁止，塔鲁族人则开始以农业和手工业为主，随着奇特旺旅游业的发展，一些当地居民也参与其中。塔鲁族人待人非常热情，在有客人来到或者在农闲和庆典的时候，就会跳起富有当地特色的"棍子舞"，他们用竹竿、竹筷和鼓等演奏出明朗轻快有节奏的音乐，然后围着火堆，打着节拍，灵动地摆手踢腿跳舞，欢快而奔放。

◎ 传统的塔鲁族人歌舞表演

大蓝山地自然保护区
Greater Blue Mountains Area

国家：澳大利亚

洲名：大洋洲

时间：2000年列入《世界遗产名录》

标准：ix，x

属性：自然遗产

世界遗产委员会的评价

大蓝山地区占地1.03万平方千米,由砂岩高原、悬崖和峡谷构成,大部分被温带桉树林覆盖。这一遗产地有八个保护区,展示了澳大利亚大陆在冈瓦纳大陆分离后桉树种群进化的适应性和多样性。大蓝山地区共有91种桉树,因而这一地区也以其独特的桉树结构、生态多样性以及它大范围的栖息地而著称。同时,这一地区还充分展示了澳大利亚的生物多样性,有10%的维管植物以及大量的珍稀或濒危物种,包括地方性物种和演化孑遗物种,例如生存范围非常有限的瓦勒迈松。

大蓝山位于悉尼以西65千米处,是澳大利亚南部新南威尔士州一处著名的自然保护地。大蓝山是一系列高原和山脉的总称,山上生长着许多桉树,桉树是常绿乔木,树干挺拔,木质坚硬,可以挥发油,其挥发的油滴在空气中经过阳光折射呈现蓝光,因而得名大蓝山。大蓝山峰峦陡峭,涧谷深邃,怪石林立,这里主要有三姐妹峰、卡通巴瀑布、孤儿石等天然名胜。三姐妹峰峰高450米,三块巨石拔地而起,如少女并立,故名三姐妹峰,是大蓝山的标志性胜景。

◎ 大蓝山

◎ 大蓝山三姐妹峰

开普植物群保护区
Cape Floral Region Protected Areas

国家:南非

洲名:非洲

时间:2004年列入《世界遗产名录》,2015年扩展

标准:ix,x

属性:自然遗产

世界遗产

世界遗产委员会的评价

开普植物群保护区位于南非开普省，由八个保护区组成，占地5530平方千米。开普植物群保护区是世界上植物物种最丰富的地区之一。这个不到非洲面积0.5%的地方却有将近20%的陆地植物群。这一保护区展示了与高山硬叶灌木群落植被相关的突出的生态和生物过程，这是开普植物群保护区所特有的。植物群突出的分异度、密度和特有分布在全球范围内都是屈指可数的。在植物群中发现的特有植物的繁殖方式具有突出的科学价值，包括对于火的适应性，通过昆虫来散布种子的方式以及特有的分布模式和适应辐射。

开普植物群保护区位于南非开普省，以其美丽的自然景观及附近的码头而闻名于世，知名的地标有被誉为"上帝之餐桌"的桌山和著名的好望角。这里既有殖民时代的古宅和欧洲古典风格的商业建筑，也有辽阔的荒野、怒放的野花、蔚蓝的天空和美丽的海滩。

◎ 开普植物群保护区

◎ 好望角

思考与练习

1. 简述世界自然遗产的定义和遴选标准。
2. 试述世界自然遗产的分类及特征。
3. 简述世界自然遗产的科学意义。
4. 列举一些著名的世界自然遗产，请简述它们各自的特点。
5. 简述美国黄石国家公园的特征。
6. 试述奇特旺国家公园的特征以及对当地旅游经济发展的推动意义。

第五章 文化和自然双重遗产

　　截至2019年第43届世界遗产大会,世界遗产委员会公布的全球文化和自然双重遗产共有39项。本章详细介绍其中的戈雷梅国家公园和卡帕多西亚石窟遗址(土耳其)、希拉波利斯和帕姆卡莱(土耳其)、比利牛斯-佩尔杜山(法国与西班牙共有)、迈泰奥拉(希腊)、伊维萨岛——生物多样性和文化(西班牙)、拉普尼安地区(瑞典)、阿杰尔的塔西利(阿尔及利亚)、马丘比丘历史圣地(秘鲁)、里奥阿比塞奥国家公园(秘鲁)、卡卡杜国家公园(澳大利亚)、塔斯马尼亚荒原(澳大利亚)。

第一节 亚　　洲

戈雷梅国家公园和卡帕多西亚石窟遗址
Göreme National Park and the Rock Sites of Cappadocia

国家:土耳其

洲名:亚洲

时间:1985年列入《世界遗产名录》

标准:i, iii, v, vii

属性:文化和自然双重遗产

世界遗产委员会的评价

　　在这处壮观的景观中,完全由侵蚀作用形成的戈雷梅山谷及其周围地区有岩石凿成的圣殿,为后圣像破坏时期的拜占庭艺术提供了独一无二的证据。在那里,我们可以看到4世纪传统人类居住的遗迹,如住所、穴居村落和地下城镇。

　　戈雷梅国家公园和卡帕多西亚石窟遗址位于土耳其的安纳托利亚高原。卡帕多西亚是由火山喷发出来的熔岩构成的高原,由于长期的风化作用和水流侵蚀,这里形成了石林、峭壁、深谷等蔚为壮观的景观。在戈雷梅国家公园和卡帕多西亚石窟的山岩之中有数以百计的古老的岩穴圣殿、教堂等。迷宫式的建筑和美不胜收的壁画使这一地区充满了神秘的色彩，卡帕多西亚曾被美国《国家地理》杂志评为全球最美的十个地方之一。这里有世界上独一无二的如月球般荒凉奇特的地貌，来到这里，人们仿佛置身于一个地球以外的世界。

◎ 戈雷梅国家公园

◎ 卡帕多西亚石窟

在久远的地质年代，不同时期喷发的火山熔岩流遍此地，由于熔岩成分不同，经过风化和雨水侵蚀形成了许多不同形状的丘陵，有圆锥形、蘑菇形、尖锥形、圆柱形，可谓千奇百怪，鬼斧神工。这一地区是世界上最壮观的"风化区"，目之所及尽是"风蚀"后的天然石雕。

◎ 卡帕多西亚地下城

大规模在卡帕多西亚挖掘洞穴始于公元4世纪，当时的基督徒在此地挖掘栖身的洞穴、修道院和教堂。每一座岩山就是一座教堂，岩石被巧妙地琢成拱门、圆柱和拱顶。修道士们甚至把他们的住所挖到几乎无路可上的山岩顶端。因此，这里的山岩上布满了古代的修道士们留下的大量宗教遗迹。精美的壁画、优雅的廊柱、华丽的装饰令人叹为观止。由于历史上这里属于东罗马帝国，这些宗教壁画大都带有罗马艺术风格。

希拉波利斯和帕姆卡莱
Hierapolis–Pamukkale

国家：土耳其

洲名：亚洲

时间：1988年列入《世界遗产名录》

标准：iii，iv，vii

属性：文化和自然双重遗产

世界遗产委员会的评价

从平原之上几乎200米高处的悬崖中流出的富含方解石的泉水形成了帕姆卡莱（棉花堡）这一奇幻的景观，它由石林、石瀑布和一系列的梯形盆地组成。公元前2世纪末，阿塔利德斯王朝的帕加马国王们建造了希拉波利斯温泉疗养地。这处遗址包括温泉浴场废墟、庙宇和其他希腊建筑。

希拉波利斯位于土耳其西南部的代尼兹利省，帕姆卡莱是"棉花堡"的意思。从罗马时代起，温泉连同雪白的石灰岩一起被认为具有神奇的巨大魔力。从悬崖中流出的富含方解石的泉水形成了帕姆卡莱这一特殊景观。这里的地下石灰质温泉丰沛，温泉水从地底深处涌出，无数涓涓细流从岩层裂隙中潺潺流出，当温泉顺山坡流淌时，石灰质沿途沉积，久而久之便形成一片片阶梯状的钙华堤，在山坡上长了一层又一层，形状便如同白色棉花一般的城堡，故得名"棉花堡"。棉花堡在淡淡的缥缈雾气里显得格外洁白，玲珑剔透，美不胜收。这一遗址著名景观是地热泉和钙华沉积，泉水含有丰富的矿物质，平均温度达35ºC，沉积地质时代为第四纪。

◎ 帕姆卡莱

◎ 希拉波利斯古城遗址

希拉波利斯古城位于棉花堡所在山顶的一边，是一处著名的古罗马遗迹，整座古城的街道呈网状，一条主街道南北贯穿于城中，两端均有巨大城门，主要建筑物包括剧场、神庙、浴场、纪念门、墓地等。古城是公元前2世纪时由帕加马国王们所建，在公元2世纪

◎ 露天剧场

和3世纪它的发展达到了顶峰；在公元4世纪和5世纪，这座古城成为一个主教辖区。希拉波利斯古城是古代"丝绸之路"的重要站点。在17世纪，一场大地震将这座有着千年历史的古城夷为平地，如今我们只能从残垣断壁中寻找当年古城的辉煌了。希拉波利斯博物馆建在棉花堡通往古城遗址的路旁，古城中的许多文物都被收藏于此，包括古希腊和古罗马的雕塑艺术品、大量古币、金银首饰等。此外，这里还保存有雕刻精美的石棺。

从棉花堡向山顶一路走过，到达一座山丘上，有一座公元前的古罗马圆形露天剧场。剧场借着山的倾斜坡度而建，呈现出完美的半圆形，剧场的下方还保留有石门、石柱和石像。从剧场最高处的看台向下俯瞰，整个剧场与山坡大片的残垣断壁、下面的棉花堡连成一片，显得颇为梦幻，让每位造访者情不自禁地感到震撼。

第二节 欧 洲

比利牛斯–佩尔杜山
Pyrénées – Mont Perdu

国家：法国与西班牙共有

洲名：欧洲

时间：1997年列入《世界遗产名录》，1999年扩展

标准：iii，iv，v，vii，viii

属性：文化和自然双重遗产

世界遗产委员会的评价

这一杰出的山脉景观横跨了法国和西班牙两国的国界，大致以佩尔杜山峰为中心，其石灰质的山岳海拔为3352米。这一地区总面积可达306.39平方千米。在西班牙一侧包括欧洲两个最大和最深的峡谷，在法国一侧的更陡峭的北坡上有三个大冰斗墙，是典型的地

质地貌景观。这个地区所拥有的田园风光反映出地处欧洲高地的人们从前普遍的农业生活方式，但现在这种农业生活方式仅仅在比利牛斯山脉这一地区得以延续。因而，村庄、农场、原野、高地牧场和山路这些独特的景观是回顾久远的欧洲社会的特殊见证。

比利牛斯山脉位于法国和西班牙两国交界处，东西走向，一般海拔在2000米以上，以海拔3352米的佩尔杜山峰为中心。比利牛斯山脉以蔚为壮观的山体、裸露的岩层、深邃的河谷、湍急的瀑布、恬静的田园风光和特有的珍稀野生生物而著称。自从旧石器时代，居民就已经开始在这里居住，比利牛斯山脉在法国和西班牙的长期交往中起着重要的作用，在文化传统和农业生产等方面具有极大的相似性。比利牛斯山脉还是著名的旅游胜地，夏有温泉，冬可滑雪。

迈泰奥拉
Meteora

国家：希腊

洲名：欧洲

时间：1988年列入《世界遗产名录》

标准：i，ii，iv，v，vii

属性：文化和自然双重遗产

世界遗产委员会的评价

从11世纪起，在几乎都是险峻的砂岩峰的地区，修道士们选定了这些"天空之柱"定居下来。在15世纪隐士思想大复兴的时代，尽管有令人难以置信的困难，但这里还是建造了24座修道院。16世纪的壁画记录了拜占庭后期绘画发展的一个关键阶段。

迈泰奥拉是"悬在空中"的意思，迈泰奥拉位于希腊东北部的卡兰巴卡省，以奥林匹斯山和迈泰奥拉修道院闻名于世。迈泰奥拉修道院坐落在这些高耸的山岩上，隐遁在这里的修道士靠绳索和网梯攀上高耸入云的峰顶，他们居住在天然岩洞内祈祷、赞颂和忏悔。11世纪中叶，到迈泰奥拉来的修道士逐渐增加，在随后的几个世纪里，迈泰奥拉成为这一地区最权威的宗教中心，它在鼎盛时期共拥有24座分布在大小山岭上的修道院，一些修道院内保存有精美的16世纪壁画。

伊维萨岛——生物多样性和文化
Ibiza，Biodiversity and Culture

国家：西班牙

洲名：欧洲

时间：1999年列入《世界遗产名录》

标准：ii, iii, iv, ix, x

属性：文化和自然双重遗产

世界遗产委员会的评价

伊维萨岛提供了海洋生态系统和沿海生态系统之间相互作用的极好范例。仅见于地中海盆地的茂密的波西多尼亚海草是一种重要的地方性物种，蕴含和支撑着海洋生物的多样性。伊维萨岛保存了它具有悠久历史的大量证据。萨·卡莱塔（居住地）考古遗址和普伊格·德斯·墨林斯（墓地）考古遗址证明在史前，特别是腓尼基-迦太基时期，该岛对于地中海经济发展起到了重要的作用。坚固的上城（阿尔塔·维拉）是文艺复兴时期军事建筑的杰出范例，它对于西班牙新大陆殖民地的防御性建筑的发展具有深远的影响。

伊维萨岛位于西地中海的巴利亚利群岛，这里的波西多尼亚海草和珊瑚礁具有极高的多样性，保持着地中海盆地海洋群落的最高纪录。伊维萨岛鸟类种类丰富，多达上百种，许多是候鸟。这一地区拥有伊维萨古城和防御系统，还有十余处与青铜时代晚期有关的考古遗址。

拉普尼安地区
Laponian Area

国家：瑞典

洲名：欧洲

时间：1996年列入《世界遗产名录》

标准：iii, v, vii, viii, ix

属性：文化和自然双重遗产

世界遗产委员会的评价

瑞典北部的北极圈地区是萨米人的家园。这里的人们以季节性游牧为主，是延续传统方式进行生活的世界上最大的（也是最后一个）地区。每年夏天，萨米人赶着他们的大群驯鹿走向大山，穿过至今还保存着的自然景观，但是现在由于机动车的出现而受到威胁。在冰碛和变化着的河道中能观察到历史和不断发展的地质作用。

拉普尼安地区位于瑞典北部的耶利瓦勒、约克莫克和阿尔耶普卢格一带，这里有险峻的山峦、起伏的丘陵、广阔的平原、奔腾的河流、蜿蜒的湖泊，还有沼泽、瀑布、冰川等。植物以松树、云杉、桦树为主，野生动物有狼獾、水獭、棕熊、驼鹿等。早在6000—7000年前就有早期的居民来到这里，至今这里的萨米人仍然保留着传统的生活方式，以驯鹿业谋生，过着游牧的生活。拉普尼安地区是驯鹿放牧生活的杰出例子，也是这种生活形式保存最好的地区。

第三节 非 洲

阿杰尔的塔西利
Tassili n'Ajjer

国家：阿尔及利亚

洲名：非洲

时间：1982年列入《世界遗产名录》

标准：i，iii，vii，ix

属性：文化和自然双重遗产

世界遗产委员会的评价

这一遗址位于一处具有重要地质意义的奇妙的月球状景观之中，该遗址是世界上最重要的史前窑洞艺术群之一。15000多幅绘画和雕刻艺术记录了从公元前6000年到1世纪撒哈拉边缘的气候变化、动物迁徙和人类生命的进化。由砂岩被侵蚀而形成的"石林"地质构造成为引人注目的景观。

阿杰尔的塔西利位于阿尔及利亚的东南部，是撒哈拉沙漠的一部分，与尼日尔和利比亚两国接壤。阿杰尔的塔西利是一片辽阔的高原，高原的北部和西北部平均海拔1500米，高原的中部和南部平均海拔为1800米。岩石类型以砂岩和火山岩为主，其中以砂岩侵蚀而成的"石林"特别引人注目。由于地质作用，这里形成了沟壑和河谷，为野生生物提供了良好的环境，这一地区最为著名的植物是撒哈拉柏树和撒哈拉橄榄，动物群含有地中海和古北极物种，还有多种大型哺乳动物和许多鸟类物种。15000多幅保存完好的新石器时代的壁画和雕刻艺术展示了这一地区的久远文化。

第四节 美 洲

马丘比丘历史圣地
Historic Sanctuary of Machu Picchu

国家：秘鲁

洲名：美洲

时间：1983年列入《世界遗产名录》

标准：i，iii，vii，ix

属性：文化和自然双重遗产

世界遗产委员会的评价

马丘比丘位于热带高山丛林中部的一处非常美丽的环境之中，海拔2430米。它可能是印加帝国全盛时期最惊人的城市创造物，那巨大的城墙、台阶、坡道在绵延起伏的岩石悬崖绝壁之中就好像是被自然地切割而形成。在安第斯山脉东边的斜坡上，自然环境包括具有丰富的植物群和动物群的亚马孙河上游盆地。

马丘比丘在秘鲁的南部，是建在悬崖峭壁上的古印加帝国的都城。这一隐藏于崇山峻岭、密林深处的要塞都城，被认为是印加帝国精神与文化的代表。马丘比丘意为"古老的山巅"，原为一个崇拜太阳并有着神秘的宗教仪式民族的居住地。马丘比丘古城多用巨石砌成，包括神庙、宫殿、祭坛、堡垒、广场、街道、居室、庭院、浴室和千级台阶等建筑物，这些巨石砌成的建筑物是令人难以置信的奇观。印加人在没有铁制工具和运输设施的情况下是如何将巨大的石块砌在一起的，至今仍是一个难解的谜。各种不同形状的石块，被如此巧妙而又精确地相互拼合起来，难以看出石块间的接缝，远古时期能用如此超凡的技巧建造出如此绝妙的石砌建筑，堪称建筑史上的奇迹。

里奥阿比塞奥国家公园
Rio Abiseo National Park

国家：秘鲁

洲名：美洲

时间：1990年列入《世界遗产名录》，1992年扩展

标准：iii, vii, ix, x

属性：文化和自然双重遗产

世界遗产委员会的评价

里奥阿比塞奥国家公园建于1983年，目的是为了保护安第斯山脉地区特有的雨林动物群和植物群。这个公园里的动物群和植物群具有高水平的特有分布。在这一地区发现了以前被认为已经灭绝了的黄尾毛猴。自1985年以来进行的研究，在海拔2500米到4000米之间，已经发掘出36个以前未知的考古遗址，是前印加社会的真实写照。

里奥阿比塞奥国家公园位于安第斯山脉，在马拉尼翁河和瓦亚加河的交汇处。里奥阿比塞奥国家公园可以划分为四个生态区：干燥的森林、潮湿山区森林、热带高山森林和山区雨林。近千种植物在这一地区被记录，茂密的森林中栖息着许多野生动物，如兀鹰、长尾小鹦鹉、欧夜鹰等。海拔高度决定了鸟类的分布，在海拔3000米到4100米之间，有上百种鸟类生活在那里。哺乳动物有黄尾毛猴、长毛蜘蛛猴、卷尾猴、夜猴、眼镜熊、美洲虎、貘等。

里奥阿比塞奥国家公园及其周围残留了大量的古遗址，留下了人类曾经活动的痕迹。自1985年以来，研究人员已经发现了36个以前未知的考古遗址，包括岩穴、篱笆、道路、仪式建筑、平台、储存室、农业梯田等，这些考古遗址对于了解前印加社会具有重要的意义。

第五章 ◎ 文化和自然双重遗产

第五节 大洋洲

卡卡杜国家公园
Kakadu National Park

国家：澳大利亚

洲名：大洋洲

时间：1981年列入《世界遗产名录》，1987年和1992年扩展

标准：i，vi，vii，ix，x

属性：文化和自然双重遗产

世界遗产委员会的评价

这一独特的考古学和人种学保护区位于北部地区，从40000多年前开始就有土著人陆续居住。岩画、石雕和考古遗址记录了从史前的狩猎者到仍生活在那里的土著人的当地居民的生活技能和生活方式。它是一个复合生态系统的独特范例，包括潮坪、漫滩、低地和高原，为珍稀的地方性植物和动物提供了一个广阔的栖息地。

卡卡杜国家公园以郁郁苍苍的原始森林，各种珍稀的野生动植物，以及保存上万年的山崖洞穴中的原始壁画和重要的考古遗址而闻名，是澳大利亚最大的国家公园，是南半球最重要的热带湿地之一。它既是野生生物的重要栖息地，又是土著居民重要的生活场所。卡卡杜国家公园有鸟类、哺乳动物、爬行动物、两栖动物、昆虫等，包括澳洲特产的有袋类动物、海湾鳄鱼、淡水鳄鱼、岩鸽、青鹧等。植物种类丰富，有棕榈林、红树林、南洋杉和大片的雨林。卡卡杜国家公园内拥有壮观的自然景观、险峻的悬崖峭壁、飞流直下的瀑布、神秘莫测的洞穴，许多洞穴里有着许许多多不同风格的岩画，为当地土著人绘制。

卡卡杜国家公园拥有许多具有艺术装饰的土著居民洞穴，分布在阿纳姆高地一带，公园里数以千计的岩画遗址时代久远。这些发掘出来的岩画艺术不仅提供了澳大利亚早期人类居住的证据，还为澳大利亚的考古学、艺术史学以及人类史学提供了珍贵的研究资料。

塔斯马尼亚荒原
Tasmanian Wilderness

国家：澳大利亚

洲名：大洋洲

时间：1982年列入《世界遗产名录》，1989年扩展

标准：iii，iv，vi，vii，viii，ix，x

属性：文化和自然双重遗产

世界遗产委员会的评价

这些公园和保护区曾经历了剧烈的冰川作用，具有陡峭的峡谷，占地1万多平方千米，是世界上剩下的为数不多的广阔的温带雨林之一。在石灰岩洞穴内发现的遗迹证明了早在2万多年前这一地区就曾有人类居住。

塔斯马尼亚荒原位于澳大利亚的塔斯马尼亚州，由多个公园和保护区组成，拥有澳大利亚最大的河系、最深的湖泊和最壮观的山脉。这一地区栖息着种类繁多的野生动物，包括世界上仅存的食肉有袋类动物。塔斯马尼亚荒原的混交林中的桉树高达90米，是世界上最高的树种之一。早在2万年前，塔斯马尼亚的土著居民就曾在这里生活。

思考与练习

1. 简述文化和自然双重遗产的自然属性和文化内涵。
2. 文化和自然双重遗产有哪些？简述这些遗产地在世界的分布特征。
3. 试述土耳其的文化和自然双重遗产和它们各自的特征。
4. 试述澳大利亚的文化和自然双重遗产和它们各自的特征。

第六章　文化景观遗产

"文化景观"这一概念，是1992年12月在美国圣菲召开的世界遗产委员会第16届会议时提出并纳入《世界遗产名录》中的。

第一节　文化景观的定义

文化景观代表"自然与人类的共同作品"。对文化景观的选择应基于它们自身突出、普遍的价值，明确划定的地理–文化区域的代表性，以及体现此类区域的基本而具有独特文化因素的能力。

文化景观主要分为以下三类：

（1）由人类有意设计和建筑的景观。这类景观包括出于美学原因建造的园林和公园景观，它们经常（但并不总是）与宗教或其他纪念性建筑物或建筑群有联系。

（2）有机进化的景观。它产生于最初始的一种社会、经济、行政以及宗教需要，并通过与周围自然环境的相联系或相适应而发展到目前的形式。它包括两种类别：一是残遗物（或化石）景观，代表一种过去某段时间已经完结的进化过程，不管是突发的还是渐进的。它们之所以具有突出、普遍的价值，还在于其显著特点依然体现在实物上。二是持续性景观，它在当今与传统生活方式相联系的社会中，保持着一种积极的社会作用，而且其自身演变过程仍在进行之中，同时又展示了历史上演变发展的过程。

（3）关联性文化景观。这类景观列入《世界遗产名录》，是以与自然因素、强烈的宗教、艺术或文化相联系为特征，而不是以文化物证为特征。

1990年，新西兰的汤加里罗国家公园作为文化遗产被世界遗产委员列入《世界遗产名录》，1993年扩展，成为被列入《世界遗产名录》的第一个文化景观遗产。文化景观遗产作为一种特殊的遗产类型，它的提出有助于扩大世界文化遗产的概念和内涵，代表了人类与自然的相互作用与关联，与其他遗产类型相比，文化景观遗产更强调人类与自然的相互作用和人类与自然和谐的可持续发展。原来一些难以涵盖的边缘项目由于文化景观的提出，扩展了文化遗产的范围，填补了文化遗产与自然遗产之间的空白，有利于更多的遗产项目得到有效保护。文化景观的产生，使人们对世界遗产的认识发生了许多变化，对人与自然相关联的景观重视起来。

第二节　文化景观遗产分述

本小节详细介绍的文化景观遗产有汤加里罗国家公园（新西兰），阿马尔菲海岸（意大利），韦内雷港、五村镇和群岛（帕尔马里亚、蒂诺和蒂内托）（意大利），中上游莱茵河河谷（德国），卢瓦尔河畔的叙利和沙洛讷之间的卢瓦尔河谷（法国），托考伊葡萄酒产区历史文化景观（匈牙利）6项。

汤加里罗国家公园
Tongariro National Park

国家：新西兰

洲名：大洋洲

时间：1990年列入《世界遗产名录》，1993年扩展

标准：vi，vii，viii

属性：文化和自然双重遗产

世界遗产委员会的评价

1993年，汤加里罗成为文化景观标准修改后第一个被列入《世界遗产名录》的遗产。地处公园中心的群山对毛利人具有文化和宗教意义，象征着这一社区与它的环境的精神联系。公园拥有活火山、死火山，以及多样化的生态系统和一些壮观的景观。

汤加里罗国家公园位于新西兰北岛中央地带，是新西兰的国家公园。汤加里罗国家公园是一个独具特色的火山公园，公园里有多个火山口，其中包括三个著名的活火山：汤

◎ 毛利人居住区

◎ 地热景观

加里罗火山、瑙鲁霍伊火山和鲁阿佩胡火山。汤加里罗国家公园以蔚为壮观的活火山、层峦叠嶂的群山、茂密的原始森林和碧波荡漾的湖泊而著称。在公园里栖息着的鸟类多达几十种,包括新西兰特有的国鸟——几维鸟。汤加里罗国家公园地热资源丰富,沸泉、间歇泉、沸泥塘、喷气孔数不胜数。汤加里罗国家公园还是新西兰登山、滑雪和旅游胜地。汤加里罗国家公园是第一个被世界遗产委员会定为世界文化景观遗产的世界遗产。

阿马尔菲海岸
Costiera Amalfitana

国家:意大利

洲名:欧洲

时间:1997年列入《世界遗产名录》

标准:ii,iv,v

属性:文化遗产

世界遗产委员会的评价

阿马尔菲海岸是一处绝妙的环境美丽和自然景观丰富的地区。从中世纪早期始,就有人类居住于此。这里有诸如阿马尔菲和拉韦洛这样一些具有重要意义的建筑和艺术作品的城镇。乡村地区展示了居民根据地形的多样性特征合理利用土地的才能,缓坡的梯田是葡萄园和果园,开阔的高地则是牧场。

阿马尔菲海岸位于意大利坎帕尼亚区,是意大利最美丽的一段海岸线。阿玛尔菲小镇建立于公元4世纪,后来发展成为商业中心。镇上著名的景点是建于9世纪的圣安德烈亚大教堂。拉韦洛是意大利最美丽的小镇之一,它坐落在有梯田的陡峭山坡上,这里有茂盛的花园、宁静的小巷和古老的建筑。小镇中心是一座大教堂和鲁佛洛别墅,大教堂因12世纪的青铜大门而著名,鲁佛洛别墅曾接待过教皇。这一地区的城镇拥有许多杰出的建筑和艺术作品。在城镇周围,既有低矮的山坡果园,又有广阔的丘陵牧场,从19世纪末开始,这里美丽的自然风光和独特的中世纪小镇景观吸引了大量的游客。

韦内雷港、五村镇和群岛(帕尔马里亚、蒂诺和蒂内托)
Portovenere,Cinque Terre,and the Islands (Palmaria,Tino and Tinetto)

国家:意大利

洲名:欧洲

时间:1997年列入《世界遗产名录》

标准:ii,iv,v

属性:文化遗产

世界遗产

世界遗产委员会的评价

五村镇和韦内雷港之间的利古里亚滨海地区是一处具有不同寻常的美景和文化价值的文化景观。小镇的分布格局以及其周围景观的规划，是人类征服陡峭地势不利条件的结果，展现了过去1000年以来人类在此长期定居的历史。

该遗产地位于意大利利古里亚大区拉斯佩齐亚省。韦内雷港是利古里亚大区拉斯佩齐亚海湾的小港，海港被拉斯佩齐亚海湾环绕着。从古到今它一直是军事、经济重镇和交通要道，地理位置十分重要。在韦内雷港内，现代与中世纪的建筑交相辉映，古老城堡、教堂以及中世纪的街区依然保存完好。

五村镇是蒙特罗索、维尔纳扎、科尔尼利亚、马纳罗拉及里奥马焦雷这五个悬崖边上的村镇的统称。五村镇的一些村庄的历史最早可以追溯至中世纪晚期，这里保留了古老的传统文化和名胜古迹，在悬崖峭壁间散落着古老的城堡、城墙和房舍。这里有耸立的崖壁、蜿蜒的海湾，茂密的橄榄树林，还有一片片的葡萄园和海湾上停泊的一艘艘小船，如诗如画，吸引了众多的艺术家前来。

沿海群岛包括帕尔马里亚岛、蒂诺岛和蒂内托岛，位于利古里亚海上，是属于拉斯佩齐亚群岛的岛屿。在这些岛上，人们可以看到许多历史悠久的建筑，以及各种历史遗迹。帕尔马里亚岛上有一座建于19世纪的监狱，现在已经改建成为博物馆，还有一些碉堡、高射炮等。蒂诺岛的北部有一个11世纪时的修道院的遗址，还有一个建于19世纪的灯塔。蒂内托岛由三个岩石小岛组成，岛上灌木丛生，在西部的岩石小岛上有一个6世纪时的小教堂遗址。

中上游莱茵河河谷
Upper Middle Rhine Valley

国家：德国

洲名：欧洲

时间：2002年列入《世界遗产名录》

标准：ii，iv，v

属性：文化遗产

世界遗产委员会的评价

绵延65千米的中上游莱茵河河谷，和它沿途的城堡、历史城镇和葡萄园生动地展示了人类与突出的丰富的自然景观相互交融的漫长历史。几个世纪以来，这里与众多的历史事件和传奇密切相关，对作家、艺术家和作曲家产生了巨大的影响。

莱茵河发源于瑞士境内的阿尔卑斯山北麓，流经奥地利、法国、德国、荷兰，在荷兰的鹿特丹附近注入北海。莱茵河沿途风景最美的一段在中游的莱茵河河谷段，从德国的宾根到科布伦茨间。两千多年来，中上游莱茵河河谷作为欧洲最重要的运输线路之一，一直促进着地中海地区和北方之间的文化交流。中上游莱茵河河谷是一处杰出的文化景观，这里不但环境优美，风景如画，而且有着上千年的文化底蕴，人们的传统生活方式、民居、运输设施、土地使用都有浓厚的文化色彩。沿河两岸山坡上遍布葡萄园，点缀着古老的城堡，是自然与人文浑然一体的景观。

卢瓦尔河畔的叙利和沙洛讷之间的卢瓦尔河谷
The Loire Valley between Sully-sur-Loire and Chalonnes

国家：法国

洲名：欧洲

时间：2000年列入《世界遗产名录》

标准：i，ii，iv

属性：文化遗产

世界遗产委员会的评价

卢瓦尔河谷是一处非常美丽而又杰出的文化景观，沿岸分布着一些历史名镇和村庄、雄伟的建筑古迹（城堡），以及几个世纪以来人类开垦的耕地，它是人类和自然环境（主要是卢瓦尔河）相互作用的结果。

卢瓦尔河全长1012千米，是法国最大的河流。它发源于中央高原，在布列塔尼半岛注入大西洋。卢瓦尔河谷全长280千米，总面积800平方千米。一座座城堡如同明珠一般沿卢瓦尔河流域相继出现，古老的村镇点缀其间，中世纪的城墙若隐若现，更增加了卢瓦尔河

◎卢瓦尔河

谷的风采。卢瓦尔河谷享有"法国花园"的美誉,卢瓦尔河流域的人文景观,特别是诸多的古代文化遗迹,在一定程度上展现了文艺复兴和启蒙时代西欧启蒙运动时期的思想潮流和设计理念。

卢瓦尔河是法国文艺复兴的摇篮,孕育了古老的文明、灿烂的历史,众多的艺术家、作家和诗人曾云集于此。拉伯雷、巴尔扎克、大仲马、莫里斯·日内瓦、夏尔·佩罗、乔治·桑等著名的作家都曾在此汇集。

卢瓦尔河谷曾是法国国王和贵族们度假和狩猎的地方,众多的法国国王都选择在这里建筑自己的宫殿和城堡,因此卢瓦尔河谷也被称作"帝王谷"。不少城堡都流传着皇室奇闻轶事,这使得城堡变得更加神秘起来。卢瓦尔河谷众多的城堡中最有代表性的几个城堡包括香波城堡、昂布瓦兹皇家城堡、克洛·吕斯城堡、舍农索城堡。

香波城堡:香波城堡曾是法国国王狩猎的行宫,城堡在法国国王弗朗索瓦一世时期开始兴建,香波城堡是卢瓦尔河谷所有城堡中最大的一个,从正门步入主堡,立即置身于一个明亮宽敞的大理石宫殿之中,正对着著名的"双旋梯",两组独立的楼梯相互交错地围绕着一个共同的轴心,螺旋式地盘旋而上,同时上下楼梯的人,可以相互看见,而不会碰面。城堡在布局、造型、风格装饰上反映了法国传统的建筑艺术,同时又受到意大利文艺复兴的影响,成为法国文艺复兴时期的代表作之一。

◎ 香波城堡

昂布瓦兹皇家城堡:昂布瓦兹皇家城堡位于卢瓦尔河畔的昂布瓦兹城,其建筑雏形可以追溯至罗马时代,这里曾经是众多法国国王的居所。弗朗索瓦一世崇尚艺术,他聘请了大量的艺术家到法国工作,当中包括著名画家达·芬奇,达·芬奇被安葬在昂布瓦兹皇家城堡中。

克洛·吕斯城堡:克洛·吕斯城堡在距离昂布瓦兹皇家城堡几百米处,是一座

◎ 双旋梯

典型的文艺复兴时期粉红色砖结构的城堡，因为达·芬奇生前在这里度过了他的最后一段时光而闻名，这是达·芬奇最后的故居。达·芬奇在这座城堡中生活和工作了三年，直至他生命的最后一刻。克洛·吕斯城堡是体现达·芬奇幻想力和艺术文化气息的主题公园，如今，城堡内部作为达·芬奇博物馆对外展出，这里展示了达·芬奇的每日生活起居地，室内仍保留着达·芬奇生活时的家具陈设和工作的场景。

舍农索城堡：舍农索城堡位于安德尔-卢瓦尔省的卢瓦尔河流域，现在的城堡是由法国文艺复兴时期的建筑师菲利伯特·德洛姆设计的。舍农索城堡由主堡垒、长廊、平台和圆塔串联而成，左右两翼分跨在卢瓦河的支流谢尔河两岸，中间由五孔廊桥相连，是卢瓦尔河谷城堡群中最有浪漫情调的"水上城堡"。因为先后有多位王后、宠妃和贵妇人在这里居住过，所以，舍农索城堡又称"女人堡"。

◎ 舍农索城堡

托考伊葡萄酒产区历史文化景观
Tokaj Wine Region Historic Cultural Landscape

国家：匈牙利

洲名：欧洲

时间：2002年列入《世界遗产名录》

标准：ⅲ，ⅴ

属性：文化遗产

世界遗产委员会的评价

托考伊葡萄酒产区历史文化景观生动地表现了这一低山地区和河谷地带历史悠久的葡萄酒酿造传统。葡萄园、农场、村庄、小镇与历史遗留下来的网络般的地下酒窖，构成了一个繁杂的系统，完好地呈现了著名的托考伊葡萄酒的每个酿造流程，近三个世纪以来，酿酒的质量和管理都受到严格控制。

托考伊葡萄酒产区代表了当地独特的葡萄栽培传统，这种传统世代延续，至今已有上千年的历史，却依旧保持着原汁原味。这里产的葡萄酒，酒味甜润醇美，色泽晶莹剔透，是匈牙利的"国酒"。这里良好的自然生态环境具备优质葡萄生长和葡萄酒酿制的有利条件，因此该地区生产的葡萄酒闻名于世，这里从12世纪就开始人工种植葡萄，被认为是世界上最早的葡萄种植园和葡萄酒加工地之一。整个托考伊地区既是葡萄和葡萄酒的产区，同时也是自然和人文景观完美结合的游览胜地。在这里，农舍、种植园、酒窖和教堂全部被保护起来，托考伊地区每年都举办葡萄节、品酒会等民间活动，形成了极具当地特色的文化，吸引了众多的国内外游人。

◎ 酒窖（1）

◎ 酒窖（2）

思考与练习

1. 文化景观的定义是什么？
2. 文化景观的主要类型有哪些？试举例说明。
3. 试述法国卢瓦尔河谷的文化内涵。
4. 简述欧洲的文化景观遗产特征。

第七章 濒危遗产

并不是所有列入《世界遗产名录》的遗产都得到了有效的保护，由于种种原因，有一些遗产正在遭到破坏，而这些遗产有必要得到特殊的关注与保护。世界遗产委员会设立《濒危世界遗产名录》的目的，就是想让世界关注那些已经收录在《世界遗产名录》中且已受到威胁的遗产上，让世界知道它们需要被保护的紧迫性，呼吁国际社会为保护世界遗产贡献力量。

缔约国成员应当及时向世界遗产委员会通报本国的遗产受威胁情况。个人、非政府组织或者其他团体也可以提请该委员会注意世界遗产存在的威胁。如果这个警告被证实且问题严重，那么世界遗产委员会就要考虑将这个世界遗产列入《濒危世界遗产名录》。

2016年，在土耳其伊斯坦布尔召开的第40届世界遗产大会上，马里的杰内古城，乌兹别克斯坦的沙克里希亚别兹历史中心，利比亚的莱普蒂斯·玛格纳考古遗址、昔兰尼考古遗、萨布拉塔考古遗址、塔德尔拉特·阿卡库斯岩画遗址、加达梅斯老城等世界遗产被列入《濒危世界遗产名录》。在本次会议上，世界遗产委员会将格鲁吉亚姆茨赫塔历史建筑从《濒危世界遗产名录》中解除。

2017年，在波兰克拉科夫召开的第41届世界遗产大会上，奥地利的维也纳历史中心和巴勒斯坦的希伯伦/哈利勒老城被列入《濒危世界遗产名录》。在本次会议上，世界遗产委员会将科特迪瓦的科莫埃国家公园、埃塞俄比亚的塞米恩国家公园和格鲁吉亚的巴格拉特大教堂和格拉特修道院从《濒危世界遗产名录》中解除。

2018年，在巴林麦纳麦召开的第42届遗产大会上，伯利兹堡礁保护区已从《濒危世界遗产名录》中被解除。

2019年，在阿塞拜疆巴库召开的第43届世界遗产大会上，伯利恒的耶稣诞生地：诞生教堂和朝圣线路已从《濒危世界遗产名录》中被解除。

截至2019年第43届世界遗产大会，全世界有53项世界遗产被列入《濒危世界遗产名录》中。

世界遗产

第一节 产生濒危遗产的危险因素

由于自然的缘故和人类的介入,各种危险正在不断地威胁着世界遗产。根据《公约》,这些危险包括:(1)蜕变加剧;(2)大规模公共或私人工程;(3)城市或旅游业迅速发展计划造成的消失威胁;(4)土地的使用变动或易主造成的破坏;(5)未知原因造成的重大变化;(6)随意摈弃;(7)武装冲突的爆发或威胁;(8)灾害和灾变,如严重火灾、地震、山崩、火山爆发、水位变动、洪水、海啸等。

存在以上某一种危险情况,某一遗产地就可能被列为濒危遗产,但并不是所有符合要求的遗产都包括在《濒危世界遗产名录》中。有的国家将其与本国的名誉和主权联系在一起,只同意被列入《世界遗产名录》,不同意被列入《濒危世界遗产名录》;有的国家的主管机构或专家将自己无力有效管理的遗产建议列入《濒危世界遗产名录》,以促进本国公众和政府关注有关状况,改善遗产的管理条件。应当说,《濒危世界遗产名录》的确立,对各缔约国政府和公众确实有警示、督促和约束作用。一个国家的世界遗产被列为濒危遗产,其政治影响是不容低估的,对各遗产地管理机构和政府的压力也是不言而喻的。

第二节 濒危世界遗产的保护与恢复

克罗地亚的杜布罗夫尼克旧城位于亚得里亚海滨,达尔马提亚海岸的半岛上,有"亚得里亚海的珍珠"之称,于1979年被列入《世界遗产名录》。经历了几个世纪的风风雨雨和几次地震的破坏,杜布罗夫尼克仍保持着其美丽的哥特式、文艺复兴式和巴洛克式的建筑群。然而在1991年11月和12月,这座城市被炮火严重破坏,随即被列入《濒危世界遗产名录》中。在联合国教科文组织提供技术指导和财政资助的条件下,克罗地亚政府修复了被破坏的修道院、宫殿等建筑。1998年12月这座城市从《濒危世界遗产名录》中被解除。

柬埔寨的吴哥是东南亚主要的考古学遗址之一,有从9—15世纪高棉王朝各个都城的辉煌遗迹,1992年作为文化遗产列入《世界遗产名录》。吴哥遗址面临长期的国内骚乱威胁,遗址内文物不断遭受掠夺,雕刻被猖獗走私。国际社会的努力使吴哥遗址保护成为当今世界上最大的保护工程。1992年12月召开的第16届世界遗产大会上,吴哥遗址同时被列入《世界遗产名录》和《濒危世界遗产名录》。为了有效地保护吴哥古迹,联合国教科文组织针对这一遗址及其周边制订了一个广泛的保护计划,帮助柬埔寨保护吴哥的国际行动始于1993年,联合国教科文组织在日本东京举行保护吴哥遗址政府间国际会议,通过了《东京宣言》,建立了保护遗址的国际协调委员会,先后有十多个国家参与了对吴哥的维修保护行动,主要解决的是文物古迹的修复、非法挖掘、排雷等问题。中国政府也曾派工程技术人员参与这一重大的文物保护国际行动。鉴于对保护吴哥遗址工程所做出的成绩，在2004年7月于中国苏州召开的第28届世界遗产大会上，世界遗产委员会将柬埔寨的吴哥从《濒危世界遗产名录》中解除。

美国黄石国家公园位于美国西北部的怀俄明州、蒙大拿州和爱达荷州三州交界处，是世界上第一个也是历史最悠久的国家公园。它广博的天然森林中有世界上最大的间歇泉集中地带，占全球的三分之二。这些地热奇观是世界上最大的活火山存在的证据之一。黄石国家公园于1978年被列入《世界遗产名录》，而在1995年它被列入《濒危世界遗产名录》。这个公园面临着各种威胁：计划开采金属矿、整年不断的旅游活动、污水和废弃物的污染、鲑鱼的非法引进等。为了恢复黄石国家公园的自然环境，政府和民间组织及个人都投入了大量的人力、物力、财力，做了大量的工作。在2003年召开的第27届世界遗产大会上，黄石国家公园从《濒危世界遗产名录》中被解除。

除了以上被列入《濒危世界遗产名录》，又因保护和修复工作效果良好而从名录中被解除的世界遗产外，还有许多因保护工作卓有成效而从《濒危世界遗产名录》中被解除的世界遗产。世界遗产委员会在2007年新西兰基督城举行的第31届世界遗产大会上宣布，将贝宁的阿波美王宫、尼泊尔的加德满都谷地、美国的大沼泽地国家公园和洪都拉斯的雷奥普拉塔诺生物圈保护区从《濒危世界遗产名录》中解除。由于阿塞拜疆的巴库围城及城内的希尔凡沙宫殿和少女塔保护状况得到改善，在2009年西班牙塞维利亚召开的第33届世界遗产大会上，世界遗产委员会将其从《濒危世界遗产名录》上解除。在2010年第34届世界遗产大会上，世界遗产委员会将厄瓜多尔的加拉帕戈斯群岛从《濒危世界遗产名录》中解除。在2012年第36届世界遗产大会上，巴基斯坦的拉合尔古堡和夏拉玛尔花园、菲律宾的科迪勒拉山的水稻梯田从《濒危世界遗产名录》中被解除。在2013年第37届世界遗产大会上，伊朗的巴姆及其文化景观从《濒危世界遗产名录》中被解除。

第三节　目前的濒危世界遗产

截至2019年在阿塞拜疆巴库召开的第43届世界遗产大会，经过本届大会审议和更新后的全世界濒危世界遗产总数为53项，即非洲21项、亚洲20项、美洲7项、欧洲3项、大洋洲2项。本书简单介绍其中的30项。

一、亚洲

贾姆尖塔及其周围的考古遗址
Minaret and Archaeological Remains of Jam

阿富汗65米高的贾姆尖塔的历史可追溯到公元12世纪。贾姆尖塔塔外砌烧制精巧的砖石，顶部饰有蓝色釉面的琉璃瓦铭刻，建筑工艺高超，装饰精美，代表了该地区建筑和艺术的最高水平。贾姆尖塔地处阿富汗古尔省中心，依山傍水，环境优美。该处世界遗产还包括附近的考古遗址。

2002年，贾姆尖塔及其周围的考古遗址作为文化遗产被列入《世界遗产名录》。由于缺乏法律保护和有效的管理，贾姆尖塔已成为不法分子非法挖掘和掠夺的目标，贾姆尖塔还面临着河水渗入的危险，现已轻微倾斜，阿富汗政府计划中的一条公路将从遗址中间穿过。为此，在2002年6月召开的第26届世界遗产大会上，世界遗产委员会将其列入《濒危世界遗产名录》。

巴米扬山谷文化景观和考古遗址
Cultural Landscape and Archaeological Remains of the Bamiyan Valley

阿富汗巴米扬山谷文化景观和考古遗址是1—13世纪古代巴克特里亚文化和宗教发展的杰出代表，在这片保护区内，汇集了大量佛教寺院、庙宇、圣地以及防御建筑。雕刻在一片绝壁之上的两尊巨大的巴米扬大佛已在2001年3月被阿富汗塔利班武装动用大炮、炸药以及火箭筒等战争武器摧毁，变成一片废墟，成为人类文明的悲剧。由于经历了战事及2001年那次震惊世界的故意爆破的摧毁，现在所有的遗迹都处于极其易碎的状态，主要的危险有佛像剩余部分随时可能坍塌，更进一步的危险是洞穴内的壁画剥落，以及非法挖掘与盗抢文物等行为。目前，遗产地缺乏有效管理，监测系统不完备。

巴米扬山谷文化景观和考古遗址于2003年7月在第27届世界遗产大会上作为文化遗产被列入《世界遗产名录》，同时也被列入《濒危世界遗产名录》。

亚述
Ashur（Qal'at Sherqat）

伊拉克的亚述古城位于美索不达米亚平原北部底格里斯河的特殊地带上，城市的历史可以追溯到公元前3000年。公元前14世纪到公元前9世纪，它是亚述帝国的第一个都城，同时也是进行国际贸易的场所。这个城市曾遭到巴比伦人的摧毁，但在公元1世纪和2世纪的帕提亚人时期，它又得以重建。被提名为世界遗产之前，亚述古城面临被一项大型水坝工程淹没的威胁。

2003年，亚述古城作为文化遗产被列入《世界遗产名录》。当这处遗产被提名的时候，当地的大坝计划就威胁着这处遗产，部分遗产将被水库淹没。虽然这个大坝计划中断了，但世界遗产委员会觉得这里将来还有可能建造大坝，加上亚述古城缺乏必要的保护和管理，以及国家处于战争状态，因此，2003年7月，在第27届世界遗产大会上世界遗产委员会将其列入《濒危世界遗产名录》。

萨迈拉考古城
Samarra Archaeological City

萨迈拉考古城位于伊拉克巴格达以北130千米的底格里斯河两岸,曾是9世纪阿巴思德王朝的伊斯兰都城。遗址从北到南长41.5千米,宽4~8千米,在9世纪,这里为数众多的建筑物中最有影响的是大清真寺和螺旋尖塔。

为了保护伊拉克这一古城遗址,同时鉴于那里的战乱状态,在2007年第31届世界遗产大会上世界遗产委员会将萨迈拉考古城作为文化遗产列入《世界遗产名录》,同时将其列入《濒危世界遗产名录》。

耶路撒冷旧城及其城墙
Old City of Jerusalem and its Walls

耶路撒冷作为犹太教、基督教和伊斯兰教三大宗教的圣城,具有极高的象征意义。在它的220个历史建筑物中,建于7世纪的圆顶清真寺显得特别醒目,并装饰有许多美丽的几何图案和植物图案。三大宗教都认为耶路撒冷是亚伯拉罕的殉难地。圣墓大教堂的耶稣复活圆形建筑物中保存有耶稣的墓地。这里著名的阿克萨清真寺、圆顶清真寺等,都是世界建筑史上辉煌的杰作。

◎ 哭墙

1981年,耶路撒冷旧城及其城墙作为文化遗产被列入《世界遗产名录》,但是无序的城市发展、观光旅游缺乏必要的维护等问题,导致城市建筑物老化。因此,1982年,在第6届世界遗产大会上世界遗产委员会将其列入《濒危世界遗产名录》。

扎比德历史古城
Historic Town of Zabid

也门历史古城扎比德以其杰出的城市规划成为一处闻名遐迩的考古和历史遗址,在13—15世纪,它曾是也门的首都,扎比德历史古城还以伊斯兰大学而著称。

1993年,扎比德历史古城作为文化遗产被列入《世界遗产名录》。因40%的古城房屋被混凝土建筑代替,其他的古建筑和露天剧场也被严重毁坏,缺乏修复和保护,2000年12月,在第24届世界遗产大会上世界遗产委员会将其列入《濒危世界遗产名录》。

苏门答腊热带雨林遗产
Tropical Rainforest Heritage of Sumatra

印度尼西亚的苏门答腊热带雨林占地2.5万平方千米，由3个国家公园组成，保护区拥有极其丰富的野生动植物，以丰富的有花植物和珍稀动物为特征，包括一些地方性物种和濒危物种。

2004年，苏门答腊热带雨林遗产作为自然遗产被世界遗产委员会列入《世界遗产名录》。近年来，这处世界遗产地因偷猎、非法采伐、农业占地及穿越遗产地修建公路等问题面临威胁。2011年6月，在第35届世界遗产大会上世界遗产委员会将其列入《濒危世界遗产名录》。

二、欧洲

科索沃中世纪建筑
Medieval Monuments in Kosovo

科索沃中世纪建筑反映了13—17世纪在巴尔干半岛各国发展起来的拜占庭-罗马风格的基督教文化。这些建筑都留有许多壁画，教堂内的浮雕也别具特色，它们的美学价值都是显而易见的。这些艺术品在几个世纪中历经战火，很多被毁，又有许多新的建筑出现。

2004年，科索沃中世纪建筑作为文化遗产被世界遗产委员会列入《世界遗产名录》，由于该国的政治局势动荡、遗产保护和管理不完善，2006年7月，在第30届世界遗产大会上世界遗产委员会将其列入《濒危世界遗产名录》。

利物浦——沿海贸易之城
Liverpool—Maritime Mercantile City

英国的利物浦——沿海贸易之城的历史中心分为六个区，见证了18—19世纪世界主要贸易中心的发展历程。利物浦在英国的发展史上扮演着重要角色，并成为运送大量人口的主要港口，例如，从北欧向美洲运送奴隶和移民。利物浦是现代船舶技术、运输系统和港口管理发展的先驱。遗产地以大量重要的商业、民用和公用建筑而著称，包括圣乔治大厅。

2004年，利物浦——沿海贸易之城作为文化遗产被列入《世界遗产名录》。2012年，在第36届世界遗产大会上世界

◎ 利物浦

遗产委员会将利物浦——沿海贸易之城列入《濒危世界遗产名录》，主要是因为利物浦的名为"利物浦水域"的大规模开发项目计划在城市中心北部的历史船坞区进行重新开发，世界遗产委员会担心这一大规模开发项目将显著扩展城市中心区，改变遗产地原来的轮廓。

三、非洲

马诺沃–贡达–圣弗洛里斯国家公园
Manovo–Gounda St Floris National Park

中非的马诺沃–贡达–圣弗洛里斯国家公园拥有大量的植物群和动物群。广阔热带大草原上栖息着许多野生动物，包括黑犀牛、大象、猎豹、豹、野狗、红面瞪羚和野牛，还在北部漫滩发现了不同品种的水鸟。

1988年，马诺沃–贡达–圣弗洛里斯国家公园作为自然遗产被列入《世界遗产名录》。非法放牧、偷猎等对这一公园造成了巨大的破坏，偷猎者大约破坏了公园内80%的野生动物，1997年，在第21届世界遗产大会上世界遗产委员会将其列入《濒危世界遗产名录》。

宁巴山自然保护区
Mount Nimba Strict Nature Reserve

宁巴山自然保护区为科特迪瓦和几内亚两国共有，坐落于几内亚和科特迪瓦之间的宁巴山，周围为一片热带草原，山坡被浓密的森林所覆盖。这里拥有特别丰富的动植物群，其中一些为地方性物种，如胎生蟾蜍、黑猩猩等。

该保护区目前面临的问题主要有：(1) 开矿；(2) 难民涌入；(3) 农业侵占；(4) 伐木；(5) 偷猎；(6) 该保护区管理人员管理能力薄弱；(7) 资源匮乏；(8) 缺乏与境外的合作。

宁巴山自然保护区于1981年作为自然遗产被列入《世界遗产名录》，1982年扩展。1992年12月，在第16届世界遗产大会上世界遗产委员会将宁巴山自然保护区列入《濒危世界遗产名录》，其主要的原因是当地提议对铁矿进行开采，并得到了批准，大批难民涌进几内亚，闯入保护区内或保护区周边地区。

维龙加国家公园
Virunga National Park

维龙加国家公园位于刚果民主共和国东北部，与卢旺达和乌干达接壤，占地7900平方千米，地貌多种多样，从沼泽地到海拔5000米以上的鲁文佐里山，从熔岩平原到火山山坡处的大草原。这里是山地大猩猩的栖息地，有约20000头河马生活在这一地区的河畔地带，还有野牛、羚羊、疣猪、大象、豹、狮子等栖息在公园中，此外，来自西伯利亚的候鸟也在这里过冬。

1979年，维龙加国家公园作为自然遗产被世界遗产委员会列入《世界遗产名录》。1992年由于毗邻的卢旺达发生内战，大批难民涌入此地，砍伐林木，进行偷猎活动，给这一地区造成极大破坏。这里的守护者经常得不到薪水，并且公园的巡逻常处于停滞状态。1994年12月，在第18届世界遗产大会上世界遗产委员会将维龙加国家公园列入《濒危世界遗产名录》。

加兰巴国家公园
Garamba National Park

刚果民主共和国加兰巴国家公园拥有广阔的热带草原、草地和林地，森林沿着河岸边和沼泽低地生长。公园里拥有许多野生生物，包括大型哺乳动物大象、长颈鹿、河马、白犀牛等。

1980年，加兰巴国家公园作为自然遗产被列入《世界遗产名录》。由于国内武装冲突和政治不稳定，加兰巴国家公园缺乏有效的管理和保护，1960年公园里的白犀牛数量大约为1000头，因防不胜防的偷猎，该公园在1984—1992年白犀牛的数量急剧减少，因而被列入《濒危世界遗产名录》。在世界遗产委员会、世界自然保护联盟、世界野生动物基金会、法兰克福动物协会等机构的努力下，白犀牛的数量得以恢复。1992年，加兰巴国家公园从《濒危世界遗产名录》中被解除。不过，随后的国内动乱使公园的基础设施被掠夺，一些野生动物被猎杀，于是在1996年召开的第20届世界遗产大会上，世界遗产委员会又将其列入《濒危世界遗产名录》。

卡胡兹–别加国家公园
Kahuzi–Biega National Park

刚果民主共和国的卡胡兹–别加国家公园以大片原始热带森林和壮观的死火山卡胡兹火山和别加火山而著称，公园里还有种类繁多、数量丰富的动物群。大约250只山地大猩猩生活在海拔2100～2400米的地带。

1980年，卡胡兹–别加国家公园作为自然遗产被列入《世界遗产名录》。这处遗产因为武装冲突和政治不稳定、难民的大量涌入而受到很大影响，出现了严重的乱砍滥伐、偷猎、开矿、设备被掠夺和破坏的情况，1997年12月，在第21届世界遗产大会上，世界遗产委员会将其列入《濒危世界遗产名录》。

俄卡皮鹿野生生物保护区
Okapi Wildlife Reserve

刚果民主共和国的俄卡皮鹿野生生物保护区占据了东北部的伊图里森林大约五分之一的面积。保护区内栖息着灵长类的濒危物种、鸟类和大约5000只俄卡皮鹿。生物自然保护区的植物形态各异，种类繁多。保护区还有让人心旷神怡的景致，包括伊图里河和埃普卢河上游的瀑布。

1996年，俄卡皮鹿野生生物保护区作为自然遗产被列入《世界遗产名录》。由于武装冲突导致了公园设备遭遇掠夺、野生动物被捕杀，许多物种已逃离了这个地区。此外，当地民居建设不断扩张，农业活动也在不断扩大。1997年12月，在第21届世界遗产大会上世界遗产委员会将其列入《濒危世界遗产名录》。

萨龙加国家公园
Salonga National Park

刚果民主共和国的萨龙加国家公园是非洲最大的热带雨林保护区，位于扎伊尔河流域的中心盆地。这一公园处于与外界隔离状态，只能通过水路进入。萨龙加国家公园是许多当地濒危物种的栖息地，如矮黑猩猩、扎伊尔孔雀、森林象等。

1984年，萨龙加国家公园作为自然遗产被列入《世界遗产名录》。武装冲突和形形色色的偷猎行为使得公园里的野生动物急剧减少，森林大火造成生态破坏，人为伐木等使公园受到破坏。此外，公园没有足够的管理设施，缺乏受过专门培训的管理人员。1999年12月，在第23届世界遗产大会上世界遗产委员会将其列入《濒危世界遗产名录》。

阿布米那
Abu Mena

阿布米那遗址位于埃及马里尤特沙漠之中。在这座早期的基督教圣城中有许多建筑物，包括教堂、洗礼池、修道院、公共建筑物、街道、住宅、工场等，它们是以亚历山大时期的殉教者——米那斯的坟墓为中心建立的。

1979年，埃及阿布米那遗址作为文化遗产被列入《世界遗产名录》。由于遗址的地面沉降，地下水上升，使大量建筑物倒塌。2001年12月，在第25届世界遗产大会上世界遗产委员会将其列入《濒危世界遗产名录》。

阿伊尔和泰内雷自然保护区
Air and Ténéré Natural Reserves

尼日尔的阿伊尔和泰内雷自然保护区是非洲最大的一个保护区，占地约7.7万平方千

世界遗产

米，保护区以多样化的景观、植物和野生动物而著称，保护区包括阿伊尔火山岩体。

1991年，阿伊尔和泰内雷自然保护区作为自然遗产被列入《世界遗产名录》。军事冲突和国内骚乱是对这处遗产的主要威胁。1992年12月，在第16届世界遗产大会上世界遗产委员会将这一保护区列入《濒危世界遗产名录》。目前，这一遗产地仍然存在管理不当、土壤侵蚀、人口压力等问题。

尼奥科罗-科巴国家公园
Niokolo-Koba National Park

塞内加尔的尼奥科罗-科巴国家公园位于冈比亚河沿岸的湿地地区，种类繁多的野生动物栖息在茂密的森林和热带草原中，主要有羚羊、黑猩猩、狮子、豹、大象等。

1981年，尼奥科罗-科巴国家公园被列入《世界遗产名录》，然而屡禁不止的偷猎活动使保护区的野生动物数量下降；计划兴建水坝以及大批的游客也对当地生物造成严重威胁。2007年6月，在第31届世界遗产大会上世界遗产委员会将尼奥科罗-科巴国家公园列入《濒危世界遗产名录》。

卡苏比的布干达王陵
Tombs of Buganda Kings at Kasubi

乌干达的名称是从"布干达"转变而来。公元1000年，布干达已经是一个统一强盛的王国了。卡苏比的布干达王陵位于坎帕拉的小山上，山顶的中心地带是过去布干达王国的王宫，建成于1882年，1884年以后成为皇家墓地，埋葬着布干达王国最后四任国王。

2001年，卡苏比的布干达王陵作为文化遗产被列入《世界遗产名录》。2010年3月16日，位于乌干达首都坎帕拉市郊的卡苏比的布干达王陵失火，王陵内的主建筑物基本被大火烧毁。2010年7月，在第34届世界遗产大会上世界遗产委员会将这处遗址列入《濒危世界遗产名录》。

阿钦安阿纳雨林
Rainforests of the Atsinanan

阿钦安阿纳雨林由分布在马达加斯加岛东部的六个国家公园组成，6000多万年前，马达加斯加与非洲大陆板块分离后，导致了这里不同寻常的生物演化，生物多样性丰富，这里具有许多独特的动植物种群。这里的动植物就在孤立隔绝的状态下完成了进化过程。此外，这里还生活着许多珍稀濒危物种，特别是灵长类动物和狐猴科。

2007年，阿钦安阿纳雨林作为自然遗产被世界遗产委员会列入《世界遗产名录》。阿钦安阿纳雨林遭到乱砍滥伐和大量狩猎，这使生活在其中的狐猴等70多种濒危动物受到威胁，政府对遗产地的非法伐木缺乏有效管理，这些对遗产地特有的生态系统构成的破坏将不易复原。2010年7月，在第34届世界遗产大会上世界遗产委员会将这处遗产地列入《濒危世界遗产名录》。

廷巴克图
Timbuktu

马里的廷巴克图古城建于公元5世纪，廷巴克图在公元15世纪和16世纪成为宗教文化中心，同时也是伊斯兰文化向非洲传播的中心。津加里贝尔、桑科尔和西迪·牙希亚这三座雄伟的清真寺反映了廷巴克图的黄金年代。尽管这些建筑不断地被修复，但是今天它们仍然受到沙漠化侵蚀的威胁。

1988年，廷巴克图作为文化遗产被世界遗产委员会列入《世界遗产名录》。2012年初，这座城市被马里武装组织接管后，古城多处历史遗址被破坏或掠夺，特别是古城中3处墓葬被破坏。2012年，在第36届世界遗产大会上世界遗产委员会将廷巴克图列入《濒危世界遗产名录》。

阿斯基亚陵
Tomb of Askia

马里的阿斯基亚陵是17米高的金字塔形建筑，由桑海国王阿斯基亚·穆罕默德于1495年建于首都加奥。这座王陵见证了15世纪和16世纪这个帝国的强大和繁荣。当时，桑海帝国控制了横跨撒哈拉的贸易，特别是盐和黄金。阿斯基亚陵是西非萨赫勒地区具有重要意义的泥土建筑传统的范例。阿斯基亚陵包括了金字塔形坟墓、两个平顶清真寺建筑、清真寺公墓和露天的聚会场地。

2004年，阿斯基亚陵作为文化遗产被世界遗产委员会列入《世界遗产名录》。2012年，在第36届世界遗产大会上世界遗产委员会将阿斯基亚陵列入《濒危世界遗产名录》，原因是来自占领该地区武装组织的破坏，阿斯基亚陵遗址中的一些文物，遭到洗劫和走私。

四、美洲

昌昌考古区
Chan Chan Archaelogical Zone

昌昌考古区位于秘鲁西北部太平洋沿岸的沙漠地带。昌昌古城曾是奇穆王国的都城，15世纪是其鼎盛时期，不久即被印加帝国吞并。这座巨大古城被划分为9个城堡或宫殿，城里一些主要的建筑群都是用土砖建造起来的。

1986年，昌昌考古区作为文化遗产被列入《世界遗产名录》，与此同时，考虑到暴雨和洪水等来自大自然的侵蚀和破坏，世界遗产委员会将昌昌考古区列入《濒危世界遗产名录》。

科罗及港口
Coro and its Port

科罗及港口位于委内瑞拉西北部的法尔孔州，在首都加拉加斯西北约320千米处。科罗城区内保存着大量风格独特的历史性建筑物，是当地西班牙和荷兰风格相交融唯一现存的例证。科罗是最早的殖民地之一，建于1527年，城内有602座历史建筑。

1993年，科罗及港口作为文化遗产被列入《世界遗产名录》。2004年11月和2005年2月期间的暴雨对科罗及港口许多历史性建筑物的结构造成了严重破坏。此外，新建筑、海滨人行道和通往城区的大门在科罗计划实施，这些均位于该世界遗产地的缓冲区，破坏了城镇规划格局，是对遗产地价值的很大冲击。此外，这一遗产地还缺乏完善的管理、规划和保护机制。2005年7月，在第29届世界遗产大会上世界遗产委员会将科罗及港口列入《濒危世界遗产名录》。

大沼泽地国家公园
Everglades National Park

位于美国佛罗里达州南端的大沼泽地国家公园曾经被比作从腹地流到海洋的青草之河，是众多鸟类、爬行动物和濒危物种海牛的栖息地。

1979年，大沼泽地国家公园作为自然遗产被列入《世界遗产名录》。1992年，安德鲁飓风极大地改变了佛罗里达海湾及其生态系统，破坏了公园中供参观的中心地带。此外，由于周边城市建设、化肥污染、公园内鸟类数量减少、鱼和野生动物的汞中毒，以及防洪措施造成的水位下降等多种原因，大沼泽地国家公园在1993年12月第17届世界遗产大会上被世界遗产委员会列入《濒危世界遗产名录》。2007年7月，在第31届世界遗产大会上世界遗产委员会将大沼泽地国家公园从《濒危世界遗产名录》中解除。由于城市发展、公园水生态系统不断恶化，水生生物大量死亡等，2010年7月，在第34届世界遗产大会上世界遗产委员会将其再次列入《濒危世界遗产名录》。

雷奥普拉塔诺生物圈保护区
Río Plátano Biosphere Reserve

洪都拉斯的雷奥普拉塔诺生物圈保护区是中美洲少数几个湿热带雨林保护区之一。保护区内有数量丰富、种类繁多的植物和野生动物。

1982年，洪都拉斯的雷奥普拉塔诺生物圈保护区作为自然遗产被列入《世界遗产名录》。该遗址曾于1996—2007年被列入《濒危世界遗产名录》。由于非法采伐和偷猎等因素，2011年6月，在第35届世界遗产大会上世界遗产委员会将雷奥普拉塔诺生物圈保护区再次列入《濒危世界遗产名录》。

巴拿马加勒比海岸的防御工事——波尔多贝罗-圣洛伦佐
Fortifications on the Caribbean Side of Panama: Portobelo-San Lorenzo

作为17世纪和18世纪军事建筑的典范，这些加勒比海岸的巴拿马城堡成为西班牙王室保护跨大西洋贸易的防御体系的一个组成部分。

巴拿马加勒比海岸的防御工事——波尔多贝罗-圣洛伦佐于1980年作为文化遗产被列入《世界遗产名录》。联合国教科文组织在一份声明中表示，巴拿马加勒比海岸的防御工事——波尔多贝罗-圣洛伦佐的状况正在以极快的速度恶化。世界遗产委员会呼吁巴拿马采取必要措施，对这些防御工事进行风险评估，并对其进行加固。2012年，巴拿马这项遗产地在第36届世界遗产大会上被世界遗产委员会列入《濒危世界遗产名录》。

五、大洋洲

东伦内尔岛
East Rennell

东伦内尔岛位于西太平洋所罗门群岛的最南端，它是伦内尔岛南面的第三个岛屿。东伦内尔岛长86千米，宽15千米，是世界上最大的上升珊瑚环礁，占地约370平方千米。这个岛最主要的特色就是特加诺湖，它以前是环状珊瑚岛的潟湖。这个面积为155平方千米的太平洋岛屿中的最大湖泊，是一个咸水湖，包括许多崎岖不平的石灰石岛屿和当地的特有物种。东伦内尔岛大部分被茂密的森林所覆盖。

1998年，东伦内尔岛作为自然遗产被列入《世界遗产名录》。由于森林砍伐严重威胁所罗门群岛的生态，2013年6月，在第37届世界遗产大会上世界遗产委员会将东伦内尔岛列入《濒危世界遗产名录》。

南马都尔：密克罗尼西亚东部庆典中心
Nan Madol: Ceremonial Centre of Eastern Micronesia

南马都尔位于波纳佩岛的海岸沿线，由100多座小岛构成，岛上分布着诸多宫殿、寺庙、墓葬和石筑居所残迹。这些遗迹建于公元1200—1500年，是绍德雷尔王朝的庆典中心。这处遗址建造规模之大、技艺之精湛、巨石建筑之密集，都展示了那个时代繁复的岛屿社会民间风俗和宗教仪式。

2016年7月，在第40届世界遗产大会上世界遗产委员会将其列入《世界遗产名录》。由于气候变化和海岸侵蚀，这处遗产地同时也被列入《濒危世界遗产名录》。

思考与练习

1. 什么是濒危世界遗产？世界遗产委员会为什么设立《濒危世界遗产名录》？
2. 目前列入《濒危世界遗产名录》的世界遗产有哪些？它们在各大洲的分布如何？
3. 产生濒危遗产的因素有哪些？
4. 试举例说明濒危遗产的保护与恢复。
5. 非洲的濒危世界遗产面临的主要问题有哪些？
6. 简述《濒危世界遗产名录》的动态机制在遗产保护上的推动意义。

附录 I 世界遗产名录

截至2019第43届世界大会，全球共有1121项世界遗产被世界遗产委员会列入《世界遗产名录》，其中包括869项文化遗产、213项自然遗产和39项文化和自然双重遗产。这些世界遗产分布在167个国家或地区。下列名录按国家英文字母顺序排序，每处遗产名单前附以批准年代，各遗产名单后的"C"表示文化遗产，"N"代表自然遗产，"C，N"为文化和自然双重遗产。

阿富汗 Afghanistan

2002　贾姆尖塔及其周围的考古遗址 Minaret and Archaeological Remains of Jam（C）

2003　巴米扬山谷文化景观和考古遗址 Cultural Landscape and Archaeological Remains of the Bamiyan Valley（C）

阿尔巴尼亚 Albania

1979，1980，2019　奥赫里德地区自然和文化遗产 Natual and Culture Heritage of the Ohrid Region（C，N）（与北马其顿共有）

1992，1999　布特林特 Butrint（C）

2005，2008　培拉特和吉诺卡斯特历史中心 Historic Centres of Berat and Gjirokastra（C）

2007，2011，2017　喀尔巴阡山脉和欧洲其他地区的古代原始山毛榉林 Ancient and Primeval Beech Forests of the Carpathians and Other Regions of Europe（N）（12国共有）

阿尔及利亚 Algeria

1980　贝尼·哈迈德城堡 Al Qal'a of Beni Hammad（C）

1982　杰米拉 Djémila（C）

1982　阿杰尔的塔西利 Tassili n'Ajjer（C，N）

1982　提姆加德 Timgad（C）

1982　姆扎卜山谷 M'Zab Valley（C）

1982　蒂帕萨 Tipasa（C）

1992　阿尔及尔的卡斯巴哈 Kasbah of Algiers（C）

安道尔 Andorra

2004　马德留–配拉菲塔–克拉罗尔峡谷 Madriu–Perafita–Claror Valley（C）

世界遗产

安哥拉 Angola

2017　姆班扎刚果：前刚果王国的首都遗迹 Mbanza Kongo, Vestiges of the Capital of the former Kingdom of Kongo（C）

安提瓜和巴布达 Antigua and Barbuda

2016　安提瓜海军造船厂及其相关考古遗址 Antigua Naval Dockyard and Related Archaeological Sites（C）

阿根廷 Argentina

1981　罗斯冰川国家公园 Los Glaciares National Park（N）

1983，1984　瓜拉尼耶稣会传教区：圣伊格纳西奥米尼、圣安娜、罗雷托圣母村、圣母玛利亚艾尔马约尔村遗迹（阿根廷），圣米格尔·杜斯米索纳斯遗迹（巴西）Jesuit Missions of the Guaranis: San Ignacio Mini, Santa Ana, Nuestra Señora de Loreto and Santa Maria Mayor（Argentina），Ruins of Sao Miguel das Missoes（Brazil）（C）（与巴西共有）

1984　伊瓜苏国家公园 Iguazu National Park（N）

1999　瓦尔德斯半岛 Península Valdés（N）

1999　平图拉斯河手洞 Cueva de las Manos, Río Pinturas（C）

2000　伊沙瓜拉斯托/塔拉姆佩雅自然公园 Ischigualasto/Talampaya Natural Parks（N）

2000　科尔多巴耶稣会牧场和街区 Jesuit Block and Estancias of Códoba（C）

2003　塔夫拉达·德乌玛瓦卡 Quebrada de Humahuaca（C）

2014　印加路网 Qhapaq Ñan, Andean Road System（C）（与玻利维亚、智利、哥伦比亚、厄瓜多尔和秘鲁共有）

2016　勒·柯布西耶的建筑作品，对现代主义运动有杰出贡献 The Architectural Work of Le Corbusier, an Outstanding Contribution to the Modern Movement（C）（7国共有）

2017　卢斯阿莱尔塞斯国家公园 Los Alerces National Park（N）

亚美尼亚 Armenia

1996，2000　哈格帕特修道院 Monasteries of Haghpat and Sanahin（C）

2000　吉哈德修道院和上游阿扎特河谷 Monastery of Geghard and the Upper Azat Valley（C）

2000　埃奇米阿津大教堂、教堂群和兹瓦尔特诺茨考古遗址 Cathedral and Churches of Echmiatsin and the Archaeological Site of Zvartnots（C）

澳大利亚 Australia

1981，1987，1992　卡卡杜国家公园 Kakadu National Park（C，N）

1981　威蓝德拉湖区 Willandra Lakes Region（C，N）

1981　大堡礁 Great Barrier Reef（N）

1982　豪勋爵群岛 Lord Howe Island Group（N）

1982，1989　塔斯马尼亚荒原 Tasmanian Wilderness（C，N）

1986，1994　澳大利亚冈瓦纳雨林 Gondwana Rainforests of Australia（N）

1987，1994　乌卢鲁-卡塔曲塔国家公园 Uluru-Kata Tjuta National Park（C，N）

1988　昆士兰湿热带 Wet Tropics of Queensland（N）

1991　澳大利亚西部鲨鱼湾 Shark Bay, Western Australia（N）

1992　弗雷泽岛 Fraser Island（N）

1994　澳大利亚哺乳动物化石遗址（里弗斯利/纳拉库特）Australian Fossil Mammal Sites (Riversleigh/Naracote)（N）

1997　麦夸里岛 Macquarie Island（N）

1997　赫德和麦克唐纳群岛 Heard and McDonald Islands（N）

2000　大蓝山地自然保护区 Greater Blue Mountains Area（N）

2003　普尔努鲁鲁国家公园 Purnululu National Park（N）

2004　皇家展览馆和卡尔顿园林 Royal Exhibition Building and Carlton Gardens（C）

2007　悉尼歌剧院 Sydney Opera House（C）

2010　澳大利亚监狱遗址 Australian Convict Sites（C）

2011　宁格罗海岸 Ningaloo Coast（N）

2019　布吉必姆文化景观 Budj Bim Cultural Landscape（C）

奥地利 Austria

1996　萨尔茨堡市历史中心 Historic Centre of the City of Salzburg（C）

1996　申布伦宫殿和花园 Palace and Gardens of Schönbrunn（C）

1997　哈尔施塔特-达赫施泰因/萨尔茨卡默古特文化景观 Hallstatt-Dachstein/Salzkammergut Cultural Landscape（C）

1998　塞默灵铁路 Semmering Railway（C）

1999，2010　格拉茨市历史中心和埃根博格城堡 City of Graz-Historic Centre and Schloss Eggenberg（C）

2000　瓦豪文化景观 Wachau Cultural Landscape（C）

2001　费尔特湖-新锡德尔湖文化景观 Fertö/Neusiedlersee Cultural Landscape（C）（与匈牙利共有）

2001　维也纳历史中心 Historic Centre of Vienna（C）

2007，2011，2017　喀尔巴阡山脉和欧洲其他地区的古代原始山毛榉林 Ancient and Primeval Beech Forests of the Carpathians and Other Regions of Europe（N）（12国共有）

2011　阿尔卑斯周围的史前湖岸木桩建筑 Prehistoric Pile Dwellings around the Alps（C）（与法国、德国、意大利、斯洛文尼亚和瑞士共有）

阿塞拜疆 Azerbaijan

2000　巴库围墙城及城内的希尔凡沙宫殿和少女塔 Walled City of Baku with the Shirvanshah's Palace and Maiden Tower（C）

2007　戈布斯坦岩石艺术文化景观 Gobustan Rock Art Cultural Landscape（C）

2019　舍基历史中心及汗王宫殿 Historic Centre of Sheki with the Khan's Palace（C）

巴林 Bahrain

2005　巴林堡：迪尔蒙国古老港口和首都 Qal'at al-Bahrain-Ancient Harbour and Capital of Dilmun（C）

2012	采珠业：岛屿经济的见证 Pearling, Testimony of an Island Economy（C）	1998	布鲁塞尔大广场 La Grand-Place, Brussels（C）
2019	迪尔蒙墓葬群 Dilmum Burial Mounds（C）	1999，2005	比利时和法国钟楼 Belfries of Belgium and France（C）（与法国共有）

孟加拉 Bangladesh

1985　巴哈尔布尔的佛教毗诃罗遗址 Ruins of the Buddhist Vihara at Paharpur（C）

1985　巴格哈特的古清真寺之城 Historic Mosque City of Bagerhat（C）

1997　孙德尔本斯 The Sundarbans（N）

巴巴多斯 Barbados

2011　历史城市布里奇敦和要塞 Historic Bridgetown and its Garrison（C）

白俄罗斯 Belarus

1979，1992，2014　比亚洛维察森林 Bialowieza Forest（N）（与波兰共有）

2000　米尔城堡 Mir Castle Complex（C）

2005　奈斯维的拉济维乌家族建筑、住宅和文化复合体 Architectural, Residential and Cultural Complex of the Radziwill Family at Nesvizh（C）

2005　斯特鲁维地理探测弧线 Struve Geodetic Arc（C）（10国共有）

比利时 Belgium

1998　路维勒和鲁尔克斯主运河上的4座水闸及其环境 The Four Lifts on the Canal du Centre and their Environs, La Louvière and Le Roeulx（Hainaut）（C）

1998　佛兰德的比津修道院 Flemish Béguinages（C）

2000　斯皮耶纳（蒙斯）的新石器时代的燧石矿 Neolithic Flint Mines at Spiennes（Mons）（C）

2000　图尔奈的圣母大教堂 Notre-Dame Cathedral in Tournai（C）

2000　布鲁日历史中心 Historic Centre of Brugge（C）

2000　建筑师维克多·奥尔塔设计的主要城市住宅（布鲁塞尔）Major Town Houses of the Architect Victor Horta（Brussels）（C）

2005　帕拉丁工场-博物馆综合体 Plantin-Moretus House-Workshops-Museum Complex（C）

2007，2011，2017　喀尔巴阡山脉和欧洲其他地区的古代原始山毛榉林 Ancient and Primeval Beech Forests of the Carpathians and Other Regions of Europe（N）（12国共有）

2009　斯托克莱公馆 Stoclet House（C）

2012　瓦隆尼亚主要矿业遗址 Major Mining Sites of Wallonia（C）

2016　勒·柯布西耶的建筑作品，对现代主义运动有杰出贡献 The Architectural Work of Le Corbusier, an Outstanding Contribution to the Modern Movement（C）（7国共有）

伯利兹 Belize

1996　伯利兹堡礁保护区 Belize Barrier Reef Reserve System（N）

贝宁 Benin

1985　阿波美王宫 Royal Palaces of Abomey（C）

1996，2017　W-阿尔利-彭贾里保护区 W-Arly-Pendjari Complex（N）（与布基纳法索和尼日尔共有）

玻利维亚 Bolivia

1987　波托西城 City of Potosi（C）

1990　奇基托斯耶稣传教区 Jesuit Missions of the Chiquitos（C）

1991　历史名城苏克雷 Historic City of Sucre（C）

1998　萨迈帕塔考古遗址 Fuerte de Samaipata（C）

2000　诺尔·坎普夫·墨尔加多国家公园 Noel Kempff Mercado National Park（N）

2000　蒂瓦纳库文化、精神和政治中心 Tiwanaku: Spiritual and Political Centre of the Tiwanaku Culture（C）

2014　印加路网 Qhapaq Ñan, Andean Road System（C）（与阿根廷、智利、哥伦比亚、厄瓜多尔和秘鲁共有）

波黑 Bosnia and Herzegovina

2005　莫斯塔尔老城的老桥区 Old Bridge Area of the Old City of Mostar（C）

2007　维塞格拉德的迈赫迈德·巴沙·索科罗维奇桥 Mehmed Paša Sokolović Bridge in Višegrad（C）

2016　斯特茨奇中世纪墓地 Stećci Medieval Tombstones Graveyards（C）（与克罗地亚、黑山和塞尔维亚共有）

博茨瓦纳 Botswana

2001　措迪罗（岩画）Tsodilo（C）

2014　奥卡万戈三角洲 Okavango Delta（N）

巴西 Brazil

1980　欧鲁普雷图历史城镇 Historic Town of Ouro Preto（C）

1982　奥林达历史中心 Historic Centre of the Town of Olinda（C）

1983，1984　瓜拉尼耶稣会传教区：圣伊格纳西奥米尼、圣安娜、罗雷托圣母村、圣母玛利亚艾尔马约尔村遗迹（阿根廷），圣米格尔·杜斯米索纳斯遗迹（巴西）Jesuit Missions of the Guaranis: San Ignacio Mini, Santa Ana, Nuestra Señora de Loreto and Santa Maria Mayor（Argentina）, Ruins of Sao Miguel das Missoes（Brazil）（C）（与阿根廷共有）

1985　巴伊亚州萨尔瓦多历史中心 Historic Centre of Salvador de Bahia（C）

1985　孔贡哈斯的仁慈耶稣圣殿 Sanctuary of Bom Jesus do Congonhas（C）

1986　伊瓜苏国家公园 Iguaçu National Park（N）

1987　巴西利亚 Brasilia（C）

1991　卡皮瓦拉山国家公园 Serra da Capivara National Park（C）

1997　圣路易斯历史中心 Historic Centre of São Luis（C）

1999	大西洋沿岸东南部森林保护区 Atlantic Forest South-East Reserves（N）			

1999　大西洋沿岸东南部森林保护区 Atlantic Forest South-East Reserves（N）

1999　大西洋沿岸的森林保护区 Discovery Coast Atlantic Forest Reserves（N）

1999　迪亚曼蒂纳城历史中心 Historic Centre of the Town of Diamantina（C）

2000，2003　亚马孙河中心保护区 Central Amazon Conservation Complex（N）

2000　潘塔奈尔保护区 Pantanal Conservation Area（N）

2001　塞拉多保护区：查帕达·多斯·维阿迪里奥斯和埃玛斯国家公园 Cerrado Protected Areas: Chapada dos Veadeiros and Emas National Parks（N）

2001　巴西大西洋群岛：费尔纳多·迪·努荣达和阿托尔·达斯·罗卡斯保护区 Brazilian Atlantic Islands: Fernando de Noronha and Atol das Rocas Reserves（N）

2001　戈亚斯城历史中心 Historic Centre of the Town of Goiás（C）

2010　圣克里斯托旺的圣弗朗西斯科广场 São Francisco Square in the Town of São Cristóvão（C）

2012　里约热内卢：山海之间的卡里奥卡景观 Rio de Janeiro: Carioca Landscapes between the Mountain and the Sea（C）

2016　潘普利亚现代建筑 Pampulha Modern Ensemble（C）

2017　瓦隆古码头考古遗址 Valongo Wharf Archaeological Site（C）

2019　帕拉蒂和格兰德岛——文化与生物多样性 Paraty and Ilha Grande—Culture and Biodiversity（C, N）

保加利亚 Bulgaria

1979　马达腊骑士浮雕 Madara Rider（C）

1979　伊凡诺沃岩洞教堂 Rock-Hewn Churches of Ivanovo（C）

1979　博亚纳教堂 Boyana Church（C）

1979　卡赞利克的色雷斯人古墓 Thracian Tomb of Kazanlak（C）

1983　内塞巴尔古城 Ancient City of Nessebar（C）

1983，2010　皮林国家公园 Pirin National Park（N）

1983　里拉修道院 Rila Monastery（C）

1983　斯雷巴尔纳自然保护区 Srebarna Nature Reserve（N）

1985　斯韦什塔里的色雷斯人墓 Thracian Tomb of Sveshtari（C）

2007，2011，2017　喀尔巴阡山脉和欧洲其他地区的古代原始山毛榉林 Ancient and Primeval Beech Forests of the Carpathians and Other Regions of Europe（N）（12国共有）

布基纳法索 Burkina Faso

1996，2017　W-阿尔利-彭贾里保护区 W-Arly-Pendjari Complex（N）（与贝宁和尼日尔共有）

2009　洛罗派尼遗址 Ruins of Loropéni（C）

2019　布基纳法索古冶铁遗址 Ancient Ferrous Metallurgy Sites of Burkina Faso（C）

佛得角 Cabo Verde

2009　大里贝拉历史中心 Cidade Velha, Historic Centre of Ribeira Grande（C）

柬埔寨 Cambodia

1992　吴哥 Angkor（C）

2008　柏威夏寺 Temple of Preah Vihear（C）

2017　体现古伊奢那补罗文化景观的三波坡雷古考古遗址 Temple Zone of Sambor Prei Kuk, Archaeological Site of Ancient Ishanapura（C）

喀麦隆 Cameroon

1987　德贾动物保护区 Dja Faunal Reserve（N）

2012　流经三国的桑加河 Sangha Trinational（N）（与中非和刚果共和国共有）

加拿大 Canada

1978　纳汉尼国家公园 Nahanni National Park（N）

1978　安斯梅多国家历史遗址 L'Anse aux Meadows National Historic Site（C）

1979　艾伯塔省恐龙公园 Dinosaur Provincial Park（N）

1979，1992，1994　克卢恩/朗格尔-圣埃利亚斯/冰川湾/塔臣施尼-阿克塞克 Kluane/Wrangell–St. Elias/Glacier Bay/Tatshenshini-Alsek（N）（与美国共有）

1981　美洲野牛涧 Head-Smashed-In Buffalo Jump（C）

1981　斯冈瓜伊 SGang Gwaay（C）

1983　伍德布法罗国家公园 Wood Buffalo National Park（N）

1984，1990　加拿大落基山脉公园 Canadian Rocky Mountain Parks（N）

1985　老魁北克历史区 Historic District of Old Québec（C）

1987　格罗莫讷国家公园 Gros Morne National Park（N）

1995　瓦特顿冰川国际和平公园 Waterton Glacier International Peace Park（N）（与美国共有）

1995　卢嫩堡古城 Old Town Lunenburg（C）

1999　米瓜莎国家公园 Miguasha National Park（N）

2007　丽多运河 Rideau Canal（C）

2008　乔金斯化石崖壁 Joggins Fossil Cliffs（N）

2012　格朗普雷景观 Landscape of Grand Pré（C）

2013　红湾巴斯克捕鲸站 Red Bay Basque Whaling Station（C）

2016　迷斯塔肯角 Mistaken Point（N）

2018　皮马基奥温阿基 Pimachiowin Aki（C，N）

2019　阿伊斯奈皮石刻 Writing-on-Stone/Áísínai'pi（C）

中非 Central African Republic

1988　马诺沃-贡达-圣弗洛里斯国家公园 Manovo-Gounda St Floris National Park（N）

2012　流经三国的桑加河 Sangha Trinational（N）（与喀麦隆和刚果共和国共有）

乍得 Chad

2012　奥利安戈湖泊 Lakes of Ounianga（N）

2016　恩内迪高地：自然和文化景观 Ennedi Massif: Natural and Cultural Landscape（C，N）

世界遗产

智利 Chile

1995	拉帕奴伊国家公园 Rapa Nui National Park（C）
2000	奇洛埃教堂 Churches of Chiloé（C）
2003	港口城市瓦尔帕莱索的历史区 Historic Quarter of the Seaport City of Valparaíso（C）
2005	亨伯斯通和圣劳拉硝石采石场 Humberstone and Santa Laura Saltpeter Works（C）
2006	苏埃尔铜矿城 Sewell Mining Town（C）
2014	印加路网 Qhapaq Ñan, Andean Road System（C）（与阿根廷、玻利维亚、哥伦比亚、厄瓜多尔和秘鲁共有）

中国 China

1987，2004	北京和沈阳明清故宫 Imperial Palaces of the Ming and Qing Dynasties in Beijing and Shenyang（C）
1987	秦始皇陵 Mausoleum of the First Qin Emperor（C）
1987	周口店北京人遗址 Peking Man Site at Zhoukoudian（C）
1987	长城 The Great Wall（C）
1987	莫高窟 Mogao Caves（C）
1987	泰山 Mount Taishan（C，N）
1990	黄山 Mount Huangshan（C，N）
1992	武陵源风景名胜区 Wulingyuan Scenic and Historic Interest Area（N）
1992	九寨沟风景名胜区 Jiuzhaigou Valley Scenic and Historic Interest Area（N）
1992	黄龙风景名胜区 Huanglong Scenic and Historic Interest Area（N）
1994	武当山古建筑群 Ancient Building Complex in the Wudang Mountains（C）
1994	曲阜孔庙、孔林和孔府 Temple and Cemetery of Confucius and the Kong Family Mansion in Qufu（C）
1994	承德避暑山庄及周围寺庙 Mountain Resort and its Outlying Temples, Chengde（C）
1994，2000，2001	拉萨布达拉宫 Historic Ensemble of the Potala Palace, Lhasa（C）
1996	峨眉山和乐山大佛 Mount Emei Scenic Area, including Leshan Giant Buddha Scenic Area（C，N）
1996	庐山国家公园 Lushan National Park（C）
1997	丽江古城 Old Town of Lijiang（C）
1997	平遥古城 Ancient City of Ping Yao（C）
1997，2000	苏州古典园林 Classical Gardens of Suzhou（C）
1998	北京颐和园——皇家园林 Summer Palace, an Imperial Garden in Beijing（C）
1998	北京天坛：皇家祭坛 Temple of Heaven: an Imperial Sacrificial Altar in Beijing（C）
1999	大足石刻 Dazu Rock Carvings（C）
1999	武夷山 Mount Wuyi（C，N）
2000	青城山和都江堰灌溉系统 Mount Qingcheng and the Dujiangyan Irrigation System（C）
2000，2003，2004	明清皇家陵寝 Imperial Tombs of the Ming and Qing Dynasties（C）
2000	龙门石窟 Longmen Grottoes（C）
2000	皖南古村落——西递和宏村 Ancient Villages in Southern Anhui–Xidi and Hongcun（C）
2001	云冈石窟 Yungang Grottoes（C）
2003	云南三江并流保护区 Three Parallel Rivers

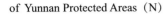

	of Yunnan Protected Areas（N）
2004	高句丽王城、王陵和贵族墓葬 Capital Cities and Tombs of the Ancient Koguryo Kingdom（C）
2005	澳门历史中心 Historic Centre of Macao（C）
2006	四川大熊猫栖息地——卧龙山、四姑娘山和夹金山脉 Sichuan Giant Panda Sanctuaries——Wolong, Mt Siguniang and Jiajin Mountains（N）
2006	殷墟 Yin Xu（C）
2007	开平碉楼和村落 Kaiping Diaolou and Villages（C）
2007，2014	中国南方喀斯特 South China Karst（N）
2008	福建土楼 Fujian Tulou（C）
2008	三清山国家公园 Mount Sanqingshan National Park（N）
2009	五台山 Mount Wutai（C）
2010	中国丹霞 China Danxia（N）
2010	登封"天地之中"历史建筑群 Historic Monuments of Dengfeng in "The Centre of Heaven and Earth"（C）
2011	杭州西湖文化景观 West Lake Cultural Landscape of Hangzhou（C）
2012	元上都遗址 Site of Xanadu（C）
2012	澄江化石遗址 Chengjiang Fossil Site（N）
2013	红河哈尼梯田文化景观 Cultural Landscape of Honghe Hani Rice Terraces（C）
2013	新疆天山 Xinjiang Tianshan（N）
2014	丝绸之路：长安-天山廊道路网 Silk Roads: the Routes Network of Chang'an-Tianshan Corridor（C）（与哈萨克斯坦和

	吉尔吉斯斯坦共有）
2014	大运河 The Grand Canal（C）
2015	土司遗址 Tusi Sites（C）
2016	湖北神农架 Hubei Shennongjia（N）
2016	左江花山岩画艺术文化景观 Zuojiang Huashan Rock Art Cultural Landscape（C）
2017	青海可可西里 Qinghai Hoh Xil（N）
2017	鼓浪屿历史国际社区 Kulangsu, a Historic International Settlement（C）
2018	梵净山 Fanjingshan（N）
2019	中国黄海-渤海湾沿岸候鸟保护地（第一期）Migratory Bird Sanctuaries along the Coast of Yellow Sea-Bohai Gulf of China（Phase I）（N）
2019	良渚古城遗址 Archaeologial Ruins of Liangzhu City（C）

哥伦比亚 Colombia

1984	卡塔赫纳港口、城堡和古迹群 Port, Fortresses and Group of Monuments, Cartagena（C）
1994	洛斯卡蒂奥斯国家公园 Los Katios National Park（N）
1995	圣奥古斯汀考古公园 San Agustín Archeological Park（C）
1995	铁拉登特罗国家考古公园 National Archeological Park of Tierradentro（C）
1995	圣克鲁斯·德·蒙波斯历史中心 Historic Centre of Santa Cruz de Mompox（C）
2006	马尔佩洛岛动物群和植物群保护区 Malpelo Fauna and Flora Sanctuary（N）
2011	哥伦比亚咖啡文化景观 Coffee Cultural Landscape of Colombia（C）
2014	印加路网 Qhapaq Ñan, Andean Road System

(C)（与阿根廷、玻利维亚、智利、厄瓜多尔和秘鲁共有）

刚果共和国 Congo

2012　流经三国的桑加河 Sangha Trinational（N）（与喀麦隆和中非共有）

哥斯达黎加 Costa Rica

1983，1990　塔拉曼卡山脉-阿米斯塔德自然保护区/阿米斯塔德国家公园 Talamanca Range-La Amistad Reserves/La Amistad National Park（N）（与巴拿马共有）

1997，2002　科科斯岛国家公园 Cocos Island National Park（N）

1999，2004　瓜纳卡斯特自然保护区 Area de Conservación Guancaste（N）

2014　迪奎斯三角洲石球以及前哥伦比亚人酋长居住地 Precolumbian Chiefdom Settlements with Stone Spheres of the Diquís（C）

科特迪瓦 Côte d'Ivoire

1981，1982　宁巴山自然保护区 Mount Nimba Strict Nature Reserve（N）（与几内亚共有）

1982　塔伊国家公园 Taï National Park（N）

1983　科莫埃国家公园 Comoé National Park（N）

2012　历史名镇：大巴萨姆 Historic Town Grand-Bassam（C）

克罗地亚 Croatia

1979　斯普利特历史遗迹及戴克里先宫殿 Historical Complex of Split with the Palace of Diocletian（C）

1979，2000　普里特维采湖国家公园 Plitvice Lakes National Park（N）

1979，1994　杜布罗夫尼克旧城 Old City of Dubrovnik（C）

1997　波雷奇历史中心的尤弗拉西苏斯大教堂建筑群 Episcopal Complex of the Euphrasian Basilica in the Historic Centre of Poreč（C）

1997　特罗吉尔历史城市 Historic City of Trogir（C）

2000　西贝尼克的圣詹姆斯教堂 The Cathedral of St James in Šibenik（C）

2007，2011，2017　喀尔巴阡山脉和欧洲其他地区的古代原始山毛榉林 Ancient and Primeval Beech Forests of the Carpathians and Other Regions of Europe（N）（12国共有）

2008　史塔瑞格拉德平原 Stari Grad Plain（C）

2016　斯特茨奇中世纪墓地 Stećci Medieval Tombstones Graveyards（C）（与波黑、黑山和塞尔维亚共有）

2017　16—17世纪威尼斯共和国的防御工事：西方的陆地之国到海洋之国 Venetian Works of Defence between 16th and 17th Centuries: Stato da Terra-Western Stato da Mar（C）（与意大利和黑山共有）

古巴 Cuba

1982　哈瓦那旧城及其防御工事 Old Havana and its Fortifications System（C）

1988　特立尼达和洛斯因赫尼奥斯山谷 Trinidad

and the Valley de los Ingenios（C）

1997 古巴圣地亚哥的圣·佩德罗-德拉罗卡堡 San Pedro de la Roca Castle, Santiago de Cuba（C）

1999 比尼亚莱斯山谷 Viñales Valley（C）

1999 格拉玛的德桑巴尔科国家公园 Desembarco del Granma National Park（N）

2000 古巴东南部最早的咖啡种植园考古景观 Archaeological Landscape of the First Coffee Plantations in the South-East of Cuba（C）

2001 阿里杰罗德胡波尔德国家公园 Alejandro de Humboldt National Park（N）

2005 西恩富戈斯历史城区 Urban Historic Centre of Cienfuegos（C）

2008 卡马圭历史中心 Historic Centre of Camagüey（C）

塞浦路斯 Cyprus

1980 帕福斯 Paphos（C）

1985，2001 特罗多斯地区的彩绘教堂 Painted Churches in the Troodos Region（C）

1998 乔洛科提亚 Choirokoitia（C）

捷克 Czech

1992 克鲁姆洛夫历史中心 Historic Centre of Český Krumlov（C）

1992 泰尔契历史中心 Historic Centre of Telč（C）

1992 布拉格历史中心 Historic Centre of Prague（C）

1994 泽列纳霍拉的内波穆克圣约翰朝圣教堂 Pilgrimage Church of St John of Nepomuk at Zelená Hora（C）

1995 库特纳霍拉：城市历史中心及圣芭芭拉教堂和塞德莱茨的圣母大教堂 Kutná Hora: Historical Town Centre with the Church of St Barbara and the Cathedral of Our Lady at Sedlec（C）

1996 莱德尼采-瓦尔季采文化景观 Lednice-Valtice Cultural Landscape（C）

1998 克罗梅日什花园和城堡 Gardens and Castle at Kroměříž（C）

1998 霍拉索维采历史村落 Holašovice Historical Village（C）

1999 利托米什尔城堡 Litomyšl Castle（C）

2000 奥洛穆茨的三位一体圣柱 Holy Trinity Column in Olomouc（C）

2001 布尔诺的图根哈特别墅 Tugendhat Villa in Brno（C）

2003 特热比奇的犹太人居住区与圣普罗科皮乌斯教堂 Jewish Quarter and St Procopius' Basilica in Třebíč（C）

2019 厄尔士/克鲁什内山脉矿区 Erzgebirge/Krušnohoří Mining Region（C）（与德国共有）

2019 拉贝河畔克拉德鲁比的仪式马车用马繁育与训练景观 Landscape for Breeding and Training of Ceremonial Carriage Horses at Kladruby Nad Labem（C）

朝鲜 Democratic People's Republic of Korea

2004 高句丽墓葬群 Complex of Koguryo Tombs（C）

2013 开城历史遗迹 Historic Monuments and Sites in Kaesong（C）

世界遗产

刚果民主共和国 Democratic Republic of the Congo

1979　维龙加国家公园 Virunga National Park（N）

1980　卡胡兹-别加国家公园 Kahuzi-Biega National Park（N）

1980　加兰巴国家公园 Garamba National Park（N）

1984　萨龙加国家公园 Salonga National Park（N）

1996　俄卡皮鹿野生生物保护区 Okapi Wildlife Reserve（N）

丹麦 Denmark

1994　耶林土墩、石碑及教堂遗址 Jelling Mounds, Runic Stones and Church（C）

1995　罗斯基勒大教堂 Roskilde Cathedral（C）

2000　科隆伯格城堡 Kronborg Castle（C）

2004　伊路利萨特冰湾 Ilulissat Icefjord（N）

2009，2014　瓦登海 Wadden Sea（N）（与德国和荷兰共有）

2014　斯泰温斯-克林特峭壁 Stevns Klint（N）

2015　克里斯丁菲尔德——摩拉维亚人居住地 Christiansfeld, a Moravian Church Settlement（C）

2015　北西兰岛帕福斯狩猎景观 The Par Force Hunting Landscape in North Zealand（C）

2017　格陵兰岛库加塔：冰盖边缘的北欧及因纽特农业 Kujataa Greenland: Norse and Inuit Farming at the Edge of the Ice Cap（C）

2018　阿斯维斯尤特-尾皮萨特：冰与海之间的因纽特人狩猎物 Aasivissuit-Nipisat Inuit Hunting Ground between Ice and Sea（C）

多米尼克 Dominica

1997　莫尔纳·特鲁瓦·斯皮通斯国家公园 Morne Trois Pitons National Park（N）

多米尼加共和国 Dominican Republic

1990　圣多明各的殖民城市 Colonial City of Santo Domingo（C）

厄瓜多尔 Ecuador

1978　基多城 City of Quito（C）

1978，2001　加拉帕戈斯群岛 Galápagos Islands（N）

1983　桑盖国家公园 Sangay National Park（N）

1999　昆卡洛斯里奥斯的圣安娜历史中心 Historic Centre of Santa Ana de los Ríos de Cuenca（C）

2014　印加路网 Qhapaq Ñan, Andean Road System（C）（与阿根廷、玻利维亚、智利、哥伦比亚和秘鲁共有）

埃及 Egypt

1979　开罗古城 Historic Cairo（C）

1979　孟菲斯及其墓地——吉萨至达舒尔金字塔地带 Memphis and its Necropolis-the Pyramid Fields from Giza to Dahshur（C）

1979　底比斯古城及其墓地 Ancient Thebes with its Necropolis（C）

1979　阿布·辛拜勒至菲莱的努比亚遗址 Nubian Monuments from Abu Simbel to Philae（C）

1979　阿布米那 Abu Mena（C）

2002　圣凯瑟琳地区 Saint Catherine Area（C）

2005 鲸鱼谷 Wadi Al-Hitan （Whale Valley）（N）

萨尔瓦多 El Salvador

1993 霍亚·德·塞伦考古遗址 Joya de Cerén Archaeoloical Site（C）

厄立特里亚 Eritrea

2017 阿斯马拉：非洲的现代主义城市 Asmara: A Modernist Africa City（C）

爱沙尼亚 Estonia

1997 塔林历史中心 Historic Centre（Old Town）of Tallinn（C）

2005 斯特鲁维地理探测弧线 Struve Geodetic Arc（C）（10国共有）

埃塞俄比亚 Ethiopia

1978 拉利贝拉岩石教堂 Rock-Hewn Churches, Lalibela（C）

1978 塞米恩国家公园 Simien National Park（N）

1979 贡德尔地区的法西尔·盖比 Fasil Ghebbi, Gondar Region（C）

1980 奥莫下游河谷 Lower Valley of the Omo（C）

1980 阿瓦什下游河谷 Lower Valley of the Awash（C）

1980 蒂亚 Tiya（C）

1980 阿克苏姆 Aksum（C）

2006 哈勒尔，防御性历史城镇 Harar Jugol, the Fortified Historic Town（C）

2011 孔索文化景观 Konso Cultural Landscape（C）

斐济 Fiji

2013 莱乌卡历史港口城镇 Levuka Historical Port Town（C）

芬兰 Finland

1991 苏奥曼斯纳城堡 Fortress of Suomenlinna（C）

1991 劳马老城 Old Rauma（C）

1994 佩泰耶韦西古教堂 Petäjävesi Old Church（C）

1996 韦尔拉木材加工厂 Verla Groundwood and Board Mill（C）

1999 萨玛拉敦玛凯青铜时代埋葬遗址 Bronze Age Burial Site of Sammallahdenmäki（C）

2000，2006 高地海岸/克瓦尔肯群岛 High Coast/Kvarken Archipelago（N）（与瑞典共有）

2005 斯特鲁维地理探测弧线 Struve Geodetic Arc（C）（10国共有）

法国 France

1979 凡尔赛宫及其园林 Palace and Park of Versailles（C）

1979 圣米歇尔山及其海湾 Mont-Saint-Michel and its Bay（C）

1979 韦兹莱的教堂和山丘 Vézelay, Church and Hill（C）

1979 沙特尔大教堂 Chartres Cathedral（C）

1979 韦泽尔峡谷史前遗址和洞穴群 Prehistoric Sites and Decorated Caves of the Vézère Valley（C）

1981 奥朗日古罗马剧院和凯旋门 Roman Theatre and its Surroundings and the "Triumphal

世界遗产

Arch" of Orange（C）
1981 亚眠大教堂 Amiens Cathedral（C）
1981 丰特奈西多会修道院 Cistercian Abbey of Fontenay（C）
1981 枫丹白露宫及其花园 Palace and Park of Fontainebleau（C）
1981 阿尔勒城的古罗马和罗马式建筑 Arles, Roman and Romanesque Monuments（C）
1982，2009 沙林斯-莱巴辛的大盐场至阿尔克-塞南皇家盐场 From the Great Saltworks of Salins-les-Bains to the Royal Saltworks of Arc-et-Senans, the Production of Open-pan Salt（C）
1983 南锡的斯坦尼斯拉斯广场、卡里耶尔广场和阿里昂斯广场 Place Stanislas, Place de la Carrière and Place d'Alliance in Nancy（C）
1983 圣塞文-梭尔-加尔坦佩教堂 Abbey Church of Saint-Savin sur Gartempe（C）
1983 波尔托湾：皮亚纳-卡兰切斯、基罗拉塔湾、斯康多拉保护区 Gulf of Porto: Calanche of Piana, Gulf of Girolata, Scandola Reserve（N）
1985 加尔桥（罗马式水渠）Pont du Gard（Roman Aqueduct）（C）
1988，2017 斯特拉斯堡：大岛和新城 Strasbourg, Grande-île and Neustadt（C）
1991 兰斯的圣母大教堂、前圣雷米修道院和T形宫殿 Cathedral of Notre-Dame, Former Abbey of Saint-Rémi and Palace of Tau, Reims（C）
1991 巴黎塞纳河畔 Paris, Banks of the Seine（C）
1992 布尔日大教堂 Bourges Cathedral（C）
1995 阿维尼翁历史中心：教皇宫殿、主教堂和阿维尼翁桥 Historic Centre of Avignon: Papal Palace, Episcopal Ensemble and Avignon Bridge（C）
1996 南方运河 Canal du Midi（C）
1997 卡尔卡松历史防御城市 Historic Fortified City of Carcassonne（C）
1997，1999 比利牛斯-佩尔杜山 Pyrénées-Mont Perdu（C，N）（与西班牙共有）
1998 里昂历史区 Historic Site of Lyons（C）
1998 法兰西孔波斯特拉圣地亚哥朝圣之路 Routes of Santiago de Compostela in France（C）
1999 圣艾米伦辖区 Jurisdiction of Saint-Emilion（C）
1999，2005 比利时和法国钟楼 Belfries of Belgium and France（C）（与比利时共有）
2000 卢瓦尔河畔的叙利和沙洛讷之间的卢瓦尔河谷 The Loire Valley between Sully-sur-Loire and Chalonnes（C）
2001 中世纪贸易集镇——普罗旺斯 Provins, Town of Medieval Fairs（C）
2005 勒阿弗尔——奥古斯特·佩雷重建之城 Le Havre, the City Rebuilt by Auguste Perret（C）
2007 波尔多——月亮港 Bordeaux, Port of the Moon（C）
2008 沃邦防御工事 Fortifications of Vauban（C）
2008 新喀里多尼亚潟湖：珊瑚礁多样性及相关生态系统 Lagoons of New Caledonia: Reef Diversity and Associated Ecosystems（N）
2010 阿尔比市的主教旧城 Episcopal City of Albi（C）
2010 留尼汪岛的山峰、冰斗和峭壁 Pitons, Cirques and Remparts of Reunion Island（N）
2011 喀斯和塞文——地中海农牧文化景观 The

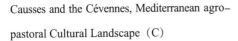

　　　Causses and the Cévennes, Mediterranean agro-pastoral Cultural Landscape（C）

2011　阿尔卑斯周围的史前湖岸木桩建筑 Prehistoric Pile Dwellings around the Alps（与奥地利、德国、意大利、斯洛文尼亚和瑞士共有）（C）

2012　加莱北部矿业盆地 Nord-Pas de Calais Mining Basin（C）

2014　肖维阿尔代什省-蓬达尔克洞穴 Decorated Cave of Pont d'Arc, known as Grotte Chauvet-Pont d'Arc, Ardèche（C）

2015　香槟区山坡、房屋与酒窖 Champagne Hillsides, Houses and Cellars（C）

2015　勃艮第风土和气候 The Climats, Terroirs of Burgundy（C）

2016　勒·柯布西耶的建筑作品，对现代主义运动有杰出贡献 The Architectural Work of Le Corbusier, an Outstanding Contribution to the Modern Movement（C）（7国共有）

2017　塔普塔普阿泰 Taputapuātea（C）

2018　多姆山链-利马涅断层构造 Chaîne des Puys-Limagne Fault Tectonic Arena（N）

2019　法属南部领地和领海 French Austral Lands and Seas（N）

加蓬 Gabon

2007　洛佩-奥坎德生态系统和文化遗迹景观 Ecosystem and Relict Cultural Landscape of Lopé-Okanda（C, N）

冈比亚 Gambia

2003　昆塔·金特岛及相关遗址 Kunta Kinteh Island and Related Sites（C）

2006　塞内冈比亚石圈 Stone Circles of Senegambia（C）

格鲁吉亚 Georgia

1994　姆茨赫塔历史建筑 Historical Monuments of Mtskheta（C）

1994，2017　格拉特修道院 Gelati Monastery（C）

1996　上苏瓦奈提 Upper Svaneti（C）

德国 Germany

1978　亚琛大教堂 Aachen Cathedral（C）

1981　维尔茨堡宫、宫廷花园和宅邸广场 Würzburg Residence with the Court Gardens and Residence Square（C）

1981　施佩耶尔大教堂 Speyer Cathedral（C）

1983　维斯朝圣教堂 Pilgrimage Church of Wies（C）

1984　布吕尔的奥古斯都堡和法尔肯卢斯特城堡 Castles of Augustusburg and Falkenlust at Brühl（C）

1985　希尔德斯海姆的圣玛利亚大教堂和圣米迦洛教堂 St Mary's Cathedral and St Michael's Church at Hildesheim（C）

1986　特里尔的古罗马建筑、圣彼得大教堂和圣玛利亚教堂 Roman Monuments, Cathedral of St Peter and Church of Our Lady in Trier（C）

1987　吕贝克汉萨同盟之城 Hanseatic City of Lübeck（C）

1987，2005，2008　罗马帝国边界 Frontiers of the Roman Empire（C）（与英国共有）

1990，1992，1999　波兹坦与柏林的宫殿与庭院 Palaces and Parks of Potsdam and Berlin（C）

259

世界遗产

1991	洛尔施修道院和古教堂 Abbey and Altenmünster of Lorsch（C）
1992，2010	赖迈尔斯堡矿、戈斯拉尔历史城镇和上哈尔茨山的水资源管理系统 Mines of Rammelsberg, Historic Town of Goslar and Upper Harz Water Management System C）
1993	班贝格城镇 Town of Bamberg（C）
1993	莫尔布龙修道院 Maulbronn Monastery Complex（C）
1994	弗尔克林根炼钢厂 Völklingen Ironworks（C）
1994	奎德林堡的学院教堂、城堡和古镇 Collegiate Church, Castle, and Old Town of Quedlinburg（C）
1995	麦塞尔化石遗址 Messel Pit Fossil Site（N）
1996，2017	魏玛、德绍和贝尔瑙的包豪斯建筑及其遗址 Bauhaus and its Sites in Weimar, Dessau and Bernau（C）
1996	埃斯莱本和维滕贝格的路德纪念地 Luther Memorials in Eisleben and Wittenberg（C）
1996	科隆大教堂 Cologne Cathedral（C）
1998	古典之城魏玛 Classical Weimar（C）
1999	瓦尔特堡城堡 Wartburg Castle（C）
1999	柏林的博物馆岛 Museumsinsel（Museum Island），Berlin（C）
2000	德绍-沃利茨的皇家园林 Garden Kingdom of Dessau–Wörlitz（C）
2000	莱谢瑙的修道院岛 Monastic Island of Reichenau（C）
2001	埃森煤矿同盟工业区 Zollverein Coal Mine Industrial Complex in Essen（C）
2002	施特拉尔松德和维斯马历史中心 Historic Centres of Stralsund and Wismar（C）
2002	中上游莱茵河谷 Upper Middle Rhine Valley（C）
2004	马斯科夫公园/马扎科夫斯基公园 Muskauer Park/Park Mużakowski（C）（与波兰共有）
2004	不莱梅市场上的市政厅和罗兰 Town Hall and Roland on the Marketplace of Bremen（C）
2006	雷根斯堡旧城 Old town of Regensburg with Stadtamhof（C）
2007，2011，2017	喀尔巴阡山脉和欧洲其他地区的古代原始山毛榉林 Ancient and Primeval Beech Forests of the Carpathians and Other Regions of Europe（N）（12国共有）
2008	柏林现代风格的住宅区 Berlin Modernism Housing Estates（C）
2009，2014	瓦登海 Wadden Sea（N）（与丹麦和荷兰共有）
2011	阿尔费尔德法古斯工厂 Fagus Factory in Alfeld（C）
2011	阿尔卑斯周围的史前湖岸木桩建筑 Prehistoric Pile Dwellings around the Alps（C）（与奥地利、法国、意大利、斯洛文尼亚和瑞士共有）
2012	拜罗伊特的玛格拉维尔歌剧院 Margravial Opera House Bayreuth（C）
2013	威海姆苏赫山地公园 Bergpark Wilhelmshöhe（C）
2014	卡洛林时期面西建筑和科尔维城 Carolingian

260

	Westwork and Civitas Corvey（C）
2015	仓库城和康托尔豪斯区的智利屋 Speicherstadt and Kontorhaus District with Chilehaus（C）
2016	勒·柯布西耶的建筑作品，对现代主义运动有杰出贡献 The Architectural Work of Le Corbusier, an Outstanding Contribution to the Modern Movement（C）（7国共有）
2017	施瓦本侏罗山的洞穴和冰川时代艺术 Caves and Ice Age Art in the Swabian Jura（C）
2018	赫德比和丹内维尔克的综合边境遗址 Archaeological Border Complex of Hedeby and the Danevirke（C）
2018	瑙姆堡大教堂 Naumburg Cathedral（C）
2019	厄尔士/克鲁什内山脉矿区 Erzgebirge/Krušnohoří Mining Region（C）（与捷克共有）
2019	奥格斯堡水利系统 Water Management System of Augsburg（C）

加纳 Ghana

1979	中西部阿克拉大区的要塞和城堡 Forts and Castles, Volta, Greater Accra, Central and Western Regions（C）
1980	阿散蒂传统建筑 Asante Traditional Buildings（C）

希腊 Greece

1986	巴赛的阿波罗·伊壁鸠鲁神庙 Temple of Apollo Epicurius at Bassae（C）
1987	雅典卫城 Acropolis, Athens（C）
1987	德尔斐考古遗址 Archaeological Site of Delphi（C）
1988	埃皮达鲁斯的阿斯克勒庇俄斯庇护所 Sanctuary of Asklepios at Epidaurus（C）
1988	塞萨洛尼基的古基督教和拜占庭遗址 Paleochristian and Byzantine Monuments of Thessalonika（C）
1988	迈泰奥拉 Meteora（C, N）
1988	罗得中世纪古城 Medieval City of Rhodes（C）
1988	阿索斯山 Mount Athos（C, N）
1989	奥林匹亚考古遗址 Archaeological Site of Olympia（C）
1989	米斯特拉斯考古遗址 Archaeological Site of Mystras（C）
1990	达佛尼修道院、霍西俄斯·卢卡斯修道院和希俄斯新修道院 Monasteries of Daphni, Hossios Luckas and Nea Moni of Chios（C）
1990	提洛斯 Delos（C）
1992	萨摩斯岛的毕达哥利翁及赫拉神殿 Pythagoreion and Heraion of Samos（C）
1996	韦尔吉纳考古遗址 Archaeological Site of Aigai（modern name Vorgina）（C）
1999	迈锡尼和梯林斯考古遗址 Archaeological Sites of Mycenae and Tiryns（C）
1999	帕特莫斯岛的"神学家"圣约翰修道院历史中心和《启示录》岩洞遗址 The Historic Centre（Chorá）with the Monastery of Saint-John "the Theologian" and the Cave of the Apocalypse on the Island of Pátmos（C）
2007	科孚古城 Old Town of Corfu（C）
2016	腓立比考古遗址 Archaeological Site of Philippi

世界遗产

危地马拉 Guatemala

1979 安提瓜危地马拉 Antigua Guatemala（C）

1979 蒂卡尔国家公园 Tikal National Park（C, N）

1981 基里瓜考古公园和玛雅文化遗址 Archaeological Park and Ruins of Quirigua（C）

几内亚 Guinea

1981，1982 宁巴山自然保护区 Mount Nimba Strict Nature Reserve（N）（与科特迪瓦共有）

海地 Haiti

1982 国家历史公园——城堡、斯苏西宫、拉米尔斯堡垒 National History Park–Citadel, Sans Souci, Ramiers（C）

罗马教廷 Holy See*

1980，1990 罗马历史中心、城内罗马教廷管辖区和圣保罗教区 Historic Centre of Rome, the Properties of the Holy See in that City Enjoying Extraterritorial Rights and San Paolo Fuori le Mura（C）（与意大利共有）

1984 梵蒂冈城 Vatican City（C）

洪都拉斯 Honduras

1980 科潘玛雅遗址 Maya Site of Copan（C）

1982 雷奥普拉塔诺生物圈保护区 Río Plátano Biosphere Reserve（N）

匈牙利 Hungary

1987 霍洛克古村落及其周边 Old Village of Hollókö and its Surroundings（C）

1987，2002 布达佩斯：包括多瑙河沿岸、布达城堡区和安德拉什大街 Budapest, including the Banks of the Danube, the Buda Castle Quarter and Andrássy Avenue（C）

1995，2000 阿格泰列克喀斯特和斯洛伐克喀斯特溶洞 Caves of Aggtelek Karst and Slovak Karst（N）（与斯洛伐克共有）

1996 潘诺恩哈尔姆千年修道院及其自然环境 Millenary Benedictine Abbey of Pannonhalma and its Natural Environment（C）

1999 霍尔托巴吉国家公园——普斯兹塔 Hortobágy National Park–the *Puszta*（C）

2000 佩奇的早期基督教墓地 Early Christian Necropolis of Pécs（Sopianae）（C）

2001 费尔特湖-新锡德尔湖文化景观 Fertö/Neusiedlersee Cultural Landscape（C）（与奥地利共有）

2002 托考伊葡萄酒产区历史文化景观 Tokaj Wine Region Historic Cultural Landscape（C）

冰岛 Iceland

2004 平威利尔国家公园 Þingvellir National Park（C）

2008 叙尔特赛岛 Sturtsey（N）

2019 瓦特纳国家公园——火与冰的动态特性 Vatnajökull National Park–Dynamic Nature of Fire and Ice（N）

---

* 非国家名。

印度 India

年份	名称
1983	阿格拉堡 Agra Fort（C）
1983	阿旃陀石窟 Ajanta Caves（C）
1983	泰姬陵 Taj Mahal（C）
1983	埃洛拉石窟 Ellora Caves（C）
1984	科纳拉克太阳神庙 Sun Temple, Konârak（C）
1984	默哈伯利布勒姆古迹群 Group of Monuments at Mahabalipuram（C）
1985	马纳斯野生生物保护区 Manas Wildlife Sanctuary（N）
1985	加济兰加国家公园 Kaziranga National Park（N）
1985	盖奥拉德奥国家公园 Keoladeo National Park（N）
1986	法塔赫布尔·西格里 Fatehpur Sikri（C）
1986	亨比古迹群 Group of Monuments at Hampi（C）
1986	果阿教堂和修道院 Churches and Convents of Goa（C）
1986	克久拉霍古迹群 Khajuraho Group of Monuments（C）
1987	孙德尔本斯国家公园 Sundarbans National Park（N）
1987，2004	朱拉神庙 Great Living Chola Temples（C）
1987	帕塔达卡尔的石雕群 Group of Monuments at Pattadakal（C）
1987	象岛石窟 Elephanta Caves（C）
1988，2005	楠达德维和花卉山谷国家公园 Nanda Devi and Valley of Flowers National Parks（N）
1989	桑吉佛教古迹 Buddhist Monuments at Sanchi（C）
1993	德里的顾特卜塔 Qutb Minar and its Monuments, Delhi（C）
1993	德里的胡马雍陵 Humayun's Tomb, Delhi（C）
1999，2005，2008	印度山区铁路 Mountain Railways of India（C）
2002	菩提伽耶大觉寺 Mahabodhi Temple Complex at Bodh Gaya（C）
2003	比莫贝卡特石窟 Rock Shelters of Bhimbetka（C）
2004	贾特拉帕蒂·希瓦吉终点站（前维多利亚终点站）Chhatrapati Shivaji Terminus (formerly Victoria Terminus)（C）
2004	尚庞-巴瓦加德考古公园 Champaner-Pavagadh Archaeological Park（C）
2007	红堡建筑群 The Red Fort Complex（C）
2010	简塔·曼塔天文台 The Jantar Mantar, Jaipur（C）
2012	西高止山脉 Western Ghats（N）
2013	拉贾斯坦邦的高地要塞 Hill Forts of Rajasthan（C）
2014	大喜马拉雅山脉国家公园保护区 Great Himalayan National Park Conservation Area（N）
2014	古吉拉特邦帕坦的皇后阶梯井 Rani-ki-Vav (the Queen's Stepwell) at Patan, Gujarat（C）
2016	比哈尔邦那烂陀寺考古遗址 Archaeological Site of Nalanda Mahavihara at Nalanda, Bihar（C）
2016	干城章嘉峰国家公园 Khangchendzonga National Park（C, N）

2016	勒·柯布西耶的建筑作品，对现代主义运动有杰出贡献 The Architectural Work of Le Corbusier, an Outstanding Contribution to the Modern Movement（C）（7国共有）
2017	艾哈迈达巴德历史城区 Historic City of Ahmadabad（C）
2018	孟买维多利亚的哥特式和装饰艺术建筑群 Victorian Gothic and Art Deco Encembles of Mumbai（C）
2019	拉贾斯坦邦斋浦尔市 Jaipur City, Rajasthan（C）

印度尼西亚 Indonesia

1991	婆罗浮屠寺庙群 Borobudur Temple Compounds（C）
1991	科莫多国家公园 Komodo National Park（N）
1991	普兰班南寺庙群 Prambanan Temple Compounds（C）
1991	乌戎库隆国家公园 Ujung Kulon National Park（N）
1996	桑吉兰早期人类遗址 Sangiran Early Man Site（C）
1999	洛伦茨国家公园 Lorentz National Park（N）
2004	苏门答腊热带雨林遗产 Tropical Rainforest Heritage of Sumatra（N）
2012	巴厘文化景观：展现"幸福三要素"哲学思想的苏巴克灌溉系统 Cultural Landscape of Bali Province: the *Subak* System as a Manifestation of the *Tri Hita Karana* Philosophy（C）
2019	沙哇伦多的翁比林煤矿遗产 Ombilin Coal Mining Heritage of Sawahlunto（C）

伊朗 Iran（Islamic Republic of）

1979	波斯波利斯 Persepolis（C）
1979	伊斯法罕皇家广场 Meidan Emam, Esfahan（C）
1979	恰高·占比尔 Tchogha Zanbil（C）
2003	塔赫特苏莱曼 Takht-e Soleyman（C）
2004	帕萨尔加德 Pasargadae（C）
2004	巴姆及其文化景观 Bam and its Cultural Landscape（C）
2005	苏丹尼耶 Soltaniyeh（C）
2006	比索通古迹 Bisotun（C）
2008	伊朗的亚美尼亚庙宇群 Armenian Monastic Ensembles of Iran（C）
2009	舒什塔尔的古代水利系统 Shushtar Historical Hydraulic System（C）
2010	阿尔达比勒市的谢赫萨菲·丁圣殿与哈内加建筑群 Sheikh Safi al-din Khānegāh and Shrine Ensemble in Ardabil（C）
2010	大不里士的历史集市区 Tabriz Historic Bazaar Complex（C）
2011	波斯园林 The Persian Garden（C）
2012	龚巴德的卡布斯塔 Gonbad-e Qābus（C）
2012	伊斯法罕清真寺 Masjed-e Jāmé of Isfahan（C）
2013	戈勒斯坦宫 Golestan Palace（C）
2014	沙赫里索克嗒 Shahr-i Sokhta（C）
2015	梅满德文化景观 Cultural Landscape of Maymand（C）
2015	苏萨 Susa（C）
2016	卢特沙漠 Lut Desert（N）
2016	波斯坎儿井 The Persian Qanat（C）
2017	亚兹德历史城区 Historic City of Yazd（C）
2018	法尔斯地区的萨珊王朝考古景观 Sassanid

Archaeological Landscape of Fars Region（C）

2019 希尔卡尼亚森林 Hyrcanian Forests（N）

伊拉克 Iraq

1985 哈特拉 Hatra（C）

2003 亚述 Ashur（Qal'at Sherqat）（C）

2007 萨迈拉考古城 Samarra Archaeological City（C）

2014 埃尔比勒城堡 Erbil Citadel（C）

2016 伊拉克南部艾赫沃尔：生态多样性保护区和美索不达米亚城市遗迹景观 The Ahwar of Southern Iraq: Refuge of Biodiversity and the Relict Landscape of the Mesopotamian Cities（C，N）

2019 巴比伦 Babylon（C）

爱尔兰 Ireland

1993 博因宫考古遗址群 Brúna Bóinne–Archaeological Ensemble of the Bend of the Boyne（C）

1996 斯凯利格·迈克尔 Sceilg Mhichil（C）

以色列 Israel

2001 阿克老城 Old City of Acre（C）

2001 马撒达 Masada（C）

2003 特拉维夫的白色之城——现代运动 White City of Tel-Aviv—the Modern Movement（C）

2005 圣地——米吉多、哈卓和比尔塞芭 Biblical Tels-Megiddo, Hazor, Beer Sheba（C）

2005 香路——内盖夫的沙漠城 Incense Route–Desert Cities in the Negev（C）

2008 海法和西加利利的巴哈伊圣地 Bahá'i Holy Places in Haifa and the Western Galilee（C）

2012 迦密山人类进化遗址：梅尔瓦特河谷/瓦迪艾玛哈尔洞穴 Sites of Human Evolution at Mount Carmel: The Nahal Me'arot/Wadi el-Mughara Caves（C）

2014 犹大低地的马沙-巴塔·古夫林洞穴——洞穴之乡的缩影 Caves of Maresha and Bet-Guvrin in the Judean Lowlands as a Microcosm of the Land of the Caves（C）

2015 贝特沙瑞姆大型公墓：犹太复兴中心 Necropolis of Bet She'arim: A Landmark of Jewish Renewal（C）

意大利 Italy

1979 瓦尔卡莫尼卡岩画 Rock Drawings in Valcamonica（C）

1980 圣母玛利亚感恩教堂与达·芬奇的作品《最后的晚餐》Church and Dominican Convent of Santa Maria delle Grazie with "The Last Supper" by Leonardo da Vinci（C）

1980，1990 罗马历史中心、城内罗马教廷管辖区和圣保罗教区 Historic Centre of Rome, the Properties of the Holy See in that City Enjoying Extraterritorial Rights and San Paolo Fuori le Mura（C）（与梵蒂冈共有）

1982 佛罗伦萨历史中心 Historic Centre of Florence（C）

1987 比萨大教堂广场 Piazza del Duomo, Pisa（C）

1987 威尼斯及其潟湖 Venice and its Lagoon（C）

1990	圣吉米尼亚诺历史中心 Historic Centre of San Gimignano（C）		Palace at Caserta with the Park, the Aqueduct of Vanvitelli, and the San Leucio Complex（C）
1993	玛特拉的石窟民居和石头教堂花园 The Sassi and the Park of the Rupestrian Churches of Matera（C）	1997	萨沃亚王宫 Residences of the Royal House of Savoy（C）
1994，1996	维琴察市和威尼托区帕拉蒂奥式别墅群 City of Vicenza and the Palladian Villas of the Veneto（C）	1997	韦内雷港、五村镇和群岛（帕尔马里亚、蒂诺和蒂内托）Portovenere, Cinque Terre, and the Islands（Palmaria, Tino and Tinetto）（C）
1995	阿达克里斯匹 Crespi d'Adda（C）	1997	庞贝、赫库兰尼姆和托雷安农齐亚塔考古区 Archaeological Areas of Pompei, Herculaneum and Torre Annunziata（C）
1995，1999	文艺复兴之城费拉拉及波河三角洲 Ferrara, City of the Renaissance, and its Po Delta（C）	1997	阿格里真托考古区 Archaeological Area of Agrigento（C）
1995	那不勒斯历史中心 Historic Centre of Naples（C）	1997	阿马尔菲海岸 Costiera Amalfitana（C）
1995	锡耶纳历史中心 Historic Centre of Siena（C）	1998	阿奎拉考古区和主教教堂 Archaeological Area and the Patriarchal Basilica of Aquileia（C）
1996	拉韦纳早期基督教建筑群 Early Christian Monuments of Ravenna（C）	1998	乌尔比诺历史中心 Historic Centre of Urbino（C）
1996	阿尔贝罗贝洛的民居 The *Trulli* of Alberobello（C）	1998	齐兰托、迪阿纳峡谷国家公园和佩斯托姆、维利亚考古遗址及帕多拉修道院 Cilento and Vallo di Diano National Park with the Archeological Sites of Paestum and Velia, and the Certosa di Padula（C）
1996	皮恩察市历史中心 Historic Centre of the City of Pienza（C）		
1996	蒙特城堡 Castel del Monte（C）	1999	阿德里亚纳别墅（蒂沃利）Villa Adriana（Tivoli）（C）
1997	巴尔米尼的石造城堡 Su Nuraxi di Barumini（C）	2000	阿西西圣弗兰西斯科教堂和方济各会址 Assisi, the Basilica of San Francesco and Other Franciscan Sites（C）
1997	帕多瓦植物园 Botanical Garden（Orto Botanico），Padua（C）	2000	维罗纳市 City of Verona（C）
1997	摩德纳大教堂、市民塔和大广场 Cathedral, Torre Civica and Piazza Grande, Modena（C）	2000	伊索莱·约里（伊奥利亚群岛）Isole Eolie（Aeolian Islands）（N）
1997	卡萨莱的古罗马别墅 Villa Romana del Casale（C）	2001	蒂沃利埃斯特别墅 Villa d'Este, Tivoli（C）
1997	卡塞塔18世纪王宫及园林、范维特利水渠和圣莱乌西建筑群 18th-Century Royal		

2002 那托瓦拉晚期巴洛克城镇（西西里东南部）Late Baroque Towns of the Val di Noto (South-Eastern Sicily)（C）

2003 皮埃蒙特和伦巴第的撒克利山 Sacri Monti of Piedmont and Lombardy（C）

2003，2010 圣乔治山 Monte San Giorgio（N）（与瑞士共有）

2004 瓦尔·迪奥西亚公园 Val d'Orcia（C）

2004 塞尔维托里和塔尔奎尼亚的伊特鲁立亚人公墓 Etruscan Necropolises of Cerveteri and Tarquinia（C）

2005 锡拉库色和潘塔立卡石墓群 Syracuse and the Rocky Necropolis of Pantalica（C）

2006 热那亚：新街和罗利宫殿体系 Genoa: *Le Strade Nuove* and the System of the *Palazzi dei Rolli*（C）

2007，2011，2017 喀尔巴阡山脉和欧洲其他地区的古代原始山毛榉林 Ancient and Primeval Beech Forests of the Carpathians and Other Regions of Europe（N）（12国共有）

2008 曼图亚和萨比奥内塔 Mantua and Sabbioneta（C）

2008 阿尔布拉/伯尔尼纳景观中的雷塔恩铁路 Rhaetian Railway in the Albula / Bernina Landscapes（C）（与瑞士共有）

2009 多洛米蒂 The Dolomites（N）

2011 意大利伦巴底——权利之地（568—774）Longobards in Italy. Places of the power (568—774 A.D.)（C）

2011 阿尔卑斯周围的史前湖岸木桩建筑 Prehistoric Pile Dwellings around the Alps（与奥地利、法国、德国、斯洛文尼亚和瑞士共有）

2013 托斯卡纳地区的美第奇别墅和花园 Medici Villas and Gardens in Tuscany（C）

2013 埃特纳火山 Mount Etna（N）

2014 皮埃蒙特的葡萄园景观：朗格罗埃洛和蒙菲拉托 Vineyard Landscape of Piedmont: Langhe-Roero and Monferrato（C）

2015 巴勒莫的阿拉伯-诺曼风格建筑群以及切法卢和蒙雷阿莱大教堂 Arab-Norman Palermo and the Cathedral Churches of Cefalú and Monreale（C）

2017 16—17世纪威尼斯共和国的防御工事：西方的陆地之国到海洋之国 Venetian Works of Defence between 16th and 17th Centuries: *Stato da Terra*-Western *Stato da Mar*（C）（与克罗地亚和黑山共有）

2018 20世纪工业城市伊夫雷亚 Ivrea, Industrial City of the 20th Century（C）

2019 科内利亚诺和瓦尔多比亚德内的普罗赛柯产地 Le Colline del Prosecco di Conegliano e Valdobbiadene（C）

牙买加 Jamaica

2015 蓝山和约翰·克罗山 Blue and John Crow Mountains（C, N）

日本 Japan

1993 法隆寺地区的佛教建筑 Buddhist Monuments in the Horyu-ji Area（C）

1993 白神山地 Shirakami-Sanchi（N）

1993 屋久岛 Yakushima（N）

1993 姬路城 Himeji-jo（C）

1994	古京都的历史遗迹（京都、宇治和大津城）Historic Monuments of Ancient Kyoto (Kyoto, Uji and Otsu Cities) （C）
1995	白川乡和五箇山的历史村落 Historic Villages of Shirakawa-go and Gokayama （C）
1996	严岛神社 Itsukushima Shinto Shrine （C）
1996	广岛和平纪念碑 Hiroshima Peace Memorial (Genbaku Dome) （C）
1998	古奈良的历史遗迹 Historic Monuments of Ancient Nara （C）
1999	日光的神殿与庙宇 Shrines and Temples of Nikko （C）
2000	琉球王国时期的居苏库遗址及其相关遗产 Gusuku Sites and Related Properties of the Kingdom of Ryukyu （C）
2004	纪伊山脉圣地和朝圣之路 Sacred Sites and Pilgrimage Routes in the Kii Mountain Range （C）
2005	知床半岛 Shiretoko （N）
2007	石见银山遗迹及其文化景观 Iwami Ginzan Silver Mine and its Cultural Landscape （C）
2011	平泉——象征着佛教净土的庙宇、园林与考古遗址 Hiraizumi-Temples, Gardens and Archaeological Sites Representing the Buddhist Pure Land （C）
2011	小笠原群岛 Ogasawara Islands （N）
2013	富士山——神圣之地和艺术之源 Fujisan, Sacred Place and Source of Artistic Inspiration （C）
2014	富冈制丝厂及其相关遗址 Tomioka Silk Mill and Related Sites （C）
2015	明治工业革命遗迹：钢铁、造船和煤矿 Sites of Japan's Meiji Industrial Revolution: Iron and Steel, Shipbuilding and Coal Mining （C）
2016	勒·柯布西耶的建筑作品，对现代主义运动有杰出贡献 The Architectural Work of Le Corbusier, an Outstanding Contribution to the Modern Movement （C） （7国共有）
2017	"神宿之岛"冲之岛及宗像相关遗址 Sacred Island of Okinoshima and Associated Sites in the Munakata Region （C）
2018	长崎地区隐匿的基督教遗址 Hidden Christian Sites in the Nagasaki Region （C）
2019	百舌鸟和古市古坟群：古日本墓葬群 Mozu-Furuichi Kofun Group: Mounded Tombs of Ancient Japan （C）

耶路撒冷 Jerusalem（Site proposed by Jordan）*

1981	耶路撒冷旧城及其城墙 Old City of Jerusalem and its Walls （C）

约旦 Jordan

1985	古塞尔·阿姆拉 Quseir Amra （C）
1985	佩特拉 Petra （C）
2004	乌姆-赖萨斯考古遗址 Um er-Rasas (Kastrom Mefa'a) （C）
2011	瓦迪拉姆保护区 Wadi Rum Protected Area （C, N）
2015	耶稣受洗处：约旦河外伯大尼 Baptism Site "Bethany Beyond the Jordan" (Al-Maghtas) （C）

---

* 非国家名。

哈萨克斯坦 Kazakhstan

2003　考迦·阿赫迈德·雅萨维陵墓 Mausoleum of Khoja Ahmed Yasawi（C）

2004　泰姆格里考古景观岩刻 Petroglyphs within the Archaeological Landscape of Tamgaly（C）

2008　萨利亚喀——哈萨克斯坦北部的草原和湖泊 Saryarka-Steppe and Lakes of Northern Kazakhstan（N）

2014　丝绸之路：长安-天山廊道路网 Silk Roads: the Routes Network of Chang'an-Tianshan Corridor（C）（与中国和吉尔吉斯斯坦共有）

2016　西部天山 Western Tien-Shan（N）（与吉尔吉斯斯坦和乌兹别克斯坦共有）

肯尼亚 Kenya

1997，2013　肯尼亚山国家公园/自然森林 Mount Kenya National Park/Natural Forest（N）

1997，2001　图尔卡纳湖国家公园 Lake Turkana National Parks（N）

2001　拉穆古城 Lamu Old Town（C）

2008　米吉肯达圣林 Sacred Mijikenda Kaya Forests（C）

2011　蒙巴萨的耶稣堡 Fort Jesus, Mombasa（C）

2011　肯尼亚东非大裂谷的湖泊系统 Kenya Lake System in the Great Rift Valley（N）

2018　西穆里奇定居点考古遗址 Thimlich Ohinga Archaeological Site（C）

基里巴斯 Kiribati

2010　菲尼克斯群岛保护区 Phoenix Islands Protected Area（N）

吉尔吉斯斯坦 Kyrgyzstan

2009　苏莱曼圣山 Sulaiman-Too Sacred Mountain（C）

2014　丝绸之路：长安-天山廊道路网 Silk Roads: the Routes Network of Chang'an-Tianshan Corridor（C）（与中国和哈萨克斯坦共有）

2016　西部天山 Western Tien-Shan（N）（与哈萨克斯坦和乌兹别克斯坦共有）

老挝 Lao People's Democratic Republic

1995　琅勃拉邦城 Town of Luang Prabang（C）

2001　占巴塞文化景观中的瓦普及相关古遗址 Vat Phou and Associated Ancient Settlements within the Champasak Cultural Landscape（C）

2019　川圹巨石缸遗址——石缸平原 Megalithic Jar Sites in Xiengkhuang—Plain of Jars（C）

拉脱维亚 Latvia

1997　里加历史中心 Historic Centre of Riga（C）

2005　斯特鲁维地理探测弧线 Struve Geodetic Arc（C）（10国共有）

黎巴嫩 Lebanon

1984　巴勒贝克 Baalbek（C）

1984　安杰尔 Anjar（C）

1984　提尔城 Tyre（C）

1984　比布鲁斯 Byblos（C）

1998　瓦迪·卡蒂沙（圣谷）和神杉林（霍尔沙·阿兹·埃尔·拉博）Ouadi Qadisha (the Holy Valley) and the Forest of the

Cedars of God（Horsh Arz el-Rab）（C）

莱索托 Lesotho

2000，2013　马罗提-德拉肯斯堡公园 Maloti-Drakensberg Park（C，N）（与南非共有）

利比亚 Libyan

1982　莱普蒂斯·玛格纳考古遗址 Archaeological Site of Leptis Magna（C）

1982　昔兰尼考古遗址 Archaeological Site of Cyrene（C）

1982　萨布拉塔考古遗址 Archaeological Site of Sabratha（C）

1985　塔德尔拉特·阿卡库斯岩画遗址 Rock-Art Sites of Tadrart Acacus（C）

1986　加达梅斯老城 Old Town of Ghadamès（C）

立陶宛 Lithuania

1994　维尔纽斯历史中心 Vilnius Historic Centre（C）

2000　库罗尼亚岬 Curonian Spit（C）（与俄罗斯共有）

2004　克拿维考古遗址（克拿维文化保护区）Kernavė Archaeological Site（Cultural Reserve of Kernavė）（C）

2005　斯特鲁维地理探测弧线 Struve Geodetic Arc（C）（10国共有）

卢森堡 Luxembourg

1994　卢森堡市：旧城区和防御工事 City of Luxembourg: its Old Quarters and Fortifications（C）

马达加斯加 Madagascar

1990　黥基·德·贝马拉哈自然保护区 Tsingy de Bemaraha Strict Nature Reserve（N）

2001　阿波希曼加王室山岭 Royal Hill of Ambohimanga（C）

2007　阿钦安阿纳雨林 Rainforests of the Atsinanana（N）

马拉维 Malawi

1984　马拉维湖国家公园 Lake Malawi National Park（N）

2006　琼戈尼岩石艺术区 Chongoni Rock Art Area（C）

马来西亚 Malaysia

2000　穆鲁山国家公园 Gunung Mulu National Park（N）

2000　基纳巴卢公园 Kinabalu Park（N）

2008　马六甲海峡的历史城市——马六甲与乔治城 Melaka and George Town, Historic Cities of the Straits of Malacca（C）

2012　隆功谷地考古遗产 Archaeological Heritage of the Lenggong Valley（C）

马里 Mali

1988　廷巴克图 Timbuktu（C）

1988　杰内古城 Old Towns of Djenné（C）

1989　邦贾加拉悬崖（多贡人的地区）Cliff of Bandiagara（Land of the Dogons）（C，N）

2004　阿斯基亚陵 Tomb of Askia（C）

马耳他 Malta

1980　哈尔·萨夫列尼地下宫殿 Hal Saflieni

Hypogeum（C）

1980，1992　马耳他巨石寺庙 Megalithic Temples of Malta（C）

1980　瓦莱塔城 City of Valletta（C）

马绍尔群岛 Marshall Islands

2010　比基尼环礁的核试验基地 Bikini Atoll Nuclear Test Site（C）

毛里塔尼亚 Mauritania

1989　阿尔金海滩国家公园 Banc d'Arguin National Park（N）

1996　瓦丹、欣盖提、提希特和瓦拉塔古城镇 Ancient *Ksour* of Ouadane, Chinguetti, Tichitt and Oualata（C）

毛里求斯 Mauritius

2006　阿普拉瓦西·加特 Aapravasi Ghat（C）

2008　莫纳山文化景观 Le Morne Cultural Landscape（C）

墨西哥 Mexico

1987　墨西哥城和霍奇米尔科区历史中心 Historic Centre of Mexico City and Xochimilco（C）

1987　普埃布拉历史中心 Historic Centre of Puebla（C）

1987　前西班牙城市帕伦克及国家公园 Pre-Hispanic City and National Park of Palenque（C）

1987　瓦哈卡历史中心和蒙特阿尔班考古区 Historic Centre of Oaxaca and Archaeological Site of Monte Albán（C）

1987　先卡安 Sian Ka'an（N）

1987　前西班牙城市特奥蒂瓦坎 Pre-Hispanic City of Teotihuacan（C）

1988　前西班牙城市奇琴伊察 Pre-Hispanic City of Chichen-Itza（C）

1988　瓜纳尤阿托历史城及其周围矿区 Historic Town of Guanajuato and Adjacent Mines（C）

1991　莫雷利亚历史中心 Historic Centre of Morelia（C）

1992　前西班牙城市埃尔塔津古城 El Tajin, Pre-Hispanic City（C）

1993　埃尔维采诺鲸鱼禁捕区 Whale Sanctuary of El Vizcaino（N）

1993　扎卡特卡斯历史中心 Historic Centre of Zacatecas（C）

1993　圣弗朗西斯科山岩画 Rock Paintings of the Sierra de San Francisco（C）

1994　波波卡特佩特山坡上最早的16世纪修道院 Earliest 16th-Century Monasteries on the Slopes of Popocatepetl（C）

1996　克雷塔罗历史建筑区 Historic Monuments Zone of Querétaro（C）

1996　前西班牙城镇乌斯马尔 Pre-Hispanic Town of Uxmal（C）

1997　瓜达拉雅拉的卡巴纳斯救济院 Hospicio Cabañas, Guadalajara（C）

1998　特拉科塔尔潘的历史建筑区 Historic Monuments Zone of Tlacotalpan（C）

1998　大卡萨斯的帕奎美考古区 Archeological Zone of Paquimé, Casas Grandes（C）

1999　霍契卡尔科考古遗址区 Archaeological Monuments Zone of Xochicalco（C）

1999　坎佩切的历史要塞重镇 Historic Fortified

Town of Campeche（C）

2002，2014　坎佩切洲卡拉科穆尔的玛雅古城和热带保护森林 Ancient Maya City and Protected Tropical Forests of Calakmul, Campeche（C，N）

2003　克雷塔罗西耶那戈达的方济会传教区 Franciscan Missions in the Sierra Gorda of Querétaro（C）

2004　路易斯·巴拉干的住宅和工作室 Luis Barragán House and Studio（C）

2005　加利福尼亚湾群岛及保护区 Islands and Protected Areas of the Gulf of California（N）

2006　龙舌兰景观和古代工业设备 Agave Landscape and Ancient Industrial Facilities of Tequila（C）

2007　墨西哥国立自治大学大学城的核心校区 Central University City Campus of the *Universidad Nacional Autónoma de México*（UNAM）（C）

2008　大蝴蝶生物圈保护区 Monarch Butterfly Biosphere Reserve（N）

2008　圣米格尔防护城镇和阿他托尼科的拿撒勒人耶稣圣殿 Protective Town of San Miguel and the Sanctuary of Jesús Nazareno de Atotonilco（C）

2010　皇家内陆大干线 Camino Real de Tierra Adentro（C）

2010　瓦哈卡州中央谷地的亚古尔与米特拉史前洞穴 Prehistoric Caves of Yagul and Mitla in the Central Valley of Oaxaca（C）

2013　埃尔比那喀提和德阿尔塔大沙漠生物圈保护区 El Pinacate and Gran Desierto de Altar Biosphere Reserve（N）

2015　腾布里克神父水道桥水利设施 Aqueduct of Padre Tembleque Hydraulic System（C）

2016　雷维拉格吉多群岛 Archipiélago de Revillagigedo（N）

2018　中美洲原始栖息地：特瓦坎-奎卡特兰谷地 Tehuacán–Cuicatián Valley: Originary Habitat of Mesoamerica（C，N）

密克罗尼西亚 Micronesia（Federated States of）

2016　南马都尔：密克罗尼西亚东部庆典中心 Nan Madol: Ceremonial Centre of Eastern Micronesia（C）

蒙古 Mongolia

2003　乌布苏盆地 Uvs Nuur Basin（N）（与俄罗斯共有）

2004　鄂尔浑峡谷文化景观 Orkhon Valley Cultural Landscape（C）

2011　蒙古阿尔泰山脉的石刻群 Petroglyphic Complexes of the Mongolian Altai（C）

2015　大不儿罕合勒敦山及其周围的神圣景观 Great Burkhan Khaldun Mountain and its Surrounding Sacred Landscape（C）

2017　外贝加尔山脉景观 Landscapes of Dauria（N）（与俄罗斯共有）

黑山 Montenegro

1979　科托尔自然与文化历史区 Natural and Culturo–Historical Region of Kotor（C）

1980，2005　杜米托尔国家公园 Durmitor National Park（N）

2016　斯特茨奇中世纪墓地 Stećci Medieval

Tombstones Graveyards（C）（与波黑、克罗地亚和塞尔维亚共有）

2017　16—17世纪威尼斯共和国的防御工事：西方的陆地之国到海洋之国 Venetian Works of Defence between 16th and 17th Centuries: *Stato da Terra*–Western *Stato da Mar*（C）（与克罗地亚和意大利共有）

摩洛哥 Morocco

1981　非斯的麦地耶 Medina of Fez（C）

1985　马拉喀什的麦地耶 Medina of Marrakesh（C）

1987　阿伊特-本-哈杜筑垒村 Ksar of Ait-Ben-Haddou（C）

1996　梅克内斯历史城市 Historic City of Meknes（C）

1997　得土安的麦地耶 Medina of Tétouan（Formerly known as Titawin）（C）

1997　沃吕比利斯考古遗址 Archaeological Site of Volubilis（C）

2001　埃萨欧拉的麦地耶 Medina of Essaouira（Formerly Mogador）（C）

2004　马扎甘葡萄牙城 Portuguese City of Mazagan（El Jadida）（C）

2012　拉巴特：一座历史与现代交辉的城市 Rabat, Modern Capital and Historic City: a Shared Heritage（C）

莫桑比克 Mozambique

1991　莫桑比克岛 Island of Mozambique（C）

缅甸 Myanmar

2014　彪关古城群 Pyu Ancient Cities（C）

2019　蒲甘 Bagan（C）

纳米比亚 Namibia

2007　特威菲尔泉岩画 Twyfelfontein or /Ui-// aes（C）

2013　纳米布沙海 Namib Sand Sea（N）

尼泊尔 Nepal

1979　加德满都谷地 Kathmandu Valley（C）

1979　萨加玛塔国家公园 Sagarmatha National Park（N）

1984　奇特旺国家公园 Chitwan National Park（N）

1997　蓝毗尼——佛陀诞生地 Lumbini, the Birthplace of the Lord Buddha（C）

荷兰 Netherlands

1995　斯科兰和周边地区 Schokland and Surroundings（C）

1996　阿姆斯特丹防线 Defence Line of Amsterdam（C）

1997　金德代克·埃尔斯豪特的风车 Mill Network at Kinderdijk-Elshout（C）

1997　库拉索岛威廉斯塔德历史区、内城和港口 Historic Area of Willemstad, Inner City and Harbour, Curaçao（C）

1998　迪·弗·沃达蒸汽泵站 Ir. D. F. Woudagemaal（D. F. Wouda Steam Pumping Station）（C）

1999　比姆斯特尔迁田 Droogmakerij de Beemster（Beemster Polder）（C）

2000　里特瓦尔德·施勒德尔的房屋 Rietveld Schröderhuis（Rietveld Schröder House）（C）

2009，2014　瓦登海 Wadden Sea（N）（与丹麦和德国共有）

2010　辛格尔运河以内的阿姆斯特丹17世纪同心圆型运河区 Seventeenth-Century Canal Ring Area of Amsterdam inside the Singelgracht（C）

2014　范内勒工厂 Van Nellefabriek（C）

新西兰 New Zealand

1990　新西兰西南部蒂瓦希普纳穆 Te Wahipounamu-South West New Zealand（N）

1990，1993　汤加里罗国家公园 Tongariro National Park（C，N）

1998　新西兰次南极区群岛 New Zealand Sub-Antarctic Islands（N）

尼加拉瓜 Nicaragua

2000　莱昂·维尧遗址 Ruins of León Viejo（C）

2011　莱昂大教堂 León Cathedral（C）

尼日尔 Niger

1991　阿伊尔和泰内雷自然保护区 Air and Ténéré Natural Reserves（N）

1996，2017　W-阿尔利-彭贾里保护区 W-Arly-Pendjari Complex（N）（与贝宁和布基纳法索共有）

2013　阿加德兹历史中心 Historic Centre of Agadez（C）

尼日利亚 Nigeria

1999　苏库尔文化景观 Sukur Cultural Landscape（C）

2005　奥孙-奥索博神树林 Osun-Osogbo Sacred Grove（C）

北马其顿 North Macedonia

1979，1980，2019　奥赫里德地区自然和文化遗产 Natural and Cultural Heritage of the Ohrid Region（C，N）（与阿尔巴尼亚共有）

挪威 Norway

1979　布吕根 Bryggen（C）

1979　乌尔内斯木构教堂 Urnes Stave Church（C）

1980，2010　勒罗斯矿城及周边地区 Røros Mining Town and the Circumference（C）

1985　阿尔塔岩画 Rock Art of Alta（C）

2004　维加群岛 Vegaøyan–The Vega Archipelago（C）

2005　挪威西峡湾——盖朗厄尔峡湾和纳柔依峡湾 West Norwegian Fjords – Geirangerfjord and Nærøyfjord（N）

2005　斯特鲁维地理探测弧线 Struve Geodetic Arc（C）（10国共有）

2015　尤坎-诺托登工业遗址 Rjukan-Notodden Industrial Heritage Site（C）

阿曼 Oman

1987　巴赫拉堡 Bahla Fort（C）

1988　巴特、库特姆和艾因考古遗址 Archaeological Sites of Bat, Al-Khutm and Al-Ayn（C）

2000　乳香之路 Land of Frankincense（C）

2006　阿曼阿夫拉季灌溉体系 *Aflaj* Irrigation Systems of Oman（C）

2018 卡尔哈特古城 Ancient City of Qalhat（C）

巴基斯坦 Pakistan

1980 塔克特巴依佛教遗址和萨尔依巴赫洛古城遗址 Buddhist Ruins of Takht-i-Bahi and Neighbouring City Remains at Sahr-i-Bahlol（C）

1980 塔克西拉 Taxila（C）

1980 摩亨朱达罗考古遗址 Archaeological Ruins at Moenjodaro（C）

1981 塔塔城的历史建筑 Historical Monuments at Makli, Thatta（C）

1981 拉合尔古堡和夏拉玛尔花园 Fort and Shalamar Gardens in Lahore（C）

1997 罗赫达斯要塞 Rohtas Fort（C）

帕劳 Palau

2012 岩石岛-南部潟湖 Rock Islands Southern Lagoon（C, N）

巴勒斯坦 Palestine

2012 耶稣诞生地：伯利恒圣诞教堂和朝圣线路 Birthplace of Jesus: Church of the Nativity and the Pilgrimage Route, Bethlehem（C）

2014 巴勒斯坦：巴蒂尔耶路撒冷南部橄榄与葡萄园文化景观 Palestine: Land of Olives and Vines-Cultural Landscape of Southern Jerusalem, Battir（C）

2017 希伯伦/哈利勒老城 Hebron/Al-Khalil Old Town（C）

巴拿马 Panama

1980 巴拿马加勒比海岸的防御工事——波尔多贝罗-圣洛伦佐 Fortifications on the Caribbean Side of Panama: Portobelo-San Lorenzo（C）

1981 达连国家公园 Darien National Park（N）

1983，1990 塔拉曼卡山脉-阿米斯塔德自然保护区/阿米斯塔德国家公园 Talamanca Range-La Amistad Reserves/La Amistad National Park（N）（与哥斯达黎加共有）

1997，2003 巴拿马韦爵考古遗址和巴拿马历史区 Archaeological Site of Panamá Viejo and Historic District of Panamá（C）

2005 柯义巴国家公园和海洋保护区 Coiba National Park and its Special Zone of Marine Protection（N）

巴布亚新几内亚 Papua New Guinea

2008 库科早期农业遗址 Kuk Early Agricultural Site（C）

巴拉圭 Paraguay

1993 巴拉那的桑蒂西玛·特立尼达和塔瓦兰格的耶稣会传教区 Jesuit Missions of La Santisima Trinidad de Paraná and Jesús de Tavarangue（C）

秘鲁 Peru

1983 库斯科城 City of Cuzco（C）

1983 马丘比丘历史圣地 Historic Sanctuary of Machu Picchu（C, N）

1985 查文考古遗址 Chavin（Archaeological Site）（C）

1985	瓦斯卡兰国家公园 Huascarán National Park（N）
1986	昌昌考古区 Chan Chan Archaelogical Zone（C）
1987	玛努国家公园 Manú National Park（N）
1988，1991	利马历史中心 Historic Centre of Lima（C）
1990，1992	里奥阿比塞奥国家公园 Rio Abiseo National Park（C, N）
1994	纳斯卡和帕尔帕的线条和地画 Lines and Geoglyphs of Nasca and Palpa（C）
2000	阿雷基帕历史中心 Historical Centre of the City of Arequipa（C）
2009	卡罗尔-苏沛圣城 Sacred City of Caral-Supe（C）
2014	印加路网 Qhapaq Ñan, Andean Road System（C）（与阿根廷、玻利维亚、智利、哥伦比亚和厄瓜多尔共有）

菲律宾 Philippines

1993，2009	图巴塔哈礁自然公园 Tubbataha Reefs Natural Park（N）
1993	菲律宾巴洛克式教堂群 Baroque Churches of the Philippines（C）
1995	菲律宾科迪勒拉山的水稻梯田 Rice Terraces of the Philippine Cordilleras（C）
1999	维甘历史城 Historic Town of Vigan（C）
1999	普林塞萨港地下河国家公园 Puerto-Princesa Subterranean River National Park（N）
2014	汉密吉伊坦山野生动物保护区 Mount Hamiguitan Range Wildlife Sanctuary（N）

波兰 Poland

1978，2008，2013	维利奇卡和巴普莱尔皇家盐矿 Wieliczka and Bochnia Royal Salt Mines（C）
1978	克拉科夫历史中心 Historic Centre of Kraków（C）
1979，1992，2014	比阿洛维察森林 Bialowieza Forest（N）（与白俄罗斯共有）
1979	奥斯威辛－比克瑙——德国纳粹集中营（1940—1945） Auschwitz Birkenau German Nazi Concentration and Extermination Camp（1940—1945）（C）
1980	华沙历史中心 Historic Centre of Warsaw（C）
1992	扎莫希奇老城 Old City of Zamość（C）
1997	托伦中世纪城镇 Medieval Town of Toruń（C）
1997	马尔堡的条顿骑士团城堡 Castle of the Teutonic Order in Malbork（C）
1999	卡尔瓦利亚·泽日多夫斯卡：别致建筑、园林景观和朝圣公园 Kalwaria Zebrzydowska: the Mannerist Architectural and Park Landscape Complex and Pilgrimage Park（C）
2001	亚沃尔和斯维德卡的和平教堂 Churches of Peace in Jawor and Świdnica（C）
2003	南部小波兰木造教堂 Wooden Churches of Southern Małopolska（C）
2004	马斯科夫公园/马扎科夫斯基公园 Muskauer Park/Park Mużakowski（C）（与德国共有）
2006	弗罗茨瓦夫百年厅 Centennial Hall in Wrocław（C）

2013　波兰和乌克兰的喀尔巴阡山地区木质教堂 Wooden *Tserkvas* of the Carpathian Region in Poland and Ukraine（C）（与乌克兰共有）

2017　塔尔诺夫斯克山铅银锌矿及其地下水管理系统 Tarnowskie Góry Lead-Silver-Zinc Mine and its Underground Water Management System（C）

2019　科舍米翁奇的史前条纹燧石矿区 Krzemionki Prehistoric Striped Flint Mining Region（C）

葡萄牙 Portugal

1983　里斯本的赫罗尼莫斯修道院和贝伦塔 Monastery of the Hieronymites and Tower of Belém in Lisbon（C）

1983　托马尔基督教修道院 Convent of Christ in Tomar（C）

1983　亚速尔群岛的安格拉·多·赫洛依斯城中心区 Central Zone of the Town of Angra do Heroismo in the Azores（C）

1983　巴塔拉修道院 Monastery of Batalha（C）

1986　埃武拉历史中心 Historic Centre of Évora（C）

1989　阿尔科巴萨修道院 Monastery of Alcobaça（C）

1995　辛特拉的文化景观 Cultural Landscape of Sintra（C）

1996　波尔图历史中心、路易兹一号桥和塞拉多皮拉尔修道院 Historic Centre of Oporto, Luiz I Bridge and Monastery of Serra do Dilar（C）

1998，2010　科阿峡谷和席尔加·维德史前岩画遗址 Prehistoric Rock Art Sites in the Côa Valley and Siega Verde（C）（与西班牙共有）

1999　马德拉岛的阔叶常绿乔木群落 Laurisilva of Madeira（N）

2001　阿尔托都罗葡萄酒产区 Alto Douro Wine Region（C）

2001　圭马莱斯历史中心 Historic Centre of Guimarães（C）

2004　皮克岛葡萄园文化景观 Landscape of the Pico Island Vineyard Culture（C）

2012　埃瓦斯边境驻军城镇及其防御工事 Garrison Border Town of Elvas and its Fortifications（C）

2013　科英布拉大学——阿尔塔和索菲亚 University of Coimbra-Alta and Sofia（C）

2019　马夫拉皇室建筑——宫殿、大教堂、修道院、塞尔科花园及塔帕达狩猎公园 Royal Building of *Mafra*——Palace, Basilica, Convent, *Cerco* Garden and rlunting Park（*Tapada*）（C）

2019　布拉加山上仁慈耶稣朝圣所 Sanctuary of Bom Jesus do Monte in Braga（C）

卡塔尔 Qatar

2013　祖巴拉考古遗址 Al Zubarah Archaeological Site（C）

韩国 Republic of Korea

1995　宗庙 Jongmyo Shrine（C）

1995　海印寺大藏经板木及板库 Haeinsa Temple Janggyeong Panjeon, the Depositories for the *Tripitaka Koreana* Woodblocks（C）

1995	庆州石窟庵和佛国寺 Seokguram Grotto and Bulguksa Temple（C）
1997	水原华城 Hwaseong Fortress（C）
1997	昌德宫建筑群 Changdeokgung Palace Complex（C）
2000	庆州历史区 Gyeongju Historic Areas（C）
2000	高昌、华森和江华史前墓遗址 Gochang, Hwasun, and Ganghwa Dolmen Sites（C）
2007	济州火山岛和熔岩洞 Jeju Volcanic Island and Lava Tubes（N）
2009	朝鲜王陵 Royal Tombs of the Joseon Dynasty（C）
2010	韩国历史村落——河回村和良洞村 Historic Villages of Korea: Hahoe and Yangdong（C）
2014	南汉山城 Namhansanseong（C）
2015	百济历史区 Baekje Historic Areas（C）
2018	山寺——韩国佛教名山寺庙 Sansa, Buddhist Mountain Monasteries in Korea（C）
2019	韩国新儒学书院 Seowon, Korean Neo-Confucian Academies（C）

摩尔多瓦 Republic of Moldova

2005	斯特鲁维地理探测弧线 Struve Geodetic Arc（C）（10国共有）

罗马尼亚 Romania

1991	多瑙河三角洲 Danube Delta（N）
1993，1999	特拉斯勒瓦尼亚具有要塞教堂的村庄 Villages with Fortified Churches in Transylvania（C）
1993，2010	摩尔达维亚教堂群 Churches of Moldavia（C）
1993	霍雷祖修道院 Monastery of Horezu（C）
1999	奥拉斯迪山的达契安要塞 Dacian Fortresses of the Orastie Mountains（C）
1999	马拉穆莱斯的木结构教堂 Wooden Churches of Maramures（C）
1999	锡吉什瓦拉历史中心 Historic Centre of Sighisoara（C）
2007，2011，2017	喀尔巴阡山脉和欧洲其他地区的古代原始山毛榉林 Ancient and Primeval Beech Forests of the Carpathians and Other Regions of Europe（N）（12国共有）

俄罗斯 Russian Federation

1990	莫斯科的克里姆林宫和红场 Kremlin and Red Square, Moscow（C）
1990	圣彼得堡历史中心和建筑群 Historic Centre of Saint Petersburg and Related Groups of Monuments（C）
1990	基日岛的木结构教堂 Kizhi Pogost（C）
1992	弗拉基米尔和苏兹达尔白色建筑群 White Monuments of Vladimir and Suzdal（C）
1992	索洛维茨基群岛的文化和历史遗址 Cultural and Historic Ensemble of the Solovetsky Islands（C）
1992	诺夫哥罗德及其周围的历史遗址 Historic Monuments of Novgorod and Surroundings（C）
1993	谢尔吉三位一体大修道院 Architectural Ensemble of the Trinity Sergius Lavra in Sergiev Posad（C）
1994	科洛缅斯科耶的耶稣升天教堂 Church of the Ascension, Kolomenskoye（C）

| 1995 | 科米原始森林 Virgin Komi Forests（N）
| 1996 | 贝加尔湖 Lake Baikal（N）
| 1996，2001 | 堪察加火山 Volcanoes of Kamchatka（N）
| 1998 | 阿尔泰山 Golden Mountains of Altai（N）
| 1999 | 西高加索山脉 Western Caucasus（N）
| 2000 | 库罗尼亚岬 Curonian Spit（C）（与立陶宛共有）
| 2000 | 费拉邦多夫修道院遗址群 Ensemble of The Ferrapontov Monastery（C）
| 2000 | 喀山克里姆林的历史和建筑复合体 Historic and Architectural Complex of the Kazan Kremlin（C）
| 2001 | 中部斯科特阿林 Central Sikhote-Alin（N）
| 2003 | 乌布苏盆地 Uvs Nuur Basin（N）（与蒙古共有）
| 2003 | 杰尔宾特城堡、古城和要塞建筑 Citadel, Ancient City and Fortress Buildings of Derbent（C）
| 2004 | 新圣女修道院 Ensemble of the Novodevichy Convent（C）
| 2004 | 弗兰格尔岛自然保护区 Natural System of Wrangel Island Reserve（N）
| 2005 | 雅罗斯拉夫尔城历史中心 Historical Centre of the City of Yaroslavl（C）
| 2005 | 斯特鲁维地理探测弧线 Struve Geodetic Arc（C）
| 2010 | 普托拉纳高原 Putorana Plateau（N）
| 2012 | 列那石柱林自然公园 Lena Pillars Nature Park（N）
| 2014 | 博尔加尔历史和考古区 Bolgar Historical and Archaeological Complex（C）
| 2017 | 岛村斯维亚日斯克圣母升天大教堂与修道院 Assumption Cathedral and Monastery of the town-island of Sviyazhsk（C）
| 2017 | 外贝加尔山脉景观 Landscapes of Dauria（N）（与蒙古共有）
| 2019 | 普斯科夫学派教堂建筑 Churches of the Pskov School of Architecture（C）

圣基茨和尼维斯 Saint Kitts and Nevis

| 1999 | 硫磺山要塞国家公园 Brimstone Hill Fortress National Park（C）

圣卢西亚 Saint Lucia

| 2004 | 皮通斯管理区 Pitons Management Area（N）

圣马力诺 San Marino

| 2008 | 圣马力诺历史中心和蒂塔诺山 San Marino Historic Centre and Mount Titano（C）

沙特阿拉伯 Saudi Arabia

| 2008 | 希杰尔考古遗址（迈达因萨利赫） Al-Hijr Archaeological Site（Madâin Sâlih）（C）
| 2010 | 德拉伊耶遗址的阿图赖夫区 At-Turaif District in ad-Dir'iyah（C）
| 2014 | 吉达古城——通向麦加之门 Historic Jeddah, the Gate to Makkah（C）
| 2015 | 沙特阿拉伯黑尔地区的岩石艺术 Rock Art in the Hail Region of Saudi Arabia（C）
| 2018 | 哈萨绿洲——变迁的文化景观 Al-Ahsa Oasis, an Evolving Cultural Landscape（C）

塞内加尔 Senegal

| 1978 | 戈雷岛 Island of Gorée（C）

1981　尼奥科罗-科巴国家公园 Niokolo-Koba National Park（N）

1981　朱吉国家鸟类保护区 Djoudj National Bird Sanctuary（N）

2000　圣路易斯岛 Island of Saint-Louis（C）

2006　塞内冈比亚石圈 Stone Circles of Senegambia（C）

2011　萨卢姆三角洲 Saloum Delta（C）

2012　巴萨里地区：巴萨里、富拉和贝迪克的文化景观 Bassari Country: Bassari, Fula and Bedik Cultural Landscapes（C）

塞尔维亚 Serbia

1979　斯塔里斯和索波查尼 Stari Ras and Sopoćani（C）

1986　斯图德尼察修道院 Studenica Monastery（C）

2004，2006　科索沃中世纪建筑 Medieval Monuments in Kosovo（C）

2007　贾姆济格勒-罗慕利亚的加莱里乌斯宫 Gamzigrad-Romuliana, Palace of Galerius（C）

2016　斯特茨奇中世纪墓地 Stećci Medieval Tombstones Graveyards（C）（与波黑、克罗地亚和黑山共有）

塞舌尔 Seychelles

1982　阿尔达布拉环礁 Aldabra Atoll（N）

1983　玛依谷地自然保护区 Vallée de Mai Nature Reserve（N）

新加坡 Singapore

2015　新加坡植物园 Singapore Botanical Gardens（C）

斯洛伐克 Slovakia

1993　历史名城班斯卡-什佳夫尼察及其工程建筑区 Historic Town of Banská Štiavnica and the Technical Monuments in its Vicinity（C）

1993，2009　雷弗卡、斯皮斯基·赫拉德及其文化遗址 Levoča, Spišský Hrad and the Associated Cultural Monuments（C）

1993　沃尔克林奈克 Vlkolinec（C）

1995，2000　阿格泰列克喀斯特和斯洛伐克喀斯特溶洞 Caves of Aggtelek Karst and Slovak Karst（N）（与匈牙利共有）

2000　巴尔代约夫镇保护区 Bardejov Town Conservation Reserve（C）

2007，2011，2017　喀尔巴阡山脉和欧洲其他地区的古代原始山毛榉林 Ancient and Primeval Beech Forests of the Carpathians and Other Regions of Europe（N）（12国共有）

2008　喀尔巴阡山区斯洛伐克段的木制教堂 Wooden Churches of the Slovak part of Carpathian Mountain Area（C）

斯洛文尼亚 Slovenia

1986　斯科契扬溶洞 Škocjan Caves（N）

2007，2011，2017　喀尔巴阡山脉和欧洲其他地区的古代原始山毛榉林 Ancient and Primeval Beech Forests of the Carpathians and Other Regions of Europe（N）（12国共有）

2011　阿尔卑斯周围的史前湖岸木桩建筑

Prehistoric Pile Dwellings around the Alps（C）（与奥地利、法国、德国、意大利和瑞士共有）

2012　水银遗产：阿尔马登和伊德里亚 Heritage of Mercury. Almadén and Idrija（C）（与西班牙共有）

所罗门群岛 Solomon Islands

1998　东伦内尔岛 East Rennell（N）

南非 South Africa

1999　罗本岛 Robben Island（C）

1999，2005　南非古人类化石遗址 Fossil Hominid Sites of South Africa（C）

1999　大圣卢西亚湿地公园 iSimangaliso Wetland Park（N）

2000，2013　马罗提-德拉肯斯堡公园 Maloti-Drakensberg Park（C, N）（与莱索托共有）

2003　马蓬古布韦文化景观 Mapungubwe Cultural Landscape（C）

2004，2015　开普植物群保护区 Cape Floral Region Protected Areas（N）

2005　弗里德堡陨石坑 Vredefort Dome（N）

2007　理查德斯维德文化和植物景观 Richtersveld Cultural and Botanical Landscape（C）

2017　蔻玛尼文化景观 Khomani Cultural Landscape（C）

2018　巴伯顿玛空瓦山脉 Barberton Makhonjwa Mountains（N）

西班牙 Spain

1984　布尔戈斯大教堂 Burgos Cathedral（C）

1984，2005　安东尼·高迪的建筑作品 Works of Antoni Gaudí（C）

1984，1994　格拉纳达的阿尔罕布拉、赫内拉利费和阿贝伊辛 Alhambra, Generalife and Albayzín, Granada（C）

1984，1994　科尔多巴历史中心 Historic Centre of Cordoba（C）

1984　马德里埃斯库里阿尔修道院和遗址 Monastery and Site of the Escurial, Madrid（C）

1985　孔波斯特拉的圣地亚哥（老城）Santiago de Compostela（Old Town）（C）

1985，1998　奥维多的遗迹和阿斯图里亚斯的领域 Monuments of Oviedo and the Kingdom of the Asturias（C）

1985　塞哥维亚旧城及其水渠 Old Town of Segovia and its Aqueduct（C）

1985　阿维拉旧城及城外教堂 Old Town of Ávila with its Extra-Muros Churches（C）

1985，2008　西班牙北部的阿尔塔米拉洞窟和旧石器时代洞窟艺术 Cave of Altamira and Paleolithic Cave Art of Northern Spain（C）

1986　加拉霍艾国家公园 Garajonay National Park（N）

1986　卡塞雷斯古镇 Old Town of Cáceres（C）

1986　托莱多历史城市 Historic City of Toledo（C）

1986，2001　阿拉贡的穆迪加建筑 Mudejar Architecture of Aragon（C）

1987　塞维利亚大教堂、阿尔卡萨尔和西印度群岛档案馆 Cathedral, Alcazar and Archivo de Indias in Seville（C）

1988	萨拉曼卡古城 Old City of Salamanca（C）	
1991	波布莱特修道院 Poblet Monastery（C）	
1993	瓜达卢佩的圣玛利亚皇家修道院 Royal Monastery of Santa Maria de Guadalupe（C）	
1993，2015	孔波斯特拉的圣地亚哥朝圣之路：法兰西之路和北西班牙之路 Route of Santiago de Compostela: *Camino Francés* and Routes of Northern Spoin（C）	
1993	梅里达考古遗址 Archaeological Ensemble of Mérida（C）	
1994	多纳纳国家公园 Doñana National Park（N）	
1996	昆卡的历史要塞之城 Historic Walled Town of Cuenca（C）	
1996	瓦伦西亚的丝绸交易所 La Lonja de la Seda de Valencia（C）	
1997	巴塞罗那的加泰罗尼亚音乐厅及圣保罗医院 Palau de la Música Catalana and Hospital de Sant Pau, Barcelona（C）	
1997，1999	比利牛斯-佩尔杜山 Pyrénées-Mont Perdu（C, N）（与法国共有）	
1997	拉斯梅德拉斯 Las Médulas（C）	
1997	圣米兰的尤索和素修道院 San Millán Yuso and Suso Monasteries（C）	
1998	埃纳雷斯堡的阿尔卡拉大学和历史区 University and Historic Precinct of Alcalá de Henares（C）	
1998	伊比利亚半岛地中海盆地的岩画艺术 Rock-Art of the Mediterranean Basin on the Iberian Peninsula（C）	
1998，2010	科阿峡谷和席尔加·维德史前岩画遗址 Prehistoric Rock-Art Sites in the Côa Valley and Siega Verde（C）（与葡萄牙共有）	
1999	拉古纳的圣克斯托瓦尔 San Cristóbal de La Laguna（C）	
1999	伊维萨岛——生物多样性和文化 Ibiza, Biodiversity and Culture（C, N）	
2000	阿塔普埃尔卡考古遗址 Archaeological Site of Atapuerca（C）	
2000	博伊瓦尔的加泰隆人罗马式教堂建筑 Catalan Romanesque Churches of the Vall de Boí（C）	
2000	塔拉科考古遗址 Archaeological Ensemble of Tárraco（C）	
2000	卢戈的罗马城墙 Roman Walls of Lugo（C）	
2000	埃皮切的帕梅拉尔 Palmeral of Elche（C）	
2001	阿兰约兹文化景观 Aranjuez Cultural Landscape（C）	
2003	乌韦达和巴埃萨文艺复兴时期的建筑群 Renaissance Monumental Ensembles of Úbeda and Baeza（C）	
2006	维兹卡亚桥 Vizcaya Bridge（C）	
2007，2011，2017	喀尔巴阡山脉和欧洲其他地区的古代原始山毛榉林 Ancient and Primeval Beech Forests of the Carpathians and Other Regions of Europe（N）（12国共有）	
2007	泰德国家公园 Teide National Park（N）	
2009	海克力士塔 Tower of Hercules（C）	
2011	特拉蒙塔那山区文化景观 Cultural Landscape of the Serra de Tramuntana（C）	

2012 水银遗产：阿尔马登和伊德里亚 Heritage of Mercury. Almadén and Idrija（C）（与斯洛文尼亚共有）

2016 安特克拉石墓遗址 Antequera Dolmens Site（C）

2018 哈里发的阿尔扎哈拉古城 Caliphate City of Medina Azahara（C）

2019 大加那利岛文化景观：里斯科卡伊多考古遗址和圣山 Risco Caido and the Sacred Mountains of Gran Canaria Cultural Landscape（C）

斯里兰卡 Sri Lanka

1982 锡吉里亚古城 Ancient City of Sigiriya（C）

1982 波隆纳鲁沃古城 Ancient City of Polonnaruwa（C）

1982 阿努拉德普勒圣城 Sacred City of Anuradhapura（C）

1988 加勒古城和城堡 Old Town of Galle and its Fortifications（C）

1988 辛哈拉加森林保护区 Sinharaja Forest Reserve（N）

1988 康提圣城 Sacred City of Kandy（C）

1991 兰吉里丹布勒石窟寺庙 Rangiri Dambulla Cave Temple（C）

2010 斯里兰卡中央高地 Central Highlands of Sri Lanka（N）

苏丹 Sudan

2003 盖贝尔·巴尔卡尔和纳巴丹地区的遗址 Gebel Barkal and the Sites of the Napatan Region（C）

2011 麦罗埃岛考古遗址 Archaeological Sites of the Island of Meroe（C）

2016 桑加奈卜国家海洋公园和敦戈奈卜海湾-姆卡瓦岛国家海洋公园 Sanganeb Marine National Park and Dungonab Bay–Mukkawar Island Marine National Park（N）

苏里南 Suriname

2000 苏里南中部自然保护区 Central Suriname Nature Reserve（N）

2002 帕拉马里博历史内城 Historic Inner City of Paramaribo（C）

瑞典 Sweden

1991 德罗特宁霍尔摩王室领地 Royal Domain of Drottningholm（C）

1993 恩格尔斯堡炼铁厂 Engelsberg Ironworks（C）

1993 比尔卡和霍夫加登 Birka and Hovgården（C）

1994 塔努姆岩画 Rock Carvings in Tanum（C）

1994 斯科斯累格加登公墓 Skogskyrkogården（C）

1995 维斯比的汉萨同盟城 Hanseatic Town of Visby（C）

1996 拉普尼安地区 Laponian Area（C, N）

1996 鲁莱亚的格默尔斯达德教堂村 Church Town of Gammelstad, Luleå（C）

1998 卡尔斯克鲁纳军港 Naval Port of Karlskrona（C）

2000 南厄兰岛的农业景观 Agricultural Landscape of Southern Öland（C）

2000，2006 高地海岸/克瓦尔肯群岛 High Coast/

	Kvarken Archipelago（N）（与芬兰共有）
2001	法伦的大铜山矿区 Mining Area of the Great Copper Mountain in Falun（C）
2004	瓦尔贝里格里梅顿广播电台 Grimeton Radio Station, Varberg（C）
2005	斯特鲁维地理探测弧线 Struve Geodetic Arc（C）（10国共有）
2012	赫尔辛兰的彩饰农舍 Decorated Farmhouses of Hälsingland（C）

瑞士 Switzerland

1983	米斯泰尔的本笃会圣约翰女修道院 Benedictine Convent of St John at Müstair（C）
1983	圣加尔修道院 Abbey of St Gall（C）
1983	伯尔尼老城 Old City of Berne（C）
2000	贝林佐纳集镇的三个城堡、防御城墙和防御工事 Three Castles, Defensive Wall and Ramparts of the Market-Town of Bellinzone（C）
2001，2007	瑞士阿尔卑斯山脉少女峰-阿莱奇峰 Swiss Alps Jungfrau-Aletsch（N）
2003，2010	圣乔治山 Monte San Giorgio（N）（与意大利共有）
2007	拉沃葡萄园梯田 Lavaux, Vineyard Terraces（C）
2008	阿尔布拉/伯尔尼纳景观中的雷塔恩铁路 Rhaetian Railway in the Albula/Bernina Landscapes（C）（与意大利共有）
2008	瑞士萨多纳地质构造带 Swiss Tectonic Arena Sardona（N）
2009	拉绍德封/勒洛克，制表城镇规划 La Chaux-de-Fonds/Le Locle, Watchmaking Town Planning（C）
2011	阿尔卑斯周围的史前湖岸木桩建筑 Prehistoric Pile Dwellings around the Alps（C）（与奥地利、法国、德国、意大利和斯洛文尼亚共有）
2016	勒·柯布西耶的建筑作品，对现代主义运动有杰出贡献 The Architectural Work of Le Corbusier, an Outstanding Contribution to the Modern Movement（C）（7国共有）

叙利亚 Syrian Arab Republic

1979	大马士革古城 Ancient City of Damascus（C）
1980	帕尔米拉遗址 Site of Palmyra（C）
1980	布斯拉古城 Ancient City of Bosra（C）
1986	阿勒颇古城 Ancient City of Aleppo（C）
2006	武士堡和萨拉丁堡 Crac des Chevaliers and Qal'at Salah El-Din（C）
2011	叙利亚北部古村落群 Ancient Villages of Northern Syria（C）

塔吉克斯坦 Tajikistan

2010	萨拉子目古城的原型城市遗址 Proto-urban Site of Sarazm（C）
2013	塔吉克国家公园 Tajik National Park（Mountains of the Pamirs）（N）

泰国 Thailand

1991	大城历史城市 Historic City of Ayutthaya（C）
1991	童艾-会卡肯野生生物保护区 Thungyai-

Huai Kha Khaeng Wildlife Sanctuaries（N）

1991　素可泰历史城镇和有关历史城镇 Historic Town of Sukhotai and Associated Historic Towns（C）

1992　班清考古遗址 Ban Chiang Archaeological Site（C）

2005　栋巴耶延-考爱森林 Dong Phayayen-Khao Yai Forest Complex（N）

多哥 Togo

2004　古帕玛库景观——巴塔马利巴人居住区 Koutammakou, the Land of the Batammariba（C）

突尼斯 Tunisia

1979　迦太基遗址 Archaeological Site of Carthage（C）

1979　杰姆竞技场 Amphitheatre of El Jem（C）

1979　突尼斯的麦地那 Medina of Tunis（C）

1980　伊其克乌尔国家公园 Ichkeul National Park（N）

1985，1986　喀尔库阿内的迦太基城及其墓地 Punic Town of Kerkuane and its Necropolis（C）

1988　凯鲁万 Kairouan（C）

1998　苏塞的麦地那 Medina of Sousse（C）

1997　杜加/土加 Dougga/Thugga（C）

土耳其 Turkey

1985　伊斯坦布尔历史区 Historic Areas of Istanbul（C）

1985　迪夫里吉的大清真寺和医院 Great Mosque and Hospital of Divriği（C）

1985　戈雷梅国家公园和卡帕多西亚石窟遗址 Göreme National Park and the Rock Sites of Cappadocia（C, N）

1986　哈图莎：希泰首都 Hattusha: the Hittite Capital（C）

1987　内姆鲁特达格 Nemrut Dağ（C）

1988　希拉波利斯和帕姆卡莱 Hierapolis-Pamukkale（C, N）

1988　桑索斯和莱顿遗址 Xanthos-Letoon（C）

1994　萨夫兰博卢城 City of Safranbolu（C）

1998　特洛伊考古遗址 Archaeological Site of Troy（C）

2011　赛里米耶清真寺及其社会性建筑群 Selimiye Mosque and its Social Complex（C）

2012　查塔夫耶克的新石器时代遗址 Neolithic Site of Çatalhöyük（C）

2014　波尔萨和库马利吉兹克历史遗迹群：奥斯曼帝国的诞生 Bursa and Cumalıkızık: the Birth of the Ottoman Empire（C）

2014　帕加马及其多层次文化景观 Pergamon and its Multi-Layered Cultural Landscape（C）

2015　迪亚巴克尔堡与海弗瑟尔花园文化景观 Diyarbakır Fortress and Hevsel Gardens Cultural Landscape（C）

2015　以弗所 Ephesus（C）

2016　阿尼考古遗址 Archaeological Site of Ani（C）

2017　阿弗罗狄西亚 Aphrodisias（C）

2018　哥贝克力石阵 Göbekli Tepe（C）

土库曼斯坦 Turkmenistan

1999　国家历史与文化公园"古梅尔夫" State

世界遗产

Historical and Cultural Park "Ancient Merv"（C）

2005　库尼亚-乌尔根奇 Kunya-Urgench（C）

2007　尼萨帕提亚要塞 The Parthian Fortresses of Nisa（C）

乌干达 Uganda

1994　鲁文佐里山脉国家公园 Rwenzori Mountains National Park（N）

1994　布温迪国家公园 Bwindi Impenetrable National Park（N）

2001　卡苏比的布干达王陵 Tombs of Buganda Kings at Kasubi（C）

乌克兰 Ukraine

1990　基辅的圣索菲亚大教堂及相关建筑和佩乔尔斯克修道院 Kyiv: Saint-Sophia Cathedral and Related Monastic Buildings, Kyiv-Pechersk Lavra（C）

1998　利沃夫历史中心 L'viv-the Ensemble of the Historic Centre（C）

2005　斯特鲁维地理探测弧线 Struve Geodetic Arc（C）（10国共有）

2007，2011，2017　喀尔巴阡山脉和欧洲其他地区的古代原始山毛榉林 Ancient and Primeval Beech Forests of the Carpathians and Other Regions of Europe（N）（12国共有）

2011　布科维纳与达尔马提亚的城市民居 Residence of Bukovinian and Dalmatian Metropolitans（C）

2013　陶瑞克切森尼斯古城及其乔拉 Ancient City of Tauric Chersonese and its Chora（C）

2013　波兰和乌克兰的喀尔巴阡山地区木质教堂 Wooden *Tserkvas* of the Carpathian Region in Poland and Ukraine（C）（与波兰共有）

阿拉伯联合酋长国 United Arab Emirates

2011　艾恩文化遗址：哈菲特、西里、比达-宾特-沙特以及绿洲 Cultural Sites of Al Ain（Hafit, Hili, Bidaa Bint Saud and Oases Areas）（C）

英国 United Kingdom of Great Britain and Northern Ireland

1986　斯塔德利皇家公园和喷泉修道院遗址 Studley Royal Park including the Ruins of Fountains Abbey（C）

1986　巨人之路及其海岸 Giant's Causeway and Causeway Coast（N）

1986，2004，2005　圣基尔达岛 St Kilda（C, N）

1986　乔治铁桥区 Ironbridge Gorge（C）

1986　圭内斯郡爱德华国王城堡和城墙 Castles and Town Walls of King Edward in Gwynedd（C）

1986　达勒姆城堡和大教堂 Durham Castle and Cathedral（C）

1986　巨石阵、埃夫伯里和相关遗址 Stonehenge, Avebury and Associated Sites（C）

1987　威斯敏斯特宫、威斯敏斯特大教堂和圣玛格丽特教堂 Palace of Westminster and Westminster Abbey including Saint Margaret's Church（C）

1987　布莱尼姆宫 Blenheim Palace（C）

1987　巴斯城 City of Bath（C）

1987，2005，2008　罗马帝国边界 Frontiers of the Roman Empire（C）（与德国共有）

1988　伦敦塔 Tower of London（C）

1988　坎特伯雷大教堂、圣奥古斯汀修道院和圣马丁教堂 Canterbury Cathedral, St Augustine's Abbey, and St Martin's Church（C）

1988　亨德森岛 Henderson Island（N）

1995，2004　戈夫和难达岛 Gough and Inaccessible Islands（N）

1995　爱丁堡的旧城和新城 Old and New Towns of Edinburgh（C）

1997　格林尼治沿海地区 Maritime Greenwich（C）

1999　奥克尼新石器时代遗址 Heart of Neolithic Orkney（C）

2000　布莱纳文工业景观 Blaenavon Industrial Landscape（C）

2000　百慕大群岛上的圣乔治历史城镇及相关的要塞 Historic Town of St George and Related Fortifications, Bermuda（C）

2001　德文特河谷工业区 Derwent Valley Mills（C）

2001　新拉纳克 New Lanark（C）

2001　多塞特和东德文海岸 Dorset and East Devon Coast（N）

2001　索尔泰尔小镇 Saltaire（C）

2003　基尤皇家植物园 Royal Botanic Gardens, Kew（C）

2004　利物浦——沿海贸易之城 Liverpool–Maritime Mercantile City（C）

2006　康沃尔和西德文矿区景观 Cornwall and West Devon Mining Landscape（C）

2009　旁特斯沃泰水道桥与运河 Pontcysyllte Aqueduct and Canal（C）

2015　福斯桥 The Forth Bridge（C）

2016　直布罗陀戈勒姆岩洞群 Gorham's Cave Complex（C）

2017　英格兰湖区 The English Lake District（C）

2019　卓瑞尔河岸天文台 Jodrell Bank Observatory（C）

坦桑尼亚 United Republic of Tanzania

1979，2010　恩戈罗恩戈罗自然保护区 Ngorongoro Conservation Area（C, N）

1981　基尔瓦·基西瓦尼遗址和松戈·姆纳拉遗址 Ruins of Kilwa Kisiwani and Ruins of Songo Mnara（C）

1981　塞伦盖蒂国家公园 Serengeti National Park（N）

1982　塞卢斯禁猎区 Selous Game Reserve（N）

1987　乞力马扎罗国家公园 Kilimanjaro National Park（N）

2000　桑给巴尔石头城 Stone Town of Zanzibar（C）

2006　孔多阿岩画遗址 Kondoa Rock–Art Sites（C）

美国 United States of America

1978　梅萨弗德国家公园 Mesa Verde National Park（C）

1978　黄石国家公园 Yellowstone National Park（N）

1979　大峡谷国家公园 Grand Canyon National

世界遗产

Park（N）

1979　大沼泽地国家公园 Everglades National Park（N）

1979，1992，1994　克卢恩/朗格尔-圣埃利亚斯/冰川湾/塔臣施尼-阿克塞克 Kluane/Wrangell-St. Elias/Glacier Bay/Tatshenshini-Alsek（N）（与加拿大共有）

1979　独立厅 Independence Hall（C）

1980　红木国家公园及州立公园 Redwood National and State Park（N）

1981　奥林匹克国家公园 Olympic National Park（N）

1981　猛犸洞穴国家公园 Mammoth Cave National Park（N）

1982　卡霍基亚土丘历史遗址 Cahokia Mounds State Historic Site（C）

1983　波多黎各岛的弗塔莱扎城堡和圣胡安国家历史遗址 La Fortaleza and San Juan National Historic Site in Puerto Rico（C）

1983　大雾山国家公园 Great Smoky Mountains National Park（N）

1984　约塞米蒂国家公园 Yosemite National Park（N）

1984　自由女神像 Statue of Liberty（C）

1987　夏洛茨维尔的蒙蒂塞洛和弗吉尼亚大学 Monticello and the University of Virginia in Charlottesville（C）

1987　夏威夷火山国家公园 Hawaii Volcanoes National Park（N）

1987　查科文化 Chaco Culture（C）

1992　陶斯印第安村 Pueblo de Taos（C）

1995　卡尔斯巴德洞穴国家公园 Carlsbad Caverns National Park（N）

1995　瓦特尔顿冰川国际和平公园 Waterton Glacier International Peace Park（N）（与加拿大共有）

2010　帕帕哈瑙莫夸基亚国家海洋保护区 Papahānaumokuākea（C，N）

2014　贫民区纪念工程（波弗蒂角纪念土冢）Monumental Earthworks of Poverty Point（C）

2015　圣安东尼奥教堂 San Antonio Missions（C）

2019　弗兰克·劳埃德·赖特的20世纪建筑作品 The 20th-Century Architecture of Frank Lloyd Wright（C）

乌拉圭 Uruguay

1995　萨克拉门托殖民城市的历史区 Historic Quarter of the City of Colonia del Sacramento（C）

2015　弗莱本托斯工业景观 Fray Bentos Industrial Landscape（C）

乌兹别克斯坦 Uzbekistan

1990　伊钦·卡拉 Itchan Kala（C）

1993　布哈拉历史中心 Historic Centre of Bukhara（C）

2000　沙克里希亚别兹历史中心 Historic Centre of Shakhrisyabz（C）

2001　撒马尔罕——文化的中心 Samarkand-Crossroads of Cultures（C）

2016　西部天山 Western Tien-Shan（N）（与哈萨克斯坦和吉尔吉斯斯坦共有）

瓦努阿图 Vanuatu

2008　马塔王酋长领地 Chief Roi Mata's Domain（C）

委内瑞拉 Venezuela（Bolivarian Republic of）

1993　科罗及港口 Coro and its Port（C）

1994　卡奈依马国家公园 Canaima National Park（N）

2000　加拉加斯的修达德大学区 Ciudad Universitaria de Caracas（C）

越南 Viet Nam

1993　顺化古迹群 Complex of Hué Monuments（C）

1994，2000　下龙湾 Ha Long Bay（N）

1999　美山寺庙 My Son Sanctuary（C）

1999　会安古镇 Hoi An Ancient Town（C）

2003　丰芽-格邦国家公园 Phong Nha-Ke Bang National Park（N）

2010　河内升龙皇城 Central Sector of the Imperial Citadel of Thang Long – Hanoi（C）

2011　胡朝时期的城堡 Citadel of the Ho Dynasty（C）

2014　长安景观 Trang An Landscape Complex（N，C）

也门 Yemen

1982　希巴姆古城 Old Walled City of Shibam（C）

1986　萨那古城 Old City of Sana'a（C）

1993　扎比德历史古城 Historic Town of Zabid（C）

2008　索科特拉群岛 Socotra Archipelago（N）

赞比亚 Zambia

1989　莫西奥图尼亚瀑布/维多利亚瀑布 Mosi-oa-Tunya/Victoria Falls（N）（与津巴布韦共有）

津巴布韦 Zimbabwe

1984　马纳波尔斯国家公园、萨比和切俄雷自然保护区 Mana Pools National Park, Sapi and Chewore Safari Areas（N）

1986　大津巴布韦遗址 Great Zimbabwe National Monument（C）

1986　卡米遗址 Khami Ruins National Monument（C）

1989　莫西奥图尼亚瀑布/维多利亚瀑布 Mosi-oa-Tunya/Victoria Falls（N）（与赞比亚共有）

2003　马托博山 Matobo Hills（C）

附录 II 文化景观遗产名录

阿富汗 Afghanistan

2003　巴米扬山谷文化景观和考古遗址 Cultural Landscape and Archaeological Remains of the Bamiyan Valley

安道尔 Andorra

2004　马德留-配拉菲塔-克拉罗尔峡谷 Madriu-Perafita-Claror Valley

阿根廷 Argentina

2003　塔夫拉达·德乌玛瓦卡 Quebrada de Humahuaca

澳大利亚 Australia

1987，1994　乌卢鲁-卡塔曲塔国家公园 Uluru-Kata Tjuta National Park

2019　布吉必姆文化景观 Budj Bim Cultural Landscape

奥地利 Austria

1997　哈尔施塔特-达赫施泰因/萨尔茨卡默古特文化景观 Hallstatt-Dachstein/Salzkammergut Cultural Landscape

2000　瓦豪文化景观 Wachau Cultural Landscape

2001　费尔特湖-新锡德尔湖文化景观 Fertö/Neusiedlersee Cultural Landscape（与匈牙利共有）

阿塞拜疆 Azerbaijan

2007　戈布斯坦岩石艺术文化景观 Gobustan Rock Art Cultural Landscape

巴西 Brazil

2012　里约热内卢：山海之间的卡里奥卡景观 Rio de Janeiro: Carioca Landscapes between the Mountain and the Sea

2016　潘普利亚现代建筑 Pampulha Modern Ensemble

2019　帕拉蒂和格兰德岛——文化与生物多样性 Paraty and Ilha Grande—Culture and Biodioersity

加拿大 Canada

2012　格朗普雷景观 Landscape of Grand Pré

2018　皮马基奥温阿基 Pimachiowin Aki

2019　阿伊斯奈皮石刻 Writing-on-Stone/Áísínai'pi

乍得 Chad

2016　恩内迪高地：自然和文化景观 Ennedi MassifL: Natural and Cultural Landscape

中国 China

1996　庐山国家公园 Lushan National Park

2009　五台山 Mount Wutai

2011　杭州西湖文化景观 West Lake Cultural Landscape

of Hangzhou

2013 红河哈尼梯田文化景观 Cultural Landscape of Honghe Hani Rice Terraces

2016 左江花山岩画艺术文化景观 Zuojiang Huashan Rock Art Cultural Landscape

哥伦比亚 Colombia

2011 哥伦比亚咖啡文化景观 Coffee Cultural Landscape of Colombia

古巴 Cuba

1999 比尼亚莱斯山谷 Viñales Valley

2000 古巴东南部最早的咖啡种植园考古景观 Archaeological Landscape of the First Coffee Plantations in the South-East of Cuba

捷克 Czech

1996 莱德尼采-瓦尔季采文化景观 Lednice-Valtice Cultural Landscape

2019 厄尔士/克鲁什内山脉矿区 Erzgebirge/Krušnohoří Mining Region（与德国共有）

2019 拉贝河畔克拉德鲁比的仪式马车用马繁育与训练景观 Landscape for Breeding and Training of Ceremonial Carriage Horses at Kladruby nad Labem

丹麦 Denmark

2015 北西兰岛帕福斯狩猎景观 The Par Force Hunting Landscape in North Zealand

2017 格陵兰岛库加塔：冰盖边缘的北欧及因纽特农业 Kujataa Greenland: Norse and Inuit Farming at the Edge of the Ice Cap

2018 阿斯维斯尤特-尼皮萨特：冰与海之间的因纽特人狩猎场 Aasivissuit–Nipisat. Inuit Hunting Ground between Ice and Sea

埃塞俄比亚 Ethiopia

2011 孔索文化景观 Konso Cultural Landscape

法国 France

1997，1999 比利牛斯-佩尔杜山 Pyrénées - Mont Perdu（与西班牙共有）

1999 圣艾米伦辖区 Jurisdiction of Saint-Emilion

2000 卢瓦尔河畔的叙利和沙洛讷之间的卢瓦尔河谷 The Loire Valley between Sully-sur-Loire and Chalonnes

2011 喀斯和塞文——地中海农牧文化景观 The Causses and the Cévennes, Mediterranean agro-pastoral Cultural Landscape

2012 加莱北部矿业盆地 Nord-Pas de Calais Mining Basin

2015 香槟区山坡、房屋与酒窖 Champagne Hillsides, Houses and Cellars

2015 勃艮第风土和气候 The Climats, terroirs of Burgundy

2017 塔普塔普阿泰 Taputapuātea

加蓬 Gabon

2007 洛佩-奥坎德生态系统和文化遗迹景观 Ecosystem and Relict Cultural Landscape of Lopé-Okanda

德国 Germany

2000 德绍-沃利茨的皇家园林 Garden Kingdom of Dessau-Wörlitz

2002 中上游莱茵河谷 Upper Middle Rhine Valley

2004	马斯科夫公园/马扎科夫斯基公园 Muskauer Park/Park Mużakowski（与波兰共有）
2013	威海姆苏赫山地公园 Bergpark Wilhelmshöhe
2019	厄尔士/克鲁什内山脉矿区 Erzgebirge/Krušnohoří Mining Region（与捷克共有）

匈牙利 Hungary

1999	霍尔托巴吉国家公园——普斯兹塔 Hortobágy National Park – the *Puszta*
2001	费尔特湖-新锡德尔湖文化景观 Fertö/Neusiedlersee Cultural Landscape（与奥地利共有）
2002	托考伊葡萄酒产区历史文化景观 Tokaj Wine Region Historic Cultural Landscape

冰岛 Iceland

2004	平威利尔国家公园 Þingvellir National Park

印度 India

2003	比莫贝卡特石窟 Rock Shelters of Bhimbetka

印度尼西亚 Indonesia

2012	巴厘文化景观：展现"幸福三要素"哲学思想的苏巴克灌溉系统 Cultural Landscape of Bali Province: the *Subak* System as a Manifestation of the *Tri Hita Karana* Philosophy

伊朗 Iran (Islamic Republic of)

2004	巴姆及其文化景观 Bam and its Cultural Landscape
2011	波斯园林 The Persian Garden
2015	梅满德文化景观 Cultural Landscape of Maymand

以色列 Israel

2005	香路——内盖夫的沙漠城 Incense Route-Desert Cities in the Negev

意大利 Italy

1997	韦内雷港、五村镇和群岛（帕尔马里亚、蒂诺和蒂内托）Portovenere, Cinque Terre, and the Islands (Palmaria, Tino and Tinetto)
1997	阿马尔菲海岸 Costiera Amalfitana
1998	齐兰托、迪阿纳峡谷国家公园和佩斯托姆、维利亚考古遗址及帕多拉修道院 Cilento and Vallo di Diano National Park with the Archeological Sites of Paestum and Velia, and the Certosa di Padula
2003	皮埃蒙特和伦巴第的撒克利山 Sacri Monti of Piedmont and Lombardy
2004	瓦尔·迪奥西亚公园 Val d'Orcia
2013	托斯卡纳地区的美第奇别墅和花园 Medici Villas and Gardens in Tuscany
2014	皮埃蒙特的葡萄园景观：朗格罗埃洛和蒙菲拉托 Vineyard Landscape of Piedmont: Langhe-Roero and Monferrato
2019	科内利亚诺和瓦尔多比亚德内的普罗赛柯产地 Le Colline del Prosecco di Conegliano e Valdobbiadene

日本 Japan

2004	纪伊山脉圣地和朝圣之路 Sacred Sites and Pilgrimage Routes in the Kii Mountain Range
2007	石见银山遗迹及其文化景观 Iwami Ginzan Silver Mine and its Cultural Landscape

哈萨克斯坦 Kazakhstan

2004　泰姆格里考古景观岩刻 Petroglyphs within the Archaeological Landscape of Tamgaly

肯尼亚 Kenya

2008　米吉肯达圣林 Sacred Mijikenda Kaya Forests

吉尔吉斯斯坦 Kyrgyzstan

2009　苏莱曼圣山 Sulaiman-Too Sacred Mountain

老挝 Lao People's Democratic Republic

2001　占巴塞文化景观中的瓦普及相关古遗址 Vat Phou and Associated Ancient Settlements within the Champasak Cultural Landscape

黎巴嫩 Lebanon

1998　瓦迪·卡蒂沙（圣谷）和神杉林（霍尔沙·阿兹·埃尔·拉博） Ouadi Qadisha (the Holy Valley) and the Forest of the Cedars of God (Horsh Arz el-Rab)

立陶宛 Lithuania

2000　库罗尼亚岬 Curonian Spit（与俄罗斯共有）

2004　克拿维考古遗址（克拿维文化保护区） Kernavė Archaeological Site (Cultural Reserve of Kernavė)

马达加斯加 Madagascar

2001　阿波希曼加王室山岭 Royal Hill of Ambohimanga

毛里求斯 Mauritius

2008　莫纳山文化景观 Le Morne Cultural Landscape

墨西哥 Mexico

2006　龙舌兰景观和古代工业设备 Agave Landscape and Ancient Industrial Facilities of Tequila

2010　瓦哈卡州中央谷地的亚古尔与米特拉史前洞穴 Prehistoric Caves of Yagul and Mitla in the Central Valley of Oaxaca

蒙古 Mongolia

2004　鄂尔浑峡谷文化景观 Orkhon Valley Cultural Landscape

新西兰 New Zealand

1990，1993　汤加里罗国家公园 Tongariro National Park

尼日利亚 Nigeria

1999　苏库尔文化景观 Sukur Cultural Landscape

2005　奥孙-奥索博神树林 Osun-Osogbo Sacred Grove

挪威 Norway

2004　维加群岛 Vegaøyan -The Vega Archipelago

巴勒斯坦 Palestine

2014　巴勒斯坦：巴蒂尔耶路撒冷南部橄榄与葡萄园文化景观 Palestine: Land of Olives and Vines-Cultural Landscape of Southern Jerusalem, Battir

巴布亚新几内亚 Papua New Guinea

2008　库科早期农业遗址 Kuk Early Agricultural Site

菲律宾 Philippines
1995　菲律宾科迪勒拉山的水稻梯田 Rice Terraces of the Philippine Cordilleras

波兰 Poland
1999　卡尔瓦利亚·泽日多夫斯卡：别致建筑、园林景观和朝圣公园 Kalwaria Zebrzydowska: the Mannerist Architectural and Park Landscape Complex and Pilgrimage Park

2004　马斯科夫公园/马扎科夫斯基公园 Muskauer Park/Park Mużakowski（与德国共有）

2019　科舍米翁奇的史前条纹燧石矿区 Krzemionki Prehistoric Striped Flint Mining Region

葡萄牙 Portugal
1995　辛特拉的文化景观 Cultural Landscape of Sintra

2001　阿尔托都罗葡萄酒产区 Alto Douro Wine Region

2004　皮克岛葡萄园文化景观 Landscape of the Pico Island Vineyard Culture

2019　布拉加山上仁慈耶稣朝圣所 Sanctuary of Bom Jesus do Monte in Braga

俄罗斯 Russian Federation
2000　库罗尼亚岬 Curonian Spit（与立陶宛共有）

沙特阿拉伯 Saudi Arabia
2018　哈萨绿洲——变迁的文化景观 Al-Ahsa Oasis, an Evolving Cultural Landscape

塞内加尔 Senegal
2011　萨卢姆三角洲 Saloum Delta

2012　巴萨里地区：巴萨里、富拉和贝迪克的文化景观 Bassari Country: Bassari，Fula and Bedik Cultural Landscapes

新加坡 Singapore
2015　新加坡植物园 Singapore Botanical Gardens

南非 South Africa
2003　马蓬古布韦文化景观 Mapungubwe Cultural Landscape

2007　理查德斯维德文化和植物景观 Richtersveld Cultural and Botanical Landscape

2017　蔻玛尼文化景观 Khomani Cultural Landscape

西班牙 Spain
1997，1999　比利牛斯-佩尔杜山 Pyrénées – Mont Perdu（与法国共有）

2001　阿兰约兹文化景观 Aranjuez Cultural Landscape

2011　特拉蒙塔那山区文化景观 Cultural Landscape of the Serra de Tramuntana

2019　大加那利岛文化景观：里斯科卡伊多考古和圣山 Risco Caido and the Sacred Mountains of Gran Canaria Cultural Landscape

瑞典 Sweden
2000　南厄兰岛的农业景观 Agricultural Landscape of Southern Öland

瑞士 Switzerland
2007　拉沃葡萄园梯田 Lavaux，Vineyard Terraces

叙利亚 Syrian Arab Republic

2011　叙利亚北部古村落群 Ancient Villages of Northern Syria

多哥 Togo

2004　古帕玛库景观——巴塔马利巴人居住区 Koutammakou, the Land of the Batammariba

土耳其 Turkey

2015　迪亚巴克尔堡与海弗瑟尔花园文化景观 Diyarbakır Fortress and Hevsel Gardens Cultural Landscape

乌克兰 Ukraine

2013　陶瑞克切森尼斯古城及其乔拉 Ancient City of Tauric Chersonese and its Chora

英国 United Kingdom of Great Britain and Northern Ireland

1986，2004，2005　圣基尔达岛 St Kilda

2000　布莱纳文工业景观 Blaenavon Industrial Landscape

2003　基尤皇家植物园 Royal Botanic Gardens, Kew

2006　康沃尔和西德文矿区景观 Cornwall and West Devon Mining Landscape

2017　英格兰湖区 The English Lake District

美国 United States of America

2010　帕帕哈瑙莫夸基亚国家海洋保护区 Papahānaumokuākea

乌拉圭 Uruguay

2015　弗莱本托斯工业景观 Fray Bentos Industrial Landscape

瓦努阿图 Vanuatu

2008　马塔王酋长领地 Chief Roi Mata's Domain

越南 Viet Nam

2014　长安景观 Trang An Landscape Complex

津巴布韦 Zimbabwe

2003　马托博山 Matobo Hills

附录Ⅲ 濒危世界遗产名录

阿富汗 Afghanistan

2002　贾姆尖塔及其周围的考古遗址 Minaret and Archaeological Remains of Jam

2003　巴米扬山谷文化景观和考古遗址 Cultural Landscape and Archaeological Remains of the Bamiyan Valley

奥地利 Austria

2001　维也纳历史中心 Historic Centre of Vienna

玻利维亚 Bolivia

1987　波托西城 City of Potosi

中非 Central African Republic

1988　马诺沃-贡达-圣弗洛里斯国家公园 Manovo-Gounda St Floris National Park

科特迪瓦 Côte d'Ivoire

1981，1982　宁巴山自然保护区 Mount Nimba Strict Nature Reserve（与几内亚共有）

刚果民主共和国 Democratic Republic of the Congo

1979　维龙加国家公园 Virunga National Park

1980　卡胡兹-别加国家公园 Kahuzi-Biega National Park

1980　加兰巴国家公园 Garamba National Park

1984　萨龙加国家公园 Salonga National Park

1996　俄卡皮鹿野生生物保护区 Okapi Wildlife Reserve

埃及 Egypt

1979　阿布米那 Abu Mena

几内亚 Guinea

1981，1982　宁巴山自然保护区 Mount Nimba Strict Nature Reserve（与科特迪瓦共有）

洪都拉斯 Honduras

1982　雷奥普拉塔诺生物圈保护区 Río Plátano Biosphere Reserve

印度尼西亚 Indonesia

2004　苏门答腊热带雨林遗产 Tropical Rainforest Heritage of Sumatra

伊拉克 Iraq

1985　哈特拉 Hatra

2003　亚述 Ashur (Qal'at Sherqat)

2007　萨迈拉考古城 Samarra Archaeological City

耶路撒冷 Jerusalem (Site proposed by Jordan) *

1981　耶路撒冷旧城及其城墙 Old City of Jerusalem and its Walls

肯尼亚 Kenya

1997，2001　图尔卡纳湖国家公园 Lake Turkana National Parks

利比亚 Libya

1982　莱普蒂斯·玛格纳考古遗址 Archaeological Site of Leptis Magna

1982　昔兰尼考古遗址 Archaeological Site of Cyrene

1982　萨布拉塔考古遗址 Archaeological Site of Sabratha

1985　塔德尔拉特·阿卡库斯岩画遗址 Rock-Art Sites of Tadrart Acacus

1986　加达梅斯老城 Old Town of Ghadamès

马达加斯加 Madagascar

2007　阿钦安阿纳雨林 Rainforests of the Atsinanana

马里 Mali

1988　廷巴克图 Timbuktu

1988　杰内古城 Old Towns of Djenné

2004　阿斯基亚陵 Tomb of Askia

墨西哥 Mexico

2005　加利福尼亚湾群岛及保护区 Islands and Protected Areas of the Gulf of Colifornia

密克罗尼西亚 Micronesia （Federated States of）

2016　南马都尔：密克罗尼西亚东部庆典中心 Nan Madol: Ceremonial Centre of Eastern Micronesia

尼日尔 Niger

1991　阿伊尔和泰内雷自然保护区 Air and Ténéré Natural Reserves

巴勒斯坦 Palestin

2014　巴勒斯坦：巴蒂尔耶路撒冷南部橄榄与葡萄园文化景观 Palestine: Land of Olives and Vines–Cultural Landscape of Southern Jerusalem, Battir

2017　希伯伦/哈利勒老城 Hebron/Al-Khalil Old Town

巴拿马 Panama

1980　巴拿马加勒比海岸的防御工事——波尔多贝罗-圣洛伦佐 Fortifications on the Caribbean Side of Panama: Portobelo–San Lorenzo

秘鲁 Peru

1986　昌昌考古区 Chan Chan Archaelogical Zone

塞内加尔 Senegal

1981　尼奥科罗-科巴国家公园 Niokolo-Koba National Park

塞尔维亚 Serbia

2004，2006　科索沃中世纪建筑 Medieval Monuments in Kosovo

---

* 非国家名。

世界遗产

所罗门群岛 Solomon Islands

1998　东伦内尔岛 East Rennell

叙利亚 Syrian Arab Republic

1979　大马士革古城 Ancient City of Damascus
1980　帕尔米拉遗址 Site of Palmyra
1980　布斯拉古城 Ancient City of Bosra
1986　阿勒颇古城 Ancient City of Aleppo
2006　武士堡和萨拉丁堡 Crac des Chevaliers and Qal'at Salah El-Din
2011　叙利亚北部古村落群 Ancient Villages of Northern Syria

乌干达 Uganda

2001　卡苏比的布干达王陵 Tombs of Buganda Kings at Kasubi

英国 United Kingdom of Great Britain and Northern Ireland

2004　利物浦——沿海贸易之城 Liverpool – Maritime Mercantile City

坦桑尼亚 United Republic of Tanzania

1982　塞卢斯禁猎区 Selous Game Reserve

美国 United States of America

1979　大沼泽地国家公园 Everglades National Park

乌兹别克斯坦 Uzbekistan

2000　沙克里希亚别兹历史中心 Historic Centre of Shakhrisyabz

委内瑞拉 Venezuela

1993　科罗及港口 Coro and its Port

也门 Yemen

1982　希巴姆古城 Old Walled City of Shibam
1986　萨那古城 Old City of Sana'a
1993　扎比德历史古城 Historic Town of Zabid

参 考 文 献

[1] 孙克勤，孙博. 走进世界遗产［M］. 北京：北京大学出版社，2018.

[2] 孙克勤，孙博. 世界旅游文化［M］. 2版. 北京：北京大学出版社，2017.

[3] 孙克勤，孙博. 明清皇家陵寝［M］. 北京：中国地图出版社，2014.

[4] 韩嫣薇，杨凡. 世界遗产概论［M］. 杭州：浙江工商大学出版社，2014.

[5] 徐树建. 世界文化与自然遗产［M］. 济南：山东人民出版社，2012.

[6] 孙克勤. 世界文化与自然遗产概论［M］. 2版. 武汉：中国地质大学出版社，2012.

[7] 孙克勤. 遗产保护与开发［M］. 北京：旅游教育出版社，2008.

[8] 孙克勤. 世界遗产学［M］. 北京：旅游教育出版社，2008.

[9] 孙克勤. 世界旅游文化［M］. 北京：北京大学出版社，2007.

[10] 孙克勤. 世界文化与自然遗产概论［M］. 武汉：中国地质大学出版社，2005.

[11] 罗佳明. 中国世界遗产管理体系研究［M］. 上海：复旦大学出版社，2004.

[12] 刘新静. 世界遗产教程［M］. 上海：上海交通大学出版社，2010.

[13] 郭万平. 世界自然与文化遗产［M］. 杭州：浙江大学出版社，2006.

[14] 孙克勤，孙博. 地球漫步——意大利［M］. 北京：中国旅游出版社，2005.

[15] 孙克勤，孙博. 峡湾——挪威的灵魂［J］. 世界遗产，2015（3）：82—87.

[16] 孙克勤，孙博. 密林的心脏——尼泊尔奇特旺国家公园［J］. 世界遗产，2015（5）：105—109.

[17] 孙克勤，孙博. 踏着历史的痕迹——土耳其考古遗址之旅［J］. 世界遗产，2015（4）：116—121.

[18] 孙克勤. 周口店北京人遗址世界遗产资源管理研究［J］. 资源与产业，2012，14（1）：69—75.

[19] 孙克勤. 中国的世界遗产保护与可持续发展研究［J］. 中国地质大学学报（社会科学版），2008，8（3）：36—40.

[20] 孙克勤. 发展世界遗产旅游——以澳门历史中心为例［J］. 资源与产业，2009，11（2）：85—89.

[21] 孙克勤.柬埔寨吴哥世界遗产地存在的问题和保护对策[J].资源与产业,2009,11(6):124—130.

[22] 熊康宁,肖时珍,刘子琦,陈品冬."中国南方喀斯特"的世界自然遗产价值对比分析[J].中国工程科学,2008,10(4):17—28.

[23] 韩锋.世界遗产文化景观及其国际新动向[J].中国园林,2007,23(11):18—21.

[24] 孙克勤.维罗纳——永恒的爱情之城[J].文化月刊,2005(8):58—63.

[25] 孙克勤.风情万种威尼斯[J].文化月刊,2005(10):52—56.

[26] 孙克勤.对世界文化与自然遗产教育的探讨[J].中国地质教育,2004(4):99—103.